Fortsetzung auf der 3. Umschlagseite.

Sammlung

Aufserdeutscher Strafgesetzbücher.

Herausgegeben von den Schriftleitungen

der

Zeitschrift für die gesamte Strafrechtswissenschaft

und der

Mitteilungen der Internationalen Kriminalistischen Vereinigung.

XLII.

Die Strafprozefsordnung des Königreichs Italien

vom 27. Februar 1913.

BERLIN 1913

J. Guttentag, Verlagsbuchhandlung,

G. m. b. H.

Die Strafprozeßordnung des Königreichs Italien

vom

27. Februar 1913,

nebst dem **Einführungsgesetze** dazu.

Anhang: **Gesetz des Königreichs Italien betreffend die Irrenhäuser und die Irren vom 14. Februar 1904.**

Übersetzt und mit Anmerkungen versehen

von

Dr. G. Erich,
Gerichtsassessor bei der Staatsanwaltschaft Berlin.

BERLIN 1913.

J. Guttentag, Verlagsbuchhandlung,
G. m. b. H.

Inhaltsverzeichnis.

Erstes Buch

Allgemeine Bestimmungen.

Seite

Titel I. Von den Klagen, die aus einer strafbaren Handlung entstehen 11
Kapitel I. Von der Strafklage 11
- II. Von der Zivilklage 12

Titel II. Vom Richter 14
Kapitel I. Von der Zuständigkeit 14
Abschnitt I. Von der sachlichen Zuständigkeit . . 14
- II. Von der örtlichen Zuständigkeit . . . 16
- III. Von der Zuständigkeit des Zusammenhanges 18
Kapitel II. Von den Kompetenzkonflikten 19
- III. Von der Verweisung des Verfahrens 20
- IV. Von der Ausschließung, dem Sichenthalten (astenzione) und der Ablehnung 21

Titel III. Von den Parteien und Verteidigern 24
Kapitel I. Von der Zivilpartei 24
- II. Vom Beschuldigten und der zivilrechtlich verantwortlichen Person 27
- III. Von den Verteidigern 29

Titel IV. Von den prozessualen Akten 31
Kapitel I. Von den Berichten und Protokollen 31
- II. Vom Eide der Zeugen, Dolmetscher und Sachverständigen 32
- III. Von den Rechtsakten und Entscheidungen des Richters 34
- IV. Von der Erneuerung und Veröffentlichung der Akten, sowie von den Abschriften daraus 35
- V. Von den Zustellungen 37
- VI. Von den Fristen 39
- VII. Von den Rechtsmitteln gegen richterliche Entscheidungen 41
- VIII. Von der Nichtigkeit 43
- IX. Von den Fälschungszwischenfällen 44

Zweites Buch.
Von der Untersuchung.

Seite
Titel I. Von den einleitenden Rechtsakten 45
Kapitel I. Von den Anzeigen 45
- II. Von den Klagen 46
- III. Von den Rechtsakten der Gerichtspolizei . . 47
- IV. Von den Rechtsakten des Einzelrichters, des Staatsanwalts und des Generalstaatsanwalts beim Berufungsgericht 50
- V. Von der Verfahrensermächtigung 51
Titel II. Von der Voruntersuchung 52
Kapitel I. Allgemeine Bestimmungen 52
- II. Von den Besichtigungen und den richterlichen Versuchen 55
- III. Von den Sachverständigen und Dolmetschern 56
- IV. Von den Durchsuchungen 61
- V. Von den Beschlagnahmen 62
- VI. Von den Zeugen 64
- VII. Von den Rekognitionen und den Gegenüberstellungen 66
- VIII. Von der Vernehmung des Beschuldigten . . 67
- IX. Von der Schließung der Untersuchung . . 67
Titel III. Von der summarischen Untersuchung 71
Titel IV. Von der Wiedereröffnung der Untersuchung 75
Titel V. Vom Strafbefehl 76
Titel VI. Von der persönlichen Freiheit des Beschuldigten . . 78
Kapitel I. Von den Arten der Gestellungen des Beschuldigten 78
Abschnitt I. Von der Festnahme 78
- II. Von der freiwilligen Gestellung und den Mandaten 80
Kapitel II. Von der Untersuchungshaft 83
- III. Von der vorläufigen Freiheit 86
Titel VII. Von den Rechtsmitteln 88

Drittes Buch.
Vom Prozeß.

Titel I. Von den einleitenden Rechtsakten 90
Titel II. Vom Verfahren erster Instanz 95
Kapitel I. Von der Hauptverhandlung 95
Abschnitt I. Von den Sitzungen 95
- II. Von der Vernehmung des Beschuldigten, der Beweisaufnahme und den Plaidoyers 98
Kapitel II. Vom Urteil und von den Kosten 105
- III. Vom Protokoll 111
- IV. Besondere Bestimmungen für das Verfahren vor dem Assisengericht 112
- V. Von dem Abwesenheitsprozeß 120

Seite
Titel III. Vom Rechtsmittelverfahren 122
Kapitel I. Von der Berufung 122
- II. Von dem Widerspruch 126
- III. Von der Revision 127
Abschnitt I. Von den Fällen, in denen Revision eingelegt werden kann 127
- II. Von der Revision und dem diesbezüglichen Verfahren 129
- III. Vom Urteile 133
Kapitel IV. Von der Wiederaufnahme des Verfahrens . . 139

Viertes Buch.

Von der Vollstreckung und einigen besonderen Verfahrensarten.

Titel I. Allgemeine Regeln über die Vollstreckung 142
Kapitel I. Einleitende Bestimmungen 142
- II. Von den Zwischenfällen bei der Vollstreckung 143
Titel II. Von den strafrechtlichen Wirkungen der Vollstreckung 144
Kapitel I. Von der Vollstreckung strafrechtlicher Verurteilungen 144
- II. Von der Leistung von Arbeit, sowie von andern Formen des Ersatzes der Strafe 147
- III. Von der Aussetzung der Vollstreckung und dem Erlaß der Strafe 149
- IV. Von der bedingten Verurteilung und von der bedingten Freilassung 150
- V. Von der Amnestie, dem Straferlaß und der Gnade 151
- VI. Von der Vollstreckung besonderer Entscheidungen 153
Titel III. Von den zivilrechtlichen Wirkungen der Vollstreckung 154
Kapitel I. Von den Kosten 154
- II. Von den zivilrechtlichen Wirkungen der Vollstreckungssicherheiten 155
- III. Von den beschlagnahmten Gegenständen . . 158
Titel IV. Vom Strafregister und von der Rehabilitation der Verurteilten 159
Kapitel I. Vom Strafregister 159
- II. Von der Rehabilitation der Verurteilten . . . 163
Titel V. Von den rechtlichen Beziehungen zwischen den italienischen und den ausländischen Gerichtsbehörden 165
Kapitel I. Einleitende Bestimmung 165
- II. Von den Requisitionen 165
- III. Von der Auslieferung 165
- IV. Von den Rechtswirkungen der im Auslande gefällten Urteile 167

Einführungsgesetz zur italienischen Strafprozeßordnung vom 27. Februar 1913.

Viktor Emanuel III.,

von Gottes Gnaden und durch den Willen des Volkes

König von Italien.

Nach Einsicht des Gesetzes vom 20. Juni 1912, Nr. 598, durch das die Königliche Regierung ermächtigt wurde, nicht später als am 31. Dezember 1912 die Strafprozeßordnung für das Königreich Italien zu veröffentlichen, die einige Änderungen des Wortlautes enthielt, die sich notwendigerweise ergaben, um deren Bestimmungen zu verbessern und sie untereinander und mit den Bestimmungen anderer Gesetzbücher und der in Kraft befindlichen Gesetze in Einklang zu bringen und die dabei den Abstimmungen des Parlaments Rechnung trugen;

nach Einsicht ferner des Gesetzes vom 29. Dezember 1912, Nr. 1348, durch das die Frist für die Veröffentlichung des vorbesagten Gesetzbuches bis zum 1. März 1913 verlängert wurde;

nach Anhörung des Rats der Minister;

auf den Vorschlag Unseres Obersiegelbewahrers, Ministers, Staatssekretärs für Gnadensachen, Justiz und Kulte,

haben Wir angeordnet und ordnen Wir hiermit an:

Artikel 1.

Der endgültige Wortlaut der Strafprozeßordnung mit dem Datum des heutigen Tages wird bestätigt und tritt am 1. Januar 1914 in Kraft.

Artikel 2.

Ein Exemplar des vorgenannten endgültigen Wortlauts der Strafprozeßordnung mit Unserer Unterschrift und der Gegenzeichnung Unseres Ministers für Justiz und Kulte soll als Urschrift dienen und wird im Königlichen Archiv niedergelegt und bewahrt werden.

Artikel 3.

Die Veröffentlichung des vorgenannten Gesetzbuches wird dadurch ausgeführt, daß an jede Gemeinde des Königreichs ein abgedrucktes Exemplar übersandt wird. Dies wird im Saal des Gemeinderats niedergelegt und dort ununterbrochen während eines Monats sechs Stunden am Tage ausgestellt, damit jeder Kenntnis davon nehmen kann.

Wir bestimmen, daß diese mit dem Staatssiegel versehene Verordnung in der amtlichen Gesetzes- und Verordnungssammlung des Königreichs Italien veröffentlicht wird und ordnen an, daß jeder, den es angeht, sie als Staatsgesetz beobachtet und beobachten läßt.

Gegeben in Rom, am 27. Februar 1913.

(gez.) Viktor Emanuel.

(gez.) Giolitti.

(gez.) C. Finocchiaro-Aprile.

Strafprozeßordnung.

Erstes Buch.

Allgemeine Bestimmungen.

Titel I.

Von den Klagen, die aus einer strafbaren Handlung entstehen.

Kapitel I.

Von der Strafklage.

1. Aus der strafbaren Handlung entspringt die Strafklage.

Die Strafklage ist öffentlich und wird vom Staatsanwalt wahrgenommen. Sie wird von Amts wegen betrieben, wenn nicht eine Klage (querela) oder ein Ersuchen (richiesta) nötig ist.

Ist eine Ermächtigung zum Einschreiten erforderlich, so werden bei Betreiben der Strafklage die im Gesetze vorgesehenen Bedingungen und Grenzen beobachtet.

2. In den Fällen der Verbrechen und Vergehen in Beziehung auf Veränderung oder Unterdrückung des Personenstandes ruht die Strafklage, bis über die Frage des Personenstandes ein im Sinne des Artikels 4 unanfechtbares Zivilurteil ergangen ist.

Das Zivilgerichtsverfahren kann vom Staatsanwalt vor dem zuständigen Richter betrieben werden unter Widerspruch (in contradittorio) aller interessierter Parteien.

3. Hängt die Entscheidung über das Vorliegen einer strafbaren Handlung von der Entscheidung einer zivilen Rechtsfrage ab, so hat der Richter das Recht, eine solche Entscheidung vor das Zivilgericht zu verweisen (rinviare). Zugleich bestimmt er eine Frist, binnen der die Strafklage ruht.

Ist innerhalb der festgesetzten Frist die zivile Rechtsfrage aus Gründen, die der Partei nicht zuzurechnen sind, nicht entschieden worden, so kann die Frist verlängert werden.

Liegt dagegen kein Grund für eine Verlängerung vor oder ist die zivile Rechtsfrage auch innerhalb der neuen Frist nicht entschieden, so entscheidet der Strafrichter über die Schuldfrage.

4. In den in den beiden vorhergehenden Artikeln betrachteten Fällen schafft das Zivilgerichtsurteil Rechtskraft (autorità di cosa giudicata) für das Strafgericht, falls gegen das Urteil keine Revision (ricorso per cassazione) mehr möglich ist oder die Revision zurückgewiesen wurde.

Ein Zivilgerichtsurteil, das ein endgültiges in dem vorbezeichneten Sinne ist und das zwischen den Parteien, die am Strafverfahren als Beschuldigter, Kläger oder Verletzter teilnehmen, gesprochen wurde, schafft in jedem andern Falle Rechtskraft für das Strafverfahren, wenn die Entscheidung über das Vorliegen einer strafbaren Handlung von der über die Zivilrechtsfrage gegebenen Entscheidung abhängt.

In allen vorgesagten Fällen kann der Strafrichter, falls gegen das Zivilgerichtsurteil ein Antrag auf Aufhebung (istanza per revocazione) oder ein Widerspruch eines Dritten (opposizione di terzo) vorliegt, in Gemäßheit des Artikels 3 vorgehen.

5. Wenn im Verlauf eines Zivilprozesses irgendeine Tatsache erhellt, in der der Richter die Tatbestandsmerkmale einer von Amts wegen zu verfolgenden strafbaren Handlung zu erkennen glaubt, so wird der Zivilprozeß ausgesetzt, falls die Feststellung der strafbaren Handlung die Entscheidung der zivilen Rechtsfrage beeinflussen würde.

Ergibt sich eine Tatsache, in der der Richter die Tatbestandsmerkmale einer auf Antrag der Partei zu verfolgenden strafbaren Handlung erkennt, so wird in gleicher Weise verfahren, falls bewiesen wird, daß der Antrag gestellt worden ist.

6. Ein unanfechtbar gewordenes verurteilendes Erkenntnis schafft, insoweit das Vorhandensein und die Wirkungen (effetti) der strafbaren Handlung in Frage kommen, Rechtskraft für die zivile Rechtsfrage, die sich auf ein Recht bezieht, das von der Feststellung der strafbaren Handlung abhängt.

Kapitel II.

Von der Zivilklage.

7. Die strafbare Handlung kann bezüglich des Schadensersatzes (risarcimento del danno) und der Wiedererstattung (restituzioni) eine Zivilklage hervorrufen.

Die Verbrechen (delitti) gegen die Person und die, welche gegen die individuelle Freiheit, die Ehre der Person oder der Familie, die Unverletzlichkeit der Wohnung oder der Geheimnisse gerichtet sind, können, auch wenn sie keinen Schaden verursacht haben, wegen der Entschädigung in Geld (Buße) eine Zivilklage hervorrufen.

Die Klage steht dem Verletzten oder Beleidigten oder deren Vertreter zu, und ferner den Erben des Verletzten oder Beleidigten, und kann angestrengt werden gegen den Täter und Teilnehmer und, wenn ein solcher nicht vorhanden ist, auch gegen die zivilrechtlich verantwortliche Person.

8. Die Zivilklage kann zusammen mit (congiuntamente all') der Strafklage erhoben werden; übrigens muß der Strafrichter über sie (die Zivilklage) dann nicht entscheiden, wenn die Strafklage erloschen ist oder aber nicht angestrengt oder verfolgt werden kann.

9. Die Zivilklage kann vor dem Zivilrichter weder angestrengt noch verfolgt werden, solange die Strafklage schwebt und bis ein rechtskräftiges Strafurteil gefällt ist, es sei denn, daß das Gesetz ein anderes bestimmt.

10. Bei den von Amts wegen zu verfolgenden strafbaren Handlungen kann die vor der Strafklage erhobene Zivilklage vor den Strafrichter gebracht (portata) werden, wenn in ihr noch kein erstinstanzliches Urteil ergangen ist.

Die Ausübung dieses Rechts hat den Verzicht des Klägers auf den Zivilprozeß von Rechts wegen insoweit zur Folge, als dieser die vor das Strafgericht gebrachte Frage zum Gegenstande hat. Über die vor dem Verzicht entstandenen Kosten entscheidet der Strafrichter auf Antrag der Parteien.

11. Bei den auf Parteiklage zu verfolgenden strafbaren Handlungen ist die Erhebung der Strafklage der Partei nicht gestattet, die Schadensersatzklage erhoben oder auf den Ersatz des Schadens verzichtet oder einen Vergleich darüber geschlossen hat.

12. Die Zivilklage kann gegen den Beschuldigten oder die zivilrechtlich verantwortliche Person vor dem Zivilrichter nicht erhoben, fortgeführt oder wieder erhoben werden — und zwar auch nicht aus Gründen zivilen Verschuldens —, wenn im Verfolge des Verfahrens durch rechtskräftiges Urteil oder Verdikt festgestellt worden ist, daß die Tat nicht geschehen ist oder daß der Beschuldigte weder Täter noch Teilnehmer ist, oder aber, daß keine ausreichenden Beweise dafür vorhanden sind, daß die Tat geschehen ist oder daß der Beschuldigte Täter oder Teilnehmer ist.

13. In dem Zivilprozeß über den Ersatz des Schadens, der nach Erlaß des rechtskräftig gewordenen Strafurteils angestrengt oder verfolgt wird, schafft dieses Rechtskraft, insoweit das Vorhandensein einer strafbaren Handlung und der Anspruch (titulo) auf Schadensersatz in Frage steht. Übrigens kann der Zivilrichter auch über die nach dem Urteil eintretenden Schadenswirkungen (effetti dannosi) entscheiden.

Hat die zivilrechtlich verantwortliche Partei am Strafprozeß nicht teilgenommen, so bleibt die Frage unentschieden, ob sie nach den Vorschriften des Zivilrechts an Stelle des Beschuldigten für den durch die strafbare Handlung verursachten Schaden eintreten muß.

Titel II.

Vom Richter.

Kapitel I.

Von der Zuständigkeit.

Abschnitt I.

Von der sachlichen Zuständigkeit.

14. Zur Zuständigkeit der Assisengerichte (corte d'assise) gehören:

1. Die Verbrechen, für die das Gesetz die Zuchthausstrafe (ergastolo) oder aber eine andere Freiheitsstrafe von nicht weniger als 5 — fünf — oder im Höchstmaß mehr als 10 — zehn — Jahren androht, falls nicht für besondere Verbrechensarten die Zuständigkeit eines andern Gerichts festgesetzt ist;
2. die Verbrechen gegen die Sicherheit des Staates, auch bei Begehung durch die Presse, es sei denn, daß der Senat sich als Höchster Gerichtshof (alta Corte di guistizia) in Gemäßheit der Bestimmung des Artikels 36 der Verfassung (Statuto)[1]*) konstituiert hat;
3. die im Artikel 122 des politischen Wahlgesetzes vom 30. Juni 1912[2]), No. 666, im Artikel 104 des durch Königliche Verordnung vom 21. Mai 1908, No. 269 angenommenen Kommunal- und Provinzialgesetzes[3]) und im Artikel 139[4]) des Strafgesetzbuchs vorgesehenen Verbrechen;
4. die in den Artikeln 14, 15, 16 und 18 bis 24 der Verordnung über die Presse vom 26. März 1848[5]) und in den entsprechenden Artikeln der in den neapolitanischen und sizilianischen Provinzen erlassenen Gesetze über die Presse vorgesehenen Verbrechen;
5. die durch die Presse begangenen Verbrechen, vorgesehen im Gesetz vom 19. Juli 1894, No. 315, über die Aufhetzung zum Begehen strafbarer Handlungen und die Verteidigung strafbarer Handlungen (apologia)[6]);
6. die Verbrechen gegen die Freiheit, öffentliche Verwaltung und öffentliche Ordnung, wie sie in den Artikeln 147, 149, 158, 182, 183, 187, 188, 189, 252, 253, 254 und 255 des Strafgesetzbuchs vorgesehen sind[7]);
7. das im Artikel 369[8]) des Strafgesetzbuchs vorgesehene Verbrechen wider die Person;
8. das im Artikel 247 des Strafgesetzbuchs vorgesehene Verbrechen der Aufreizung zum Klassenhaß[9]);
9. jedes andere in demselben Artikel oder in dem vorhergehenden Artikel 246[10]) vorgesehene Verbrechen, wenn es

*) Die Anmerkungen befinden sich am Schluß Seite 169—178.

sich auf ein zur Zuständigkeit des Assisengerichts gehörendes Verbrechen bezieht.

15. Zur Zuständigkeit des Tribunals (tribunale) gehören:

1. Die Verbrechen des einfachen oder betrügerischen Bankerutts, der Veränderung oder Unterdrückung des Personenstandes;
2. die Verbrechen, die begangen wurden aus Unklugheit, Nachlässigkeit, Unerfahrenheit in der eigenen Kunstfertigkeit oder dem eigenen Berufe oder infolge von Nichtbeachtung der Regeln, Anordnungen oder Dienstvorschriften, und die gegen den öffentlichen Glauben (fede pubblica) begangenen Verbrechen[11]), mit Ausnahme derjenigen, für die der Einzelrichter (pretore) zuständig ist;
3. die Verbrechen und Übertretungen (contravvenzioni), welche seiner Zuständigkeit vom politischen Wahlgesetz und vom Gemeinde- und Provinzialgesetz zugeteilt worden sind, sowie ferner die Preßvergehen, insoweit sie nicht zur Zuständigkeit des Assisengerichts gehören;
4. diejenigen Verbrechen, welche nicht zur Zuständigkeit des Assisengerichts gehören, gegen die die Unfähigkeit zur Bekleidung öffentlicher Ämter in Verbindung mit irgendeiner Freiheitsstrafe angedroht ist;
5. diejenigen strafbaren Handlungen, welche durch besondere Gesetze seiner Zuständigkeit unterworfen sind;
6. diejenigen strafbaren Handlungen, die nicht in den Artikeln 14 und 16 erwähnt sind.

16. Zur Zuständigkeit des Einzelrichters (pretore) gehören, sofern nicht die Zuständigkeit eines andern Gerichtshofes begründet ist:

1. die im Strafgesetzbuch vorgesehenen Übertretungen, sowie diejenigen Übertretungen, gegen die eine Freiheitsstrafe von nicht mehr als 2 Jahren oder eine Geldstrafe, allein oder in Verbindung mit besagter Freiheitsstrafe, welche nicht höher als 2000 — zweitausend — Lire beträgt, angedroht ist;
2. die Verbrechen, gegen die das Gesetz die Einschließung (reclusione) oder die Gefängnisstrafe (detenzione) im Höchstbetrage von 6 Monaten androht, oder aber die Strafe der Aufenthaltsbeschränkung (confino) im Höchstbetrage von 1 Jahre, oder eine Geldstrafe von höchstens 2000 — zweitausend — Lire allein oder in Verbindung mit einer der genannten Strafen;
3. die unter Nummer 2 des vorhergehenden Artikels angegebenen strafbaren Handlungen, sowie jede in den Nummern 1, 3, 4 und 5 desselben Artikels bezeichnete strafbare Handlung, die nicht der besonderen Zuständigkeit des Assisengerichts unterliegt, falls das Gesetz eine Freiheitsstrafe von höchstens 3 — drei — Jahren und wenigstens 6 — sechs — Monaten, oder aber eine Geldstrafe, allein oder in Verbindung mit besagter Strafe, androht, und der Unter-

suchungsrichter (giudice istruttore) oder die Anklagekammer (sezione di accusa), auf entsprechenden Antrag der Staatsanwaltschaft (pubblico ministero) im Falle der Voruntersuchung (istruzione formale), oder in jedem andern Falle der Staatsanwalt (procuratore del Re) der Ansicht ist, daß aus den Gründen, welche die Zurechenbarkeit oder die Strafe vermindern — mit Ausnahme der im Artikel 59 des Strafgesetzbuches vorgesehenen mildernden Umstände (circostanze attenuanti)[12]) —, oder aber wegen der Geringfügigkeit der strafbaren Handlung, die in den Nummern 1 beziehungsweise 2 dieses Artikels bezeichneten Strafen Anwendung finden können.

17. Bei der Bestimmung der Zuständigkeit findet keine Berücksichtigung die infolge Zusammentreffens von strafbaren Handlungen und Strafen, infolge Vorliegens einer fortgesetzten Handlung oder eines Rückfalles eintretende Erhöhung der Strafe und ebensowenig die Gründe, die die Zurechenbarkeit vermindern. Unberührt bleibt die Vorschrift der Nummer 3 des vorhergehenden Artikels.

Dagegen findet hierbei Berücksichtigung die Herabsetzung der Strafe aus Gründen des Alters, aber nicht in den Fällen, in welchen die Zuständigkeit vom Gesetze unter Berücksichtigung der Benennung der strafbaren Handlung bestimmt wird.

Abschnitt II.

Von der örtlichen Zuständigkeit.

18. Die örtliche Zuständigkeit bestimmt sich nach dem Orte, an dem die strafbare Handlung vollendet wurde.

Handelt es sich um einen Versuch, so ist das Gericht des Ortes zuständig, wo die letzte Ausführungshandlung begangen wurde, und handelt es sich um eine fortgesetzte oder fortdauernde strafbare Handlung, das Gericht des Ortes, wo die Fortsetzung oder Fortdauer aufhörte.

19. Ist der Ort zur Bestimmung der Zuständigkeit in Gemäßheit des vorhergehenden Artikels nicht bekannt, so ist zuständig die Gerichtsbehörde, welche eine Verfahrenshandlung vorgenommen hat, und, falls dies nicht geschehen ist, der Ergreifungsort.

Sind an mehreren Orten Verfahrenshandlungen vorgenommen worden, so ist der Richter zuständig, vor den der Beschuldigte in Gemäßheit der Artikel 290 und 294 unmittelbar geführt worden ist, und, wenn dies nicht der Fall war, der Richter, der ein Mandat oder eine Ladungsverfügung erlassen hat (un mandato o un decreto di citazione).

Ist der Beschuldigte nicht unmittelbar dem Richter vorgeführt worden und ist weder ein Mandat noch eine Ladungsverfügung ergangen, so bestimmt sich zwischen den Richtern mehrerer Orte, an denen Verfahrenshandlungen vorgenommen worden sind, die Zuständigkeit der Reihe nach nach dem Wohnsitz (residenza), dem Aufenthaltsorte (dimora) oder dem Heimatsorte (domicilio) des Beschuldigten. Läßt sich die Zuständigkeit in Gemäßheit der vorgedachten Bestimmungen nicht feststellen, so ist der Richter des Ortes zuständig, an dem die erste Verfahrenshandlung vorgenommen wurde. Im Falle der Gleichzeitigkeit der Handlungen wird die Zuständigkeit von dem unmittelbar übergeordneten Richter in Gemäßheit der im 3. Absatz des Artikels 25 festgesetzten Grundsätze bestimmt.

20. In jeder Lage der Untersuchung oder des Prozesses muß die Behörde, welche ihre eigene Unzuständigkeit erkennt, die Akten der in Gemäßheit der Vorschriften der beiden vorhergehenden Artikel zuständigen Behörde übersenden.

Während der Untersuchung nimmt die Behörde trotz ihrer Unzuständigkeit vor und während der Übersendung der Akten an die zuständige Behörde diejenigen Handlungen vor, welche keinen Aufschub gestatten.

21. Wird während der Untersuchung von einer der Parteien die örtliche Unzuständigkeit eingewendet, so muß sie ihre Gründe schriftlich erklären. Diese übermittelt der Untersuchungsrichter nach Anhörung der Staatsanwaltschaft mit seinen eigenen Bemerkungen der Anklagekammer, ohne das Verfahren auszusetzen. Die Anklagekammer entscheidet sofort. Die Unzuständigkeitserklärung macht die schon vorgenommenen Untersuchungshandlungen nicht nichtig.

Die Entscheidung der Anklagekammer ist unanfechtbar.

22. Für die im Auslande begangenen Verbrechen, gegen die in Gemäßheit der Artikel 4, 5 und 6 und des Artikels 7 Absatz 2 des Strafgesetzbuches im Inlande eingeschritten werden muß, wird die Zuständigkeit der Reihe nach nach dem Wohnsitz, dem Aufenthalts- oder Heimatsorte oder nach dem Ergreifungs- oder Auslieferungsorte (luogo della consegna) des Beschuldigten bestimmt.

Nichtsdestoweniger kann der Kassationshof (la corte di cassazione) auf Ersuchen der Staatsanwaltschaft oder auf Antrag des Beschuldigten die Untersuchung oder den Prozeß an ein dem Begehungsorte näher gelegenes Gericht überweisen.

Der Richter kann die von einer ausländischen Behörde vorgenommenen Untersuchungshandlungen verwerten, und zwar entweder für die Zwecke des Strafverfahrens oder zum Zwecke der Wiedererstattungen und der Ersetzung des Schadens, falls gegen die im Auslande begangene strafbare Handlung im Inlande nicht eingeschritten wird.

Wegen eines im Auslande begangenen Verbrechens, gegen das der Richter in Gemäßheit der Vorschriften des Artikels 5 und 6 des Strafgesetzbuches[13]) einschreiten muß, kann er die zur Feststellung und Sicherung der Beweise notwendigen Handlungen auch dann vornehmen, wenn der Beschuldigte sich nicht innerhalb des Staatsgebietes befindet.

Abschnitt III.

Von der Zuständigkeit des Zusammenhanges.

23. Die Zuständigkeit wird in den folgenden Fällen nach dem Zusammenhange der strafbaren Handlungen bestimmt:

1. wenn sie zu derselben Zeit von mehreren Personen vereint begangen wurden, oder aber von verschiedenen Personen im Verfolg früherer Verabredung, wenn auch zu verschiedenen Zeiten und an verschiedenen Orten;
2. wenn ein Teil begangen wurde, um den andern Teil ausführen zu können oder um ihn zu verheimlichen, oder bei Gelegenheit desselben, oder aber um sich oder andern den Vorteil oder die Straflosigkeit zu verschaffen oder zu sichern;
3. wenn eine Person mehrerer strafbarer Handlungen bezichtigt wird.

24. Die Zuständigkeit für alle zusammenhängenden strafbaren Handlungen, die einer oder mehreren Personen zur Last gelegt werden, ist bei dem Assisengerichte begründet, falls eine dieser strafbaren Handlungen dessen Zuständigkeit unterliegt; in den andern Fällen ist das Tribunal zuständig, wenn eine der strafbaren Handlungen zu dessen Zuständigkeit gehört.

Dessenungeachtet gehören die strafbaren Handlungen, für die die bezügliche Zuständigkeit vom Gesetze in Gemäßheit der Benennung der strafbaren Handlung bestimmt wird, getrennt zur Zuständigkeit des Assisengerichtes und des Tribunals.

Die Vorschriften für die Untersuchung und den Prozeß, welche vor dem infolge des Zusammenhanges zuständigen Richter zu beachten sind, finden Anwendung für alle zusammenhängenden strafbaren Handlungen.

Wenn infolge des Zusammenhanges das Assisengericht zuständig wäre, so kann die Anklagekammer bestimmen, daß die Bearbeitung getrennt erfolgt in Gemäßheit der gewöhnlichen Zuständigkeitsvorschriften, und zwar mit Rücksicht auf die Art und die Anzahl der strafbaren Handlungen oder aus Gründen der Zweckmäßigkeit oder anderer Umstände halber. Das gleiche Recht steht dem Untersuchungsrichter zu, wenn infolge des Zusammenhanges für alle strafbaren Handlungen das Tribunal zuständig wäre.

25. Die Bearbeitung der zusammenhängenden strafbaren Handlungen, welche sachlich der Zuständigkeit verschiedener Gerichte unterliegen und welche in verschiedenen Corte-, Tribunals- oder Einzelrichterbezirken (circoscrizioni di corti, tribunali, o pretori) begangen wurden, liegt dem Gericht des Gerichtssprengels ob, in welchem eine strafbare Handlung oder der größte Teil der strafbaren Handlungen, die zur Zuständigkeit des Assisengerichts gehören, begangen wurden; oder wenn keine der strafbaren Handlungen zur Zuständigkeit des Assisengerichts gehört, so ist das Gericht des Gerichtssprengels zuständig, in welchem eine strafbare Handlung oder der größte Teil der strafbaren Handlungen, die zur Zuständigkeit des Tribunals gehören, begangen wurden.

Gehören alle strafbaren Handlungen zur Zuständigkeit des Assisengerichts, des Tribunals oder des Einzelrichters, so gebührt die Bearbeitung dem Assisengericht, Tribunal oder Einzelrichter, in dessen Bezirk die größte Anzahl strafbarer Handlungen begangen wurde.

Unterliegen die strafbaren Handlungen sachlich derselben Zuständigkeit und ist ihre Anzahl in den verschiedenen Bezirken gleich groß, so wird das zuständige Gericht von dem unmittelbar höheren Gericht, dem alle vorgedachten Bezirke unterstellt sind, bestimmt. In diesem Falle übersenden die Beamten der Staatsanwaltschaft die Akten mit ihrem Gutachten an den höheren Richter, der in Gemäßheit des zweiten und vierten Absatzes des vorhergehenden Artikels auch eine Trennung anordnen und mit der Erledigung die bezüglich zuständigen Richter betrauen kann.

26. Wenn von den zusammenhängenden strafbaren Handlungen die einen der Zuständigkeit der gewöhnlichen Gerichtsbehörde, die andern der einer davon verschiedenen Behörde unterliegen, so gebührt die Bearbeitung aller strafbaren Handlungen der gewöhnlichen Gerichtsbehörde. Ausgenommen hiervon sind die Fälle, in denen der Senat sich als höchster Gerichtshof (alta corte di giustizia) konstituiert[14]).

Kapitel II.

Von den Kompetenzkonflikten.

27. Der Kassationshof entscheidet über den Konflikt zwischen zwei oder mehr Richtern, die zu gleicher Zeit die Bearbeitung derselben strafbaren Handlung übernommen oder nicht übernehmen zu können geglaubt haben.

Ebenso entscheidet er über die positiven oder negativen Konflikte zwischen der gewöhnlichen Gerichtsbehörde und andern Gerichtshöfen.

Die Behörde, welche den Konflikt erhebt, übersendet die Akten dem Kassationshofe.

28. Der Konflikt kann vom Beschuldigten, von der Zivilpartei oder von der Staatsanwaltschaft und auch vom Generalstaatsanwalt (procuratore generale) beim Kassationshofe erhoben werden.

Die Erhebung geschieht in der Gerichtsschreiberei des Kassationshofes durch eine mit Gründen versehene Erklärung, der die betreffenden Schriftstücke beigefügt sind.

In diesem Falle werden die Prozeßakten vom Generalstaatsanwalt von Amts wegen erfordert.

29. Der Konflikt kann aufhören auf Grund einer Erklärung einer der beteiligten Behörden, und zwar auch auf Antrag der Parteien.

30. Der Kassationshof bestimmt bei seiner Entscheidung über den Konflikt, ob und in welchem Umfange die von dem von ihm für unzuständig erklärten Gerichte vorgenommenen Handlungen in Kraft bleiben sollen.

31. Die Entscheidung des Kassationshofes über die Zuständigkeit ist unanfechtbar. Durch Vermittlung des Generalstaatsanwaltes wird sie den im Konflikt befindlichen Gerichtsbehörden und der Staatsanwaltschaft mitgeteilt und auch den Parteien bekannt gemacht.

Kapitel III.

Von der Verweisung (rimessione) des Verfahrens.

32. In jeder Lage des Verfahrens kann der Kassationshof aus schwerwiegenden Gründen der öffentlichen Sicherheit oder gerechten Argwohns (legittimo sospetto) auf Antrag der Staatsanwaltschaft die Untersuchung oder den Prozeß von einem Untersuchungsrichter oder Einzelrichter an den andern, von einem Tribunal an das andere, von einer Corte an die andere verweisen.

Der Beschuldigte kann den Antrag auf Verweisung wegen gerechten Argwohns stellen; dieses Recht steht der zivilrechtlich verantwortlichen Person nicht zu.

33. Der Antrag der Staatsanwaltschaft muß dem Beschuldigten und den andern Parteien bei Strafe der Unzulässigkeit bekannt gemacht werden.

Der Antrag des Beschuldigten muß – gleichfalls bei Strafe der Unzulässigkeit — von ihm oder einem mit Sondervollmacht versehenen Anwalt unterschrieben sein, begründet sein, mit den Schriftstücken in der Gerichtsschreiberei des Richters, wo die Untersuchung geführt wird oder der Prozeß schwebt, überreicht und der Staatsanwaltschaft und den übrigen Parteien mitgeteilt werden. Diese können binnen 8 — acht — Tagen von der Mitteilung ab ihre Rechtsausführungen und Schriftstücke in derselben Gerichtsschreiberei überreichen. Von da wird der Antrag ohne Verzögerung dem Generalstaatsanwalt beim Kassationshofe übersandt, der die ihm nötig erscheinenden Ermittlungen anstellt und dem Gerichtshof (corte) seine eigenen Schlußfolgerungen vorträgt.

Der von der Staatsanwaltschaft bei dem Tribunal oder dem Berufungsgericht (corte d'appello) gestellte Antrag auf Verweisung muß sofort dem vorerwähnten Generalstaatsanwalt übersandt werden, an den die Parteien innerhalb der im vorhergehenden Absatz festgesetzten Frist ihre Schlußfolgerungen und Schriftstücke gelangen lassen können.

34. Die Untersuchung oder der Prozeß können nur auf Anordnung des Kassationshofes ausgesetzt werden. Das Recht — auch im Falle der Aussetzung —, diejenigen Handlungen vorzunehmen, die einen Aufschub nicht gestatten, bleibt unberührt.

35. Der Kassationshof entscheidet als Ratskammer (camera di consiglio): bevor er dem Antrage stattgibt oder ihn zurückweist, kann er die ihm notwendig erscheinenden Auskünfte einholen.

36. Das Urteil des Kassationshofes, das dem Antrage stattgibt, bezeichnet den Richter, der die Untersuchung oder den Prozeß führen soll, unter den im Bezirk desselben Berufungsgerichts, dem der zuständige Richter angehört, befindlichen Richtern oder aber ausnahmsweise im Bezirk eines benachbarten Berufungsgerichts.

Der Kassationshof bestimmt, ob und inwieweit die schon vorgenommenen Verfahrenshandlungen Kraft behalten sollen.

37. Das Urteil des Kassationshofes ist nicht mit Gründen versehen; es wird mit den Akten an den für die Untersuchung oder den Prozeß bezeichneten Richter geschickt und den Parteien durch Vermittlung der Staatsanwaltschaft bekannt gegeben.

38. Nach der Ablehnung eines Antrages auf Verweisung kann ein neuer Antrag erst dann gestellt werden, wenn er auf Tatsachen gestützt wird, die nachher eingetreten sind.

39. Die zur Zuständigkeit des Tribunals gehörigen Prozesse oder solche, die in der Berufungsinstanz an das Tribunal oder die Corte gelangt sind, werden, falls strafbare Handlungen in Frage kommen, die von einem Richter des Tribunals oder der Corte oder von einem Beamten der Staatsanwaltschaft in dem Gebiet, in dem sie ihr Amt ausüben, oder von andern zu deren Schaden in demselben Gebiet begangen worden sind, vom Kassationshofe an ein anderes Tribunal oder Corte verwiesen.

Die zur Zuständigkeit des Einzelrichters gehörenden strafbaren Handlungen, die vom Einzelrichter oder seinem Stellvertreter in dem Gebiet, in dem sie ihr Amt ausüben, oder von andern zu deren Schaden in demselben Gebiet begangen worden sind, werden in erster Instanz von einem vom Kassationshofe bezeichneten Tribunal des Bezirks abgeurteilt.

Kapitel IV.

Von der Ausschliessung (incompatibilità), dem Sichenthalten (astensione) und der Ablehnung (ricusazione).

40. Der Vorsitzende, der Richter einer Corte oder eines Tribunals, oder der Einzelrichter, der in einem Verfahren (procedimento) eine Entscheidung gefällt hat, kann an der Entscheidung im Prozesse (giudizio) über das Rechtsmittel in irgendeiner Instanz nicht teilnehmen, ausgenommen im Falle eines Widerspruches gegen ein Urteil im Versäumnisverfahren (opposizione a condanna in contumacia) oder im Falle der Läuterung eines Versäumnisurteils (purgazione di contumacia); er kann auch nicht am Eröffnungsbeschluß (giudizio in sede di rinvio) teilnehmen.

Der Untersuchungsrichter kann nicht Mitglied des erkennenden Gerichts sein; ebensowenig der Richter, der an der Verweisung der Sache an dieses Gericht teilgenommen hat. Auch kann nicht teilnehmen der Richter, der die Rekognitionen (ricognizioni), die Befragung der Zeugen oder des Beschuldigten bewirkt hat.

Wer in einer Sache als Staatsanwalt tätig gewesen ist, kann in ihr nicht Richter sein, und wer Verteidiger gewesen ist, kann nicht Richter oder Staatsanwalt sein.

41. Beamte, die untereinander nächste Verwandte (prossimi congiunti) sind, können in demselben Verfahren ihre Verrichtungen, auch wenn sie getrennt und verschieden voneinander sind, nicht ausüben.

Die Bezeichnung „nächste Verwandte" (prossimi congiunti) in dieser und jeder folgenden Bestimmung umfaßt die im Artikel 191 des Strafgesetzbuchs[15]) bezeichneten Personen.

42. Sobald der Vorsitzende, der Richer der Corte oder des Tribunals und der Einzelrichter erkennen, daß bei ihnen ein Ablehnungsgrund vorliegt, so haben sie, auch wenn kein dahingehender Antrag gestellt wird, die Pflicht, sich (der Mitwirkung) zu enthalten (astenersi).

Das zur Entscheidung über das Sichenthalten zuständige Tribunal oder die zuständige Corte kann dies auch aus Gründen der Zweckmäßigkeit, die vom Gesetz unter den Ablehnungsgründen nicht aufgeführt sind, zulassen.

43. Der Vorsitzende, der Richter der Corte oder des Tribunals oder der Einzelrichter können abgelehnt (ricusato) werden:

1. wenn er ein Interesse am Ausgange des Verfahrens hat oder wenn eine der Parteien sein, seiner Ehefrau oder seiner Kinder Gläubiger oder Schuldner ist;
2. wenn er über den Gegenstand des Prozesses einen Rat erteilt oder seine eigene Meinung kund getan hat;
3. wenn zwischen ihm oder einem seiner nächsten Verwandten und einer der Parteien eine tiefgehende Feindschaft besteht;
4. wenn einer seiner oder seiner Ehefrau nächsten Verwandten der Verletzte oder der Beleidigte, der Kläger, Beschuldigte oder aber die zivilrechtlich verantwortliche Person ist;
5. wenn der Anwalt (procuratore) oder Verteidiger (difensore) einer der Parteien sein oder seiner Ehefrau nächster Verwandter ist.

   Ist die Ehefrau verstorben, so bleiben die in den Nummern 4 und 5 erwähnten Ablehnungsgründe bestehen, wenn überlebende Kinder vorhanden sind, oder es sich um den Schwiegervater, Schwiegersohn oder den Schwager handelt.

44. Die Ablehnung kann von der Staatsanwaltschaft, vom Beschuldigten oder aber von der rechtmäßig beigetretenen Zivilpartei beantragt werden.

45. Die Ablehnung wird beantragt durch eine in der Gerichtsschreiberei des Richters, der die Untersuchung führt oder vor dem der Prozeß schwebt, aufgenommene Verhandlung. Der Antrag muß bei Strafe der Unzulässigkeit die Gründe aufführen und die Beweise angeben.

Wird die Ablehnung durch einen Sachwalter oder Anwalt geltend gemacht, so muß die Vollmacht (procura) eine besondere sein, und der Antrag muß bei Strafe der Unzulässigkeit den Grund der Ablehnung angeben.

Der Antrag ist nicht mehr zulässig, wenn er nicht mindestens 10 — zehn — Tage vor Beginn der Hauptverhandlung (apertura del dibattimento) beim Assisengerichte und in jedem andern Falle vor Beendigung der im Artikel 379 vorgesehenen Formalitäten gestellt wird.

Der Beamte, gegen den ein Ablehnungsgesuch gestellt wird, kann erklären, daß er sich zu enthalten beabsichtige.

46. Über das Sichenthalten des Einzelrichters entscheidet das Tribunal, über das des Vorsitzenden, der Richter des Tribunals oder der Corte entscheidet ohne ihre Mitwirkung die Kammer (collegio), der sie angehören.

Ist die Anzahl der Richter nicht ausreichend, so wird die Entscheidung über das Sichenthalten der übergeordneten Behörde in Gemäßheit des folgenden Artikels übertragen.

47. Über die Ablehnung des Einzelrichters entscheidet das Tribunal, über die der Richter eines Tribunals das Berufungsgericht, über die der Richter eines Berufungsgerichts, des Assisengerichts oder des Kassationshofes entscheidet der Kassationshof.

Wenn infolge der Ablehnung in einem Senat (sezione) des Kassationshofes nicht die genügende Anzahl von Richtern bleibt, so sorgt der erste Präsident für die Bildung des Senats (collegio), der über die Ablehnung entscheiden soll. Gegen dieses Gericht oder seine einzelnen Mitglieder ist die Ablehnung unzulässig.

48. Die Corte oder das Tribunal fällt seine Entscheidung über das Sichenthalten oder über die Ablehnung als Ratskammer (camera di consiglio).

Wenn das Gericht den Antrag auf Ablehnung für zulässig erachtet, so ordnet es an, daß der Beamte davon in Kenntnis gesetzt wird. Dieser kann binnen drei Tagen von der Benachrichtigung ab die Verhandlungen und Urkunden in der Gerichtsschreiberei prüfen und schriftlich seine Antwort über das Bestehen der Ablehnungsgründe überreichen.

Der abgelehnte Beamte kann nach Kenntnis von dem Ablehnungsantrage nur noch diejenigen Untersuchungshandlungen vornehmen, die keinen Aufschub gestatten.

Die Corte oder das Tribunal kann über die Ablehnungsgründe eine Beweisaufnahme durch Zeugen anordnen und damit einen seiner Richter beauftragen.

Gegen das Urteil des Berufungsgerichts oder des Tribunals über die Ablehnung ist die Revision (ricorso per cassazione) zulässig.

49. Die Corte oder das Tribunal bestimmt im Falle des Sichenthaltens oder der Ablehnung eines Einzelrichters oder Untersuchungsrichters als Ersatz einen benachbarten Einzelrichter beziehungsweise einen andern Richter desselben Tribunals oder, falls ein solcher nicht vorhanden ist, eines benachbarten Tribunals.

Falls infolge Ablehnung oder Sichenthaltens in einer Kammer (collegio) die gesetzliche Anzahl von Richtern fehlt, so verweist die Corte das Verfahren vor eine andere Kammer (sezione) oder an ein benachbartes Tribunal desselben Bezirks oder an ein benachbartes Berufungsgericht.

Das Urteil bestimmt, ob und in welchem Umfange die vom sich enthaltenden oder abgelehnten Beamten oder unter seiner Mitwirkung getätigten Verfahrenshandlungen in Kraft bleiben sollen.

50. Zugleich mit dem Urteile, das den Antrag auf Ablehnung für unzulässig erklärt oder verwirft, kann der Antragsteller zur Zahlung einer Summe von wenigstens 100 — hundert — Lire und höchstens 1000 — tausend — Lire zugunsten der Staatskasse (erario dello Stato) verurteilt werden. Das Recht auf eine Straf- oder Zivilklage bleibt unberührt.

Der abgelehnte Beamte kann eine solche Klage nicht erheben oder an ihr im eigenen Interesse teilnehmen, es sei denn, daß er sich enthalten hat.

51. Das den Antrag auf Ablehnung bewilligende oder ablehnende Urteil wird dem abgelehnten Beamten, dem Beschuldigten und den andern Parteien durch Vermittlung der Staatsanwaltschaft bekannt gemacht.

52. Die vorhergehenden Bestimmungen finden mit Ausnahme der des Artikels 43 Nummer 2 auf die Vertreter der Staatsanwaltschaft Anwendung.

Gegen sie wird der Antrag auf Ablehnung bei der Gerichtsschreiberei der Corte, des Tribunals oder Einzelgerichts gestellt, bei dem der Staatsanwalt seine Verrichtungen ausübt.

Titel III.

Von den Parteien und Verteidigern (difensori).

Kapitel I.

Von der Zivilpartei.

53. Die im Kapitel 7 erwähnte Zivilklage wird im Strafverfahren durch den Anschluß (costituzione) als Zivilpartei ausgeübt.

Um sich als Zivilpartei anzuschließen ist es nicht notwendig, daß man Klage erhoben hat oder erhebt. Der Anschluß als Zivilpartei kommt der Erhebung der Klage nicht gleich.

Die Personen, welche nicht die Fähigkeit der freien Ausübung ihrer Rechte besitzen, können sich nicht als Zivilpartei anschließen, wenn sie nicht gemäß den für die Ausübung der Zivilklage vorgeschriebenen Formen ermächtigt und unterstützt oder vertreten sind.

54. Wer sich als Zivilpartei anschließen will, muß es protokollarisch in der Gerichtsschreiberei der Corte, des Tribunals oder Einzelgerichts erklären, bei dem die Untersuchung anhängig ist oder der Prozeß verhandelt wird.

Die Erklärung kann mit Ausnahme des im Artikel 356 vorgesehenen Falles in jeder Lage des Prozesses abgegeben werden, und zwar auch noch in der Hauptverhandlung, bis die Erhebung der Beweise noch nicht beendet ist.

Die Anschließung als Zivilpartei ist das erste Mal in der Berufungsinstanz nicht erlaubt, und zwar auch dann nicht, wenn sie in erster Instanz im Laufe der Untersuchung abgelehnt wurde.

Die vorstehenden Bestimmungen finden auch auf den im Artikel 10 vorgesehenen Fall Anwendung.

55. Der Anschluß und jeder Antrag der Zivilpartei, der vor der Hauptverhandlung geschehen, beziehungsweise gestellt ist, hat Rechtswirkung von dem Augenblicke seiner durch Vermittlung der Interessenten zu geschehenden Mitteilung an den Staatsanwalt und den Beschuldigten.

Die nach der Ladung oder dem Eintritte der zivilrechtlich verantwortlichen Person gestellten Anträge müssen auch ihr mitgeteilt werden.

56. Wer sich als Zivilpartei anschließt, muß einen Wohnsitz in der Gemeinde, wo die Untersuchung oder der Prozeß schwebt, im Wege der im Artikel 54 geregelten Erklärung oder der im Artikel 55 vorgeschriebenen Mitteilung bezeichnen oder auswählen; bezeichnet oder wählt er nicht, so haben die ihm in der Gerichtsschreiberei gemachten Mitteilungen Gültigkeit.

Der zum Armenrecht (gratuito patrocinio) zugelassenen Zivilpartei ernennt der Untersuchungsrichter, der Einzelrichter, der Vorsitzende der Corte oder des Tribunals, vor denen die Untersuchung oder der Prozeß schwebt, auf ihren Antrag einen Verteidiger.

57. Bei den zur Zuständigkeit des Einzelrichters gehörenden strafbaren Handlungen kann der Anschluß als Zivilpartei im Laufe der Untersuchung von Amts wegen zurückgewiesen werden, wenn er offenbar unzulässig erscheint; auch kann der Beschuldigte dagegen Widerspruch erheben (farvi opposizione). Bei den zur Zuständigkeit des Tribunals oder des Assisengerichts gehörenden strafbaren Handlungen können während der Untersuchung der Staatsanwalt oder der Beschuldigte Widerspruch erheben.

Binnen einer Ausschlußfrist (termine perentorio) von drei Tagen, von der im Artikel 55 vorgeschriebenen Mitteilung ab, wird der mit Gründen versehene Widerspruch durch Vermittlung dessen, der ihn einlegt, der Zivilpartei mitgeteilt. Diese kann ihre Ausführung binnen der gleichen Ausschlußfrist einreichen.

Der Widerspruch und die Ausführungen werden vermittelst der Gerichtsschreiberei dem Einzelrichter, beziehungsweise dem Untersuchungsrichter überreicht; sie werden auf dieselbe Art und Weise der Anklagekammer überreicht, wenn die Akten nach der Voruntersuchung dem Generalstaatsanwalt übersandt worden sind, oder die Anklagekammer die Untersuchung übernommen hat (avocato) oder wenn der Generalstaatsanwalt im Wege der summarischen Untersuchung (istruzione sommaria) verfährt.

Der Einzelrichter, der Untersuchungsrichter oder die Anklagekammer entscheiden ohne Verzögern, es sei denn, daß sie beschließen die Entscheidung aufzuschieben, damit erst im weiteren Verlaufe der Untersuchung neue Grundlagen (elementi) gesammelt werden.

58. Gegen den Anschluß der Zivilpartei, der während der Untersuchung zugelassen worden ist, kann in der Hauptverhandlung auch aus denselben, in der Untersuchung zurückgewiesenen Gründen Widerspruch erhoben werden.

59. Gegen den Anschluß der Zivilpartei, der nach der Anklage (atto di accusa) oder dem Eröffnungsurteil (sentenza di rinvio a giudizio) oder nachdem die Ladung vom Einzelrichter angeordnet oder vom Staatsanwalt ausgeführt wurde, geschah, sowie gegen den, der in Gemäßheit des Artikels 356 bewirkt wurde, kann in der Hauptverhandlung Widerspruch erhoben werden.

60. Der Anschluß der Zivilpartei, der während der Untersuchung zurückgewiesen wurde, kann nochmals nach der vom Einzelrichter angeordneten sowie nach der vom Staatsanwalt ausgeführten Ladung, nach der Anklage oder dem eröffnenden Urteile beantragt werden. Über diesen Antrag entscheidet alsdann der Richter in der Hauptverhandlung.

61. Gegen die Entscheidungen, die den Anschluß als Zivilpartei zulassen oder ablehnen, ist ein Rechtsmittel nicht gegeben.

Die Entscheidungen, die den Anschluß als Zivilpartei ablehnen, verhindern nicht die nachträgliche Anstrengung der Zivilklage und haben in ihr nicht die Kraft der abgeurteilten Sache. Die Vorschriften der Artikel 9 und 12 bleiben unberührt.

62. Der Anschluß als Zivilpartei kann in den im ersten Teile des Artikels 54 festgesetzten Formen in jeder Lage des Verfahrens widerrufen werden; geschieht der Widerruf vor der Hauptverhandlung, so muß er der Staatsanwaltschaft und dem Beschuldigten und, falls eine solche vorhanden ist, auch der zivilrechtlich verantwortlichen Person mitgeteilt werden.

Die Zivilpartei ist nicht zur Tragung der Kosten der nach dieser Mitteilung vorgenommenen Rechtsakte verpflichtet.

Die Erklärung gilt als widerrufen, wenn die regelrecht geladene Zivilpartei in der Hauptverhandlung nicht erscheint oder sich aus der Sitzung entfernt, ohne die im Artikel 411 erwähnten Schlußanträge überreicht zu haben.

Die Zivilpartei, die ihren Anschluß auf irgendeine Weise widerrufen hat, kann keine Zivilklage mehr erheben, und zwar auch nicht wegen Rückerstattung der Kosten, es sei denn, daß sie in der Widerrufsverhandlung einen ausdrücklichen Vorbehalt gemacht hat.

Wenn der Eintritt der Zivilpartei dem Beschuldigten oder der zivilrechtlich verantwortlichen Person Schaden oder Kosten verursacht hat, so entzieht der Widerruf, auch wenn er stillschweigend geschah, nicht die Möglichkeit, diese im Wege der Zivilklage zurückzufordern.

63. Die Zivilpartei kann Beweismittel unterbreiten zwecks Sicherung der Tatsachen und Feststellung des Schadens.

Die Staatsanwaltschaft kann die Beweismittel geltend machen, welche von der nicht als Zivilpartei zugelassenen oder ihre Zulassung widerrufen habenden Partei geltend gemacht worden waren.

64. Die im Artikel 7 bezeichneten Anträge können von der Staatsanwaltschaft im Interesse des Verletzten, der sich nicht als Zivilpartei angeschlossen hat und der nicht gesetzmäßig seinen gegenteiligen Willen offenbart hat oder offenbart, gestellt werden, wenn dieser minderjährig oder infolge geistiger oder körperlicher Erkrankung unfähig ist, seine eigenen Angelegenheiten zu besorgen.

Kapitel II.

Vom Beschuldigten und der zivilrechtlich verantwortlichen Person.

65. Beschuldigter ist, gegen wen eine Strafklage vor Gericht erhoben ist; während der Untersuchung wird als Beschuldigter angesehen, gegen wen in dieser Eigenschaft eine Durchsuchung oder Beschlagnahme angeordnet, ein Mandat erlassen, zur Festnahme geschritten oder an den die in den Artikeln 282 und 287 erwähnte Mitteilung gemacht wird.

Zivilrechtlich verantwortlich ist die Person, welche nach den Vorschriften des Zivilrechts an Stelle des Beschuldigten für den durch die strafbare Handlung verursachten Schaden eintreten muß.

66. Die Ladung der zivilrechtlich verantwortlichen Person kann auf Antrag der Zivilpartei geschehen. Eine Abschrift der Ladung muß der Staatsanwaltschaft und dem Beschuldigten mitgeteilt werden.

Die Ladung kann in den im Artikel 64 vorgesehenen Fällen durch die Staatsanwaltschaft geschehen und wird auch dem Verletzten und dem Beschuldigten mitgeteilt.

Die Ladung geschieht in den in den Artikeln 110 ff. festgesetzten Formen.

67. Die Ladung der zivilrechtlich verantwortlichen Person besteht in der Aufforderung, als solche für ihre eigene Verteidigung im Verfahren besorgt zu sein mit der Bezeichnung derjenigen Anträge, die sich gegen sie richten. Die Ladung selbst kann mit Ausnahme des im Artikel 356 vorgesehenen Falles in jeder Lage des Verfahrens geschehen und spätestens für die Sitzung, in der die Hauptverhandlung stattfinden soll, unter diesbezüglicher Beobachtung der im Artikel 358 Absatz II festgesetzten Frist.

Die Urschrift der Ladung wird in der Gerichtsschreiberei niedergelegt und den Prozeßakten einverleibt.

68. Die zivilrechtlich verantwortliche Partei kann auch, falls ein Anschluß der Zivilpartei erfolgt ist, sowie in den im Artikel 64 vorgesehenen Fällen freiwillig innerhalb der in den Artikeln 54 und 56 festgesetzten Fristen und auf die ebenda geregelte Art und Weise dem Verfahren beitreten.

Geschieht der Beitritt vor der Hauptverhandlung, so muß er der Staatsanwaltschaft, dem Beschuldigten und der Zivilpartei mitgeteilt werden und hat vom Datum der Mitteilung ab rechtliche Wirkung.

Die Ladung und der Beitritt der zivilrechtlich verantwortlichen Person bleiben ohne Wirkung, wenn die Zivilpartei ihren Anschluß widerruft oder wenn der Verletzte in Gemäßheit des Artikels 64 einen dem Antrage der Staatsanwaltschaft entgegengesetzten Willen kundgibt.

69. Gegen die Ladung der zivilrechtlich verantwortlichen Person, die während der Untersuchung geschehen ist, kann von derselben Person, von der Staatsanwaltschaft oder vom Beschuldigten innerhalb einer Ausschlußfrist von 3 — drei — Tagen von der im Artikel 67 vorgesehenen Mitteilung ab, Widerspruch erhoben werden.

Gegen den in der Untersuchung geschehenden freiwilligen Beitritt können innerhalb einer Ausschlußfrist von 3 — drei — Tagen von der im vorangehenden Artikel vorgeschriebenen Mitteilung ab die Staatsanwaltschaft, die Zivilpartei und der Beschuldigte Widerspruch erheben.

Wenn die Ladung der zivilrechtlich verantwortlichen Person für die Sitzung, in der die Hauptverhandlung statthat, bewirkt wird, oder wenn deren Beitritt in der Sitzung selbst geschieht, so wird über die Widersprüche in der Sitzung in Gemäßheit des ersten Teils des Artikels 387 entschieden.

Der Ladung und dem freiwilligen Beitritt der zivilrechtlich verantwortlichen Person sind die Bestimmungen der Artikel 57 Absatz 3 und 4, 58, 59 und 60 gemeinsam.

Die Ladung und der Beitritt der zivilrechtlich verantwortlichen Person können nicht das erste Mal in der Berufungsinstanz in Antrag gebracht werden, und zwar auch dann nicht, wenn sie in erster Instanz während der Untersuchung zurückgewiesen wurden.

70. Gegen die über die Ladung oder den Beitritt der zivilrechtlich verantwortlichen Person ergehenden Entscheidungen kann ein Rechtsmittel nicht eingelegt werden.

Die vorerwähnten Entscheidungen greifen der Frage nicht vor, ob die zivilrechtlich verantwortliche Person in Gemäßheit der Zivilgesetze an Stelle des Beschuldigten für den durch die strafbare Handlung verursachten Schaden einzustehen hat. Unberührt bleiben die Vorschriften der Artikel 9 und 12.

Abgesehen hiervon kann, wenn der Beitritt infolge Widerspruches der Zivilpartei zurückgewiesen wurde, diese keinen Rechtsanspruch mehr auf Grund der zivilrechtlichen Verantwortung gegen diese Person geltend machen.

71. Der zivilrechtlich verantwortlichen Person stehen bei den auf ihre Ladung oder ihren Beitritt in der Untersuchung oder dem

Prozeß folgenden Rechtshandlungen, insoweit das Zivilinteresse in Frage steht und nichts anderes bestimmt ist, alle die Rechte und Bürgschaften (garanzie) zu seiner Verteidigung, die Rechtsmittel (impugnazione) und die bezüglichen Prozeßrechte wie dem Beschuldigten zu. Im übrigen findet auf den Beitritt, die Unterstützung oder die Vertretung der zivilrechtlich verantwortlichen Person die Vorschrift des Artikels 136 keine Anwendung.

Kapitel III.

Von den Verteidigern.

72. Während der Untersuchung kann sich der Beschuldigte bei den Verhandlungen, für die die Gegenwart der Verteidigung gestattet ist, von einem Verteidiger, welcher Anwalt (avvocato) oder ein zur Ausübung dieses Berufes in der vom Gesetz bestimmten Art und Weise zugelassener Sachwalter (procuratore) ist, unterstützen lassen.

Die Zivilpartei und die zivilrechtlich verantwortliche Person können sich während der Untersuchung von einem einzigen Verteidiger, der Anwalt oder ein zur Ausübung der Strafverteidigung zugelassener Sachwalter ist, unterstützen lassen und können sich von demselben nur auf Grund einer Sondervollmacht vertreten lassen.

Der Einzelrichter kann in einzelnen Fällen gestatten, daß, falls an dem Orte keine Anwälte oder Sachwalter oder gesetzmäßig taugliche Fürsprecher (patrocinatori) vorhanden sind, die Verteidigung in der Untersuchung oder dem Prozesse von einer Persönlichkeit übernommen wird, welche die bei der Zulassung zu dem gesetzlichen Amte als Fürsprecher von dem Einzelgericht verlangten Erfordernisse erfüllt.

73. Im Prozesse muß der Beschuldigte sich eines Verteidigers bei Strafe der Nichtigkeit bedienen, es sei denn, daß es sich um Übertretungen handelt, gegen die das Gesetz eine Freiheitsstrafe von höchstens fünf Tagen oder eine Geldstrafe von höchstens 150 — hundertfünfzig — Lire androht. In diesen Fällen ist die Verteidigung keine notwendige.

In dem Prozesse wegen einer strafbaren Handlung, die das Gesetz nur mit Geldstrafe bestraft, kann sich der Beschuldigte durch seinen mit Sondervollmacht versehenen Verteidiger vertreten lassen. Der Richter hat indes das Recht, das persönliche Erscheinen anzuordnen.

Der Beschuldigte kann im Prozeß nicht mehr als zwei Verteidiger haben.

Die Zivilpartei und die zivilrechtlich verantwortliche Person können bei den zur Zuständigkeit des Einzelrichters gehörenden Prozessen persönlich erscheinen oder sich durch ihre mit Sondervollmacht versehenen Verteidiger vertreten lassen. Bei den zur Zuständigkeit des Tribunals oder der Corte gehörenden Prozessen müssen sie von einem Anwalt oder zur Ausübung der Strafverteidigung zugelassenen Sachwalter unterstützt werden und können sich auch nur von diesen mittels Sondervollmacht vertreten lassen.

Als Ersatz des oder der von ihnen bezeichneten Verteidiger können die Parteien für den nachgewiesenen Fall gesetzlicher Verhinderung im voraus einen andern Verteidiger bezeichnen, der nur für die Zeit, für die wirklich ein Ersatzbedürfnis eintritt, in der Hauptverhandlung zur Verteidigung ermächtigt ist.

74. Ernennt im Falle der notwendigen Verteidigung der Beschuldigte keinen Verteidiger oder bleibt er dessen beraubt, so geschieht die Ernennung von Amts wegen durch den Vorsitzenden, den Untersuchungsrichter oder den Einzelrichter und wird sofort vom Gerichtsschreiber dem ernannten Verteidiger mitgeteilt; diese gilt als widerrufen, sobald der Beschuldigte von einem Verteidiger seines Vertrauens (di fiducia) unterstützt oder vertreten wird.

Falls keine Unvereinbarkeit (incompatibilità) vorliegt, kann die Verteidigung mehrerer Beschuldigter auch von Amts wegen einem gemeinsamen Verteidiger anvertraut werden.

75. Während der Untersuchung und nach Beendigung der Vernehmung kann der Verteidiger mit dem in Haft befindlichen Beschuldigten Rücksprache nehmen, vorausgesetzt, daß der Richter dazu seine Genehmigung erteilt. Nach der Anklage (atto d'accusa) oder der Niederlegung der Akten in Gemäßheit des Artikels 267 oder nachdem die Ladung vom Einzelrichter angeordnet oder vom Staatsanwalt ausgeführt wurde, kann der Verteidiger frei mit dem Beschuldigten sprechen.

76. Die Anwälte und die Sachwalter, die zur Ausübung der Strafverteidigung bei den Corti und Tribunalen zugelassen sind, müssen den Beschuldigten Beistandschaft leisten, sei es, daß diese sie zu Verteidigern wählen, sei es, daß sie von Amts wegen ernannt wurden.

Die Bestimmung zum Offizialverteidiger (difensore d'ufficio) geschieht im Kreislauf (per turno) nach der Reihenfolge des Alters der Einschreibung, falls die Umstände nicht eine Ausnahme erfordern.

Der Vorsitzende, der Untersuchungsrichter und der Einzelrichter können aus gerechten Gründen dem Offizialverteidiger einen Substituten bestellen. In den Fällen, in denen die Verteidigung eine notwendige ist, kann der Verteidiger des Vertrauens, der das Amt ausdrücklich angenommen hat, dennoch aus gerechten Gründen durch einen andern, von Amts wegen ernannten Verteidiger ersetzt werden.

77. Der Verteidiger kann sein Amt nicht niederlegen oder sich aus der Sitzung entfernen, und zwar auch dann nicht, wenn er anführt, daß die Rechte der Verteidigung verletzt worden seien; aber er kann diesen Grund zur Anfechtung des Urteils geltend machen, falls er ihn sich im Protokoll vorbehalten hat.

78. Handelt der Verteidiger den Bestimmungen des vorhergehenden Artikels zuwider, so macht der Vorsitzende, Richter oder Einzelrichter davon unmittelbar der Anklagekammer Mitteilung und fordert inzwischen den Beschuldigten, der ohne Verteidigung ge-

blieben ist, auf, dem von ihm vorher benannten Verteidiger einen andern zu substituieren.

Ernennt der ohne Verteidigung verbliebene Beschuldigte keinen andern Verteidiger, oder war der frühere Verteidiger von Amts wegen ernannt worden, so sorgt der Vorsitzende, Richter oder Einzelrichter von Amts wegen für einen Ersatz. Übernimmt der von der Partei benannte oder von Amts wegen bestellte Verteidiger die Verteidigung nicht, so wird der Vorsitzende der Anwaltskammer (presidente del consiglio dell'ordine degli avvocati) ernannt. Dieser muß persönlich oder durch einen seiner Beauftragten die Verteidigung wahrnehmen.

Dem ernannten oder beauftragten Verteidiger kann in Gemäßheit des Artikels 380 eine Frist zur Kenntnisnahme der Akten gestellt werden, aber die Hauptverhandlung kann nicht vertagt (rimandato) werden.

79. Der Verteidiger, der die Vorschrift des Artikels 77 überschreitet, wird mit der Enthebung von der Ausübung seines Berufes auf die Dauer von einem Monat bis zu sechs Monaten bestraft.

Der Offizialverteidiger oder der beauftragte Verteidiger, der ohne gerechten Grund die Übernahme verweigert, wird — auch im Falle des zweiten Absatzes des vorhergehenden Artikels — mit der Enthebung von der Ausübung seines Berufes auf die Dauer von einem Monat bis zu drei Monaten bestraft.

Die durch das gesetzwidrige Verhalten des Verteidigers verursachten Kosten gehen zu seinen Lasten.

80. Die im vorhergehenden Artikel berührte Enthebung und Kostenverurteilung geschieht durch die Anklagekammer. Diese ladet den Verteidiger zum persönlichen Erscheinen zwecks seiner Verantwortung und hört den Generalstaatsanwalt.

Gegen das Urteil der Anklagekammer steht dem Generalstaatsanwalt und dem Verteidiger die Revision (ricorso) bei dem Kassationshofe auch zur Hauptsache zu.

81. Die Bestimmungen der Artikel 78 ff. finden nur auf die Verteidiger des Beschuldigten Anwendung. Die Niederlegung der Verteidigung einer andern Partei hindert nicht die unmittelbare Fortsetzung des Verfahrens und unterbricht die Sitzung nicht.

82. In jedem in den Artikeln 78 bis 80 nicht betrachteten Falle wird die Disziplinarklage gegen die Verteidiger durch das Gesetz über die Ausübung des Berufes des Anwalts, Sachwalters und Beistandes vor dem Einzelrichter[16]) geregelt.

Titel IV.

Von den prozessualen Akten.

Kapitel I.

Von den Berichten und Protokollen.

83. Der Bericht (rapporto) ist ein Rechtsakt, durch den ein öffentlicher Beamter eine Tatsache mitteilt, die Grund zu einem

Strafverfahren geben kann. Der Bericht wird von dem öffentlichen Beamten, der ihn abfaßt, unterschrieben. Er bezeichnet die Zeit-, Orts- und persönlichen Umstände, vermerkt außerdem die gesammelten Beweisgrundlagen und, falls möglich, den Vor- und Zunamen des Beschuldigten und was sonst zur Identifizierung der Persönlichkeit dessen, der für schuldig gehalten wird, nützlich erscheint, sowie die Zeugen.

84. Das Protokoll (il processo verbale) ist ein von einem öffentlichen Beamten zusammengestellter Rechtsakt zwecks Beglaubigung der in Ausübung seines Amtes vorgenommenen Verrichtungen. Es enthält das Datum, an dem es begonnen und geschlossen wurde, die Namen der Personen, welche zugegen waren, die Gründe, welche die Anwesenheit von Personen verhindert haben, die hierzu verpflichtet gewesen wären, und die Bezeichnung der Verrichtungen, an denen jeder der Anwesenden teilgenommen hat.

Im Protokoll muß bezeichnet werden, ob eine in ihm enthaltene Erklärung von selbst oder auf Befragen abgegeben worden ist; wurde sie vom Erklärenden diktiert, so wird dieser Umstand erwähnt.

Das Protokoll wird verlesen und sodann nach Schluß und auf jedem Blatte von den anwesenden Personen unterzeichnet, und zwar auch dann, wenn die Fortsetzung der Verrichtungen auf einen andern Tag verschoben wird.

Wenn einer der Anwesenden nicht unterschreiben kann oder will, so wird dies erwähnt.

85. Als Zeugen können bei den prozessualen Rechtsakten nicht zugegen sein:

1. Die Minderjährigen bis zu vierzehn Jahren und diejenigen Personen, welche bekanntermaßen geisteskrank sind; die Fähigkeit wird bis zum Beweise des Gegenteils vermutet;
2. die nächsten Verwandten des öffentlichen Beamten, der den Rechtsakt vornimmt, sowie die des Beschuldigten, der zivilrechtlich verantwortlichen Person, des Verletzten oder des Klägers.

86. Der Beschuldigte und der Verletzte können persönlich oder durch einen Sonderbevollmächtigten Anträge stellen und Erklärungen abgeben.

Der öffentliche Beamte, der den Antrag oder die Erklärung entgegennimmt, nimmt darüber ein Protokoll auf, falls der Antrag oder die Erklärung mündlich geschehen. In jedem Falle stellt er der Partei, die es verlangt, ein Zeugnis darüber aus.

Kapitel II.

Vom Eide der Zeugen, Dolmetscher und Sachverständigen.

87. Der Eid der Zeugen, Sachverständigen und Dolmetscher wird stehend vor Gericht geleistet, nachdem eine Ermahnung über die moralische und religiöse Wichtigkeit des Rechtsaktes und über die gegen die des Meineides Schuldigen (colpevoli di falsità in giudizio) festgesetzten Strafen geschehen ist.

88. Der Zeuge gibt zunächst seinen Vornamen, Zunamen, sein Alter und andere persönliche Verhältnisse an und schwört sodann vor seiner Aussage: „Ich schwöre, die volle Wahrheit zu sagen und nichts als die Wahrheit" („giuro di dire tutta la verità, null'altro che la verità").

Der stumme Zeuge, der schreiben kann, leistet den Eid durch Schreiben und Unterschreiben der Formel. Kann er nicht schreiben, so leistet er den Eid unter Unterstützung eines Dolmetschers.

Denjenigen Zeugen, der einen Eid nicht leisten soll, erinnert der Richter an seine Pflicht, die volle Wahrheit und nichts als die Wahrheit zu sagen, sowie an die gegen falsches Zeugnis festgesetzten Strafen.

89. Unbeeidigt sind zu vernehmen:

1. Personen, welche zur Zeit der Vernehmung das vierzehnte Lebensjahr noch nicht vollendet haben;
2. der Verletzte und der Kläger, und der Anzeigende, der persönliches Interesse zur Sache hat.

90. Der Sachverständige, bevor er seines Amtes waltet, leistet den Eid dahin: „Ich schwöre, gut und getreulich bei den mir anvertrauten Verrichtungen vorzugehen und keinen andern Zweck zu verfolgen, als den, dem Richter die Wahrheit zu übermitteln" („giuro di bene e fedelmente procedere nelle operazioni a me affidate e di non avere altro scopo che quello di far conoscere al giudice la verità").

91. Der Dolmetscher schwört, bevor er seines Amtes waltet: „Ich schwöre, getreulich die Fragen der durch mich zu verhörenden Person auseinanderzusetzen und getreulich die Antwort zu übermitteln" („giuro di spiegare fedelmente le domande alla persona che deve essere col mio mezzo interrogata e di riferirne fedelmente le risposte").

Handelt es sich darum, einen Rechtsakt oder ein Schriftstück zu verdolmetschen, so leistet der Dolmetscher den Eid mittels der für den Sachverständigen festgesetzten Form.

92. Die Zeugen werden in der Hauptverhandlung vereidigt; in der Untersuchung leisten sie einen Eid nur in den vom Gesetz festgesetzten Fällen.

Die Zeugen, die vereidigt worden sind, und die Sachverständigen und Dolmetscher, welche in der Untersuchung ihres Amtes gewaltet haben, müssen in der Hauptverhandlung keinen neuen Eid leisten; aber der Richter erinnert sie an den schon geleisteten Eid und die bezüglichen Strafbestimmungen.

Diese Bestimmung findet ferner Anwendung, falls die Zeugen, Sachverständigen und Dolmetscher während der Untersuchung oder der Hauptverhandlung ein weiteres Mal vernommen werden.

93. Die Bestimmungen der Artikel 88, 90, 91 und 92 Absatz I müssen bei Strafe der Nichtigkeit beobachtet werden.

Kapitel III.

Von den Rechtsakten und Entscheidungen des Richters.

94. Jeder Richter oder Beamte der Staatsanwaltschaft kann bei Ausübung seiner Verrichtungen unmittelbar die öffentliche Gewalt in Anspruch nehmen.

95. Jedem Richter oder Beamten der Staatsanwaltschaft steht, solange er in sein Amt fallende Rechtsakte ausübt, das Recht zu, das das Gesetz dem Vorsitzenden und dem Einzelrichter bezüglich der Sitzungspolizei einräumt.

96. Der Richter wird bei allen Rechtsakten, die er vornimmt, vom Gerichtsschreiber unterstützt, falls das Gesetz nichts anderes bestimmt.

97. Die Anzahl der Richter und Geschworenen, die zur Gültigkeit der Sitzungen und Beratungen der Corti und Tribunale nötig sind, wird durch die auf die Gerichtsverfassung bezüglichen Gesetze[17]) bestimmt.

98. Die Entscheidungen des Richters ergehen als Urteil (sentenza), Beschluß (ordinanza) oder Verfügung (decreto).

Urteil ist diejenige Entscheidung, die die Untersuchung oder den Prozeß beendigt. Das Urteil ergeht im Namen des Königs.

Beschluß ist diejenige Entscheidung, die auf einen Zwischenantrag hin oder von Amts wegen im Verlaufe der Untersuchung oder des Prozesses oder in der Vollstreckungsinstanz (sede di esecuzione) ergeht.

Vermittels Verfügung ergeht jede in der Untersuchungs-, Prozeß- oder Vollstreckungsinstanz getroffene Entscheidung, insoweit nicht einer der vorbenannten Fälle vorliegt, oder falls die Form der Verfügung besonders vom Gesetze festgesetzt worden ist.

99. Jede Entscheidung muß mit Gründen versehen sein, falls das Gesetz nichts anderes bestimmt.

Beraten die Corti und Tribunale ihre Entscheidungen als Ratskammer (in camera di consiglio), so sind die Staatsanwaltschaft und der Gerichtsschreiber nicht zugegen.

100. Den Beschlüssen und Urteilen in der Hauptverhandlung gehen die mündlichen Schlußanträge des Staatsanwalts und der Verteidiger voran, und, bevor sie verkündet werden, müssen der Beschuldigte und sein Verteidiger das letzte Wort haben, falls sie es verlangen.

Den Beschlüssen und Urteilen, die nicht in der Hauptverhandlung ergehen, müssen die schriftlichen Schlußanträge des Staatsanwalts vorangehen, es sei denn, daß das Gesetz etwas anderes bestimmt.

Der Staatsanwalt stellt seine Anträge in bestimmter Form und kann die Entscheidung nicht dem Gericht anheimgeben. Verwirft der Richter einen Präjudizial- oder Zwischenantrag, so kann er nicht ohne diesbezüglichen Antrag der Staatsanwaltschaft zur Hauptsache entscheiden (decidere nel merito).

101. Die Bestimmungen der Artikel 96, 99 und 100 müssen bei Strafe der Nichtigkeit beobachtet werden.

102. Die Verteidiger können in der Untersuchung oder vor Schluß der Hauptverhandlung schriftliche Darlegungen (memorie scritte) überreichen, ohne dadurch in irgendeinem Falle die Entscheidung aufzuhalten. Die Darlegungen müssen im voraus der Staatsanwaltschaft und den andern Parteien mitgeteilt werden.

103. Die Corti und Tribunale beraten für gewöhnlich in der Ratskammer auf den Bericht eines ihrer Mitglieder.

Für die besonderen Entscheidungen in der Ratskammer und bei den Prozessen, in denen keine Geschworenen zugezogen werden, setzt sich das Assisengericht während der Sitzungsperiode aus dem Vorsitzenden und zwei dem örtlichen oder benachbarten Tribunal angehörigen und vom ersten Präsidenten des Berufungsgerichts bezeichneten Richtern zusammen. Nach Schluß der Sitzungsperiode werden die Entscheidungen in der Ratskammer von der Anklagekammer des Berufungsgerichts beraten.

Kapitel IV.

Von der Erneuerung und Veröffentlichung der Akten, sowie von den Abschriften daraus.

104. Sind die Urschriften von verurteilenden Erkenntnissen, die noch nicht vollstreckt sind, oder aber von Akten eines noch schwebenden Prozesses oder von andern Gerichtsakten, deren Gebrauch erforderlich ist, aus irgendeiner Ursache zerstört, abhanden gekommen oder verlegt, und ist es nicht möglich, sie wiederzubekommen, so hat eine rechtsgültige (autentica) Abschrift die Kraft der Urschrift und wird an der Stelle, wo diese sich befinden müßte, niedergelegt.

Zu diesem Zwecke ordnet der Richter an, daß, wer eine Abschrift besitzt, sie der Gerichtsschreiberei mit dem Recht, umsonst davon eine rechtsgültige Abschrift zu erhalten, überläßt. Wer dagegen verstößt, gegen den kommen die im Strafgesetzbuch festgesetzten Strafen in Anwendung.

105. Besteht eine rechtsgültige Abschrift nicht, so können die Staatsanwaltschaft und die Parteien Beweise für das frühere Bestehen und den Inhalt (tenore) der im Sinne des vorhergehenden Artikels fehlenden Akten beibringen. Der Richter bestimmt nach Prüfung der Beweise durch Beschluß, ob und in welcher Weise das fehlende Aktenstück wiederhergestellt werden soll.

Ist es nicht möglich, die Wiederherstellung des fehlenden Aktenstücks auf eine der bezeichneten Arten zu bewirken, so bestimmt der Richter, ob die Erneuerung nötig ist und gibt die Art und Weise der Erneuerung an. Erforderlichenfalls bestimmt er ferner, welche andern Rechtsakte der Untersuchung oder des Prozesses zugleich mit den fehlenden wiederholt werden müssen.

106. Die Akten und Schriftstücke des Prozesses oder die Ergebnisse der Beweisaufnahme in der Untersuchung können unter keinen Umständen weder zum Teil noch in summarischer Zusammenfassung veröffentlicht werden, bis die Untersuchung mit der Freisprechung (proscioglimento) geendet hat, oder aber bis die Akten, Schriftstücke oder Beweisprotokolle in der Hauptverhandlung öffentlich verlesen worden sind. Unter keinen Umständen können diejenigen Akten veröffentlicht werden, die sich auf eine wegen unzureichender Beweise geschlossene Untersuchung beziehen.

Verboten ist zu jeder Zeit die auf irgendeine Weise geschehende gänzliche oder teilweise, auch summarische Veröffentlichung irgendeines Rechtsakts und Schriftstücks der Untersuchung oder des Prozesses, des Ergebnisses der Beweise oder des Inhalts der Plädoyers, falls die Hauptverhandlung hinter verschlossenen Türen stattfand.

Verboten ist zu jeder Zeit die Veröffentlichung der Namen der Geschworenen oder Richter unter Bezeichnung der Art ihrer Stimmabgabe bei den Verdikten oder Urteilen.

107. Wer den Bestimmungen des vorangehenden Artikels zuwiderhandelt, wird mit einer Geldstrafe nicht unter 1000 — tausend — Lire bestraft. Diese wird für jede neue Veröffentlichung, die durch die Presse geschieht, auch wenn sie sich auf denselben Prozeß bezieht, verdoppelt. Ausgeschlossen bleibt die im Artikel 75 Absatz I des Strafgesetzbuchs festgesetzte Begrenzung[18]) und die Anwendung des Artikels 79 desselben Gesetzes[19]). Darüber hinaus findet die Vernichtung der betreffenden Druckschriften statt; auch findet, wenn der Fall gegeben ist, die Bestimmung der Artikel I Absatz II des Gesetzes vom 28. Juni 1906, No. 278 über die Präventivbeschlagnahme der Zeitungen[20]) Anwendung.

Die vorbezeichneten Strafen werden stets auch gegen den Herausgeber (editore) oder, falls ein solcher nicht vorhanden ist, gegen den Buchdrucker (tipografo) und, wenn es sich um periodische Veröffentlichungen handelt, auch gegen den verantwortlichen Redakteur (gerente) ausgesprochen.

108. Der Einzelrichter, der eine Untersuchung führt oder sie durch ein freisprechendes Urteil beendet hat, der Untersuchungsrichter beim Tribunal, wo die Untersuchung geführt wird oder wo sie durch freisprechendes Urteil beendet worden ist, der Präsident der Corte oder des Tribunals oder der Einzelrichter während des Prozesses und nach seiner Beendigung können die Übersendung einer Abschrift oder eines Auszuges einzelner Rechtsakte jedem gestatten, der ein rechtmäßiges (legittimo) Interesse daran nachweist.

In der Verfügung muß die Veröffentlichung der betreffenden Rechtsakte verboten werden, falls die Veröffentlichung der öffentlichen Moral, Ordnung oder dem öffentlichen Interesse schaden könnte oder wenn es sich um Rechtsakte handelt, die sich auf eine infolge unzureichender Beweise geschlossene Untersuchung beziehen. Wer gegen dieses Verbot verstößt, wird in Gemäßheit des vorhergehenden Artikels bestraft.

Kapitel V.

Von den Zustellungen (notificazioni).

109. Die Zustellung eines Rechtsaktes geschieht, sofern nicht ein anderes bestimmt ist, auf Anordnung der Staatsanwaltschaft oder des Richters oder auf Betreiben der Partei durch den Gerichtsuffizial (ufficiale giudiziario) im Wege der Übergabe einer Abschrift des ganzen Rechtsakts mit dem Datum der Zustellung und der Unterschrift desselben Beamten.

Muß der Akt mehreren Personen zugestellt werden, so wird jedem eine Abschrift übergeben.

110. Die Zustellungen an die Parteien werden durch Übergabe einer Abschrift des Rechtsakts an die betreffende Person ausgeführt.

Hat eine Partei in den Fällen, in denen das Gesetz es vorschreibt oder gestattet, einen Zustellungsbevollmächtigten (rappresentante con mandato speciale) bestellt oder hat sie einen Wohnort bezeichnet oder gewählt, so wird die Zustellung rechtswirksam ausgeführt auch durch Überreichung der Abschrift des Rechtsakts an den Zustellungsbevollmächtigten oder aber in dem bezeichneten oder erwählten Wohnort.

Die Zustellung an die Staatsanwaltschaft geschieht auf der Behörde durch Überreichung einer Abschrift an den Sekretär des Staatsanwalts oder des Generalstaatsanwalts.

111. Die Zustellung an den Beschuldigten geschieht, falls es nicht möglich ist, eine Übergabe der Abschrift persönlich oder auf die im Absatz II des vorhergehenden Artikels bezeichnete Art zu bewirken, am Wohnsitz oder, falls der Wohnsitz unbekannt ist, am Aufenthaltsort durch Überreichung der Abschrift an ein Familienmitglied oder einen Hausangehörigen oder Bediensteten des Beschuldigten, der nicht in Gemäßheit des Artikels 85 Nummer 1 unfähig zur Zeugenschaft ist.

Fehlen solche Personen, so übergibt der Gerichtsuffizial die Abschrift dem Bürgermeister (sindaco) der Gemeinde oder seinem Stellvertreter. Dieser sorgt dafür, daß die Abschrift möglichst in die Hände des Beschuldigten gelangt und benachrichtigt davon die Gerichtsbehörde, der er zugleich den Ort mitteilt, wo die betreffende Person ermittelt worden ist. Die Zustellung wird in dem Augenblicke rechtswirksam, in dem der Gerichtsuffizial sie bewirkt hat.

Die Zustellung an den in Haft befindlichen Beschuldigten kann nur durch Übergabe an die Person geschehen.

112. Die Zustellung eines Rechtsakts an den Beschuldigten, dessen Wohnsitz oder Aufenthalt im Inlande nicht bekannt ist, geschieht durch Anheftung der Abschrift an die äußere Tür des Rathauses (casa comunale) seines Geburtsortes und an die des Hauses, in dem der Beschuldigte zuletzt gewohnt hat; ist dies nicht bekannt, so geschieht die Anheftung an die äußere Tür der Corte, des Tribunals oder Einzelgerichts, wo die Untersuchung oder der Prozeß schwebt oder geschwebt hat.

113. Ergibt sich aus den Prozeßakten der genaue Wohn- oder Aufenthaltsort des eines Verbrechens (delitto) Beschuldigten im Auslande, so übersendet ihm der Staatsanwalt oder der Einzelrichter durch eingeschriebenen Brief (lettera raccomandata) die Nachricht von dem zu seinen Lasten (carico) begonnenen Prozesse und fordert ihn zugleich auf, für die Zustellung der Rechtsakte seinen Wohnsitz in der Gemeinde, in der der Prozeß schwebt, zu bezeichnen oder zu wählen.

Diese Förmlichkeit verschiebt oder verzögert das Verfahren nicht. Bis der Beschuldigte seinen Wohnsitz weder bezeichnet noch gewählt hat, geschehen die ferneren Zustellungen in Gemäßheit des vorhergehenden Artikels.

114. Die Zustellungen an den Verletzten — mit Ausnahme der im Artikel 110 Absatz II vorgesehenen Fälle —, an die Sachverständigen, Dolmetscher und Zeugen geschehen gemäß den im Artikell 111 Absatz I und II enthaltenen Bestimmungen.

115. Die Zustellung der Berufung und der Revision des Staatsanwalts und, falls erforderlich, die des Urteils, geschieht an den in Haft befindlichen Beschuldigten durch den Gerichtsschreiber des Einzelgerichts, des Tribunals oder der Corte, die das Urteil gefällt hat.

Sitzt der Beschuldigte in mehreren Sachen in Haft, so geschieht die Zustellung durch den Gerichtsschreiber des Einzelgerichts des Bezirks (mandamento), in dem er sich befindet.

In das Protokoll der Zustellung kann der Gerichtsschreiber die Erklärung des Beschuldigten aufnehmen, daß er sich eines Rechtsmittels bedienen oder einen Verteidiger wählen wolle.

116. Über jede Zustellung schreibt der Gerichtsuffizial am Ende des Rechtsakts einen Bericht, in dem er die angestellten Ermittlungen, das Datum, den Vornamen, den Zunamen und die persönlichen Eigenschaften der Person angibt, der er die Abschrift übergeben hat.

In den im Artikel 112 vorgesehenen Fällen überreicht er den Bericht an den Einzelrichter oder den Bürgermeister der Gemeinde oder dessen Stellvertreter, der ihn gegenzeichnet.

Hat die Ladung des Verletzten, des Sachverständigen, des Dolmetschers oder des Zeugen nicht auf eine der im Artikel 114 bezeichneten Arten und Weisen zugestellt werden können, so läßt sich der Gerichtsuffizial vom Bürgermeister ein Zeugnis darüber ausstellen, daß der Aufenthalt des Betreffenden unbekannt ist oder aber er bezeugt ihm, wenn es der Fall ist, die Abwesenheit vom Inlande, oder den Tod.

117. Die Zustellungen im Inlande werden durch den Bericht des Gerichtsuffizials oder das Protokoll des Gerichtsschreibers bewiesen.

Die für die Zustellungen im Königreiche festgesetzten Regeln werden auch für die in den Kolonien oder in andern der Souveränität der Staates unterworfenen Ländern notwendig werdenden Zustellungen beobachtet, falls dort nicht besondere Bestimmungen in Kraft sind. Fehlt es an einem Einzelrichter, Bürgermeister, Gerichtsschreiber oder Gerichtsuffizial, so werden die entsprechenden Pflichten von den das entsprechende Amt bekleidenden Beamten erfüllt.

118. Die Urschrift des zugestellten Rechtsakts, der Bericht oder das Protokoll und die Anlagen werden den Prozeßakten einverleibt.

Besteht ein Unterschied zwischen der Abschrift und der Urschrift, so kann jeder Interessent sich auf die Abschrift berufen, die er erhalten hat.

Die Mitteilungen, die im Laufe der Untersuchung oder des Prozesses vom Richter mündlich an den Interessenten geschehen, ersetzen die Zustellungen, vorausgesetzt, daß dies im Protokoll erwähnt wird.

119. Die Zustellung ist nichtig:

wenn die Unterschrift des Gerichtsuffizials fehlt;

wenn die über die Person, an die die Abschrift übergeben werden muß, oder über den Ort, an dem die Anheftung geschehen muß, bestehenden Vorschriften verletzt sind;

wenn infolge Nichtbeachtung anderer unter den vorher aufgestellten Regeln absolute Unsicherheit über das Datum der Zustellung oder über die Person, die sie nachsucht, oder über die, an die sie gerichtet worden ist, herrscht.

120. Durch Bestimmungen im Verordnungswege (con norme regolamentari) können die Zustellungen der Rechtsakte und die Übergabe der Abschriften vermittels der Post mit Rechtswirksamkeit bekleidet werden (autorizzate).

Kapitel VI.

Von den Fristen.

121. Die prozessualen Fristen werden nach Stunden, Tagen und Monaten bestimmt; der Monat wird zu dreißig Tagen gerechnet.

Die Fristen nach Stunden werden auf Grund der Bezeichnung der Stunde auf dem betreffenden Rechtsakt, von wo an sie beginnen, berechnet.

Bei Berechnung der Fristen wird die Stunde oder der Tag, von dem ab der Lauf der Frist beginnt, nicht mitgerechnet (non si comprende).

Diese Regel findet auch Anwendung, wenn das Gesetz bestimmt, daß eine Förmlichkeit bis zu einem bestimmten Termin vor einer Sitzung oder einer andern Förmlichkeit erfüllt sein muß.

122. Die Frist zur Überreichung und Niederlegung von Schriftstücken oder zur Verrichtung von gerichtlichen Akten läuft, wenn dies bei einer öffentlichen Behörde zu geschehen hat, in dem Augenblicke ab, an dem nach den Dienstvorschriften die Behörde für das Publikum geschlossen wird.

123. Die Ausschlußfristen (termini perentorii) können von der Gerichtsbehörde nicht verlängert werden, es sei denn, daß das Gesetz eine Ausnahme gestattet.

124. Die Partei, zu deren Gunsten eine Frist gesetzt worden ist, kann durch eine vom Gerichtsschreiber aufgenommene Verhandlung in deren Abkürzung willigen.

125. Für den Beschuldigten, dessen Wohnsitz oder Aufenthalt bekannt ist, wird die Erscheinungsfrist um die Anzahl der für die Reise bis zum Erscheinungsort erforderlichen Tage verlängert. Die Verlängerung kann nicht weniger als einen Tag für jede 200 — zweihundert — Kilometer Entfernung betragen.

Diese Bestimmungen finden keine Anwendung:

1. wenn der Beschuldigte im Auslande weilt, falls fünfzehn Tage von der Übersendung der im Artikel 113 erwähnten Benachrichtigung vergangen sind, für den Fall, daß der Beschuldigte sich in Europa befindet, und in den andern Fällen, falls vierzig Tage vergangen sind;
2. wenn der Beschuldigte sich aus dem Inlande, aus den Kolonien oder einem andern der Souveränität des Staates unterworfenen Lande entfernt hat, nachdem er eine rechtsgültige Mitteilung über das Verfahren erhalten hat.

126. Der Staatsanwaltschaft und den Parteien — indes im Laufe des Prozesses jedem nur ein einziges Mal — kann die Wiedereinsetzung in den vorigen Stand (restituzione) in bezug auf eine Frist gewährt werden, falls erwiesen wird, daß die Unmöglichkeit, ein Recht innerhalb der vom Gesetz festgesetzten Ausschlußfrist auszuüben, lediglich auf höhere Gewalt (forza maggiore) zurückzuführen ist.

Dem Falle der höheren Gewalt steht der Fall gleich, daß der Beschuldigte beweist, daß er durch eine ohne seine Schuld oder Nachlässigkeit eingetretene Tatsache keine Kenntnis von der Zustellung, von der ab die Frist zu laufen begonnen hat, gehabt hat, falls die Zustellung an den Orten und auf die Art und Weise geschehen ist, wie sie im Artikel 111 Absatz I bezeichnet sind.

127. Der Antrag auf Wiedereinsetzung in den vorigen Stand in bezug auf eine Frist muß bei Strafe des Verlustes binnen zehn Tagen von dem Tage ab, an dem die die höhere Gewalt begründende Tatsache aufhörte, gestellt werden; in dem im Absatz II des vorhergehenden Artikels betrachteten Falle laufen die zehn Tage vom Datum der rechtswirksam bewirkten Zustellung eines nachfolgenden Rechtsaktes an den Interessenten. Auf die Frist für den Antrag der Wiedereinsetzung in den vorigen Stand und auf die der Wiedereinsetzung bezieht sich die Wohltat der Wiedereinsetzung nicht.

Über den Antrag entscheidet durch unanfechtbaren Beschluß der Richter, der für die Entscheidung zuständig ist im Falle, daß dem Antrage auf Wiedereinsetzung in den vorigen Stand in bezug auf eine Frist stattgegeben wird.

Die Wiedereinsetzung in den vorigen Stand in bezug auf eine Frist bewirkt die Erneuerung der Rechtsakte, die nach dem Termin, in den wiedereingesetzt worden ist, vorgenommen worden sind.

Der Antrag hat in bezug auf die Vollstreckung des Urteils keine aufschiebende Wirkung, aber der Richter kann die Aufschiebung anordnen.

Kapitel VII.

Von den Rechtsmitteln (mezzi di impugnazione) gegen richterliche Entscheidungen.

128. Es können der Ehegatte für seine Ehefrau, die Eltern für die ihrer Gewalt unterworfenen minderjährigen Kinder und der Vormund für die seiner vormundschaftlichen Gewalt Unterworfenen, die dem Beschuldigten zustehenden Rechtsmittel einlegen, ohne daß sie ein Recht auf Zustellung der Entscheidung hätten.

Die Berufung und die Revision können auch vom Verteidiger, der dem Beschuldigten zur Seite gestanden hat, eingelegt werden. Aber der Beschuldigte kann diesen Rechtsmitteln durch seine eigene gegenteilige Erklärung stets die Rechtswirkung nehmen.

129. Das Rechtsmittel wird durch eine von der Gerichtsschreiberei des Richters, der das Urteil oder den Beschluß erlassen hat, aufgenommene Erklärung eingelegt.

Der Beschuldigte und die Zivilpartei können sie auch in der Gerichtsschreiberei des Einzelgerichts, des Tribunals oder der Corte des Ortes, an dem sie sich bei der Zustellung der Entscheidung befinden, oder vor einem Königlichen Konsularagenten (agente consolare) im Auslande in den in diesem Kapitel vorgesehenen Formen und Fristen einlegen.

In den vorgedachten Fällen muß der öffentliche Beamte, der die Verhandlung aufnimmt, diese sofort an die Gerichtsschreiberei des Richters, der die angefochtene Entscheidung gefällt hat, übersenden.

Die Staatsanwaltschaft kann auf die von ihr eingelegten Rechtsmittel nicht verzichten. Die andern Parteien können darauf verzichten. Dies geschieht durch eine in der Gerichtsschreiberei des Richters, der das angefochtene Urteil oder den angefochtenen Beschluß erlassen hat, oder der über das Rechtsmittel zu entscheiden hat, abgegebene Erklärung oder auch im Sitzungsprotokoll vor Beginn des Prozeßberichts (relazione del procedimento).

Die Rechtsmittelerklärung und der Verzicht können durch einen besonders Beauftragten geschehen.

130. Die Ausschlußfrist für die Einlegung eines Rechtsmittels beträgt drei Tage, sofern nicht das Gesetz eine besondere Frist festsetzt; die Frist beginnt von dem Tage zu laufen, an dem das Urteil oder der Beschluß erlassen worden ist. Für den Beschuldigten, der in der Hauptverhandlung abwesend war (contumace), beginnt die Frist vom Tage der Zustellung ab.

Handelt es sich um Urteile in der Ratskammer (camera di consiglio), so läuft die Frist für die Staatsanwaltschaft vom Tage der Mitteilung ab und für den Beschuldigten und die Zivilpartei vom Tage der Zustellung ab.

Die Frist beträgt zwanzig Tage für die Rechtsmittel des Staatsanwalts gegen die Entscheidungen des Einzelrichters und vierzig Tage für die Rechtsmittel des Generalstaatsanwalts gegen die Entscheidungen des Untersuchungsrichters oder des Tribunals.

131. Die Gründe des Rechtsmittels werden in der Erklärung angegeben oder werden in einer Ausschlußfrist von acht darauf folgenden Tagen mit einer vom Staatsanwalt oder Verteidiger unterschriebenen Verhandlung in der Gerichtsschreiberei, in der die Erklärung entgegengenommen wurde, überreicht. Die hiervon abweichenden Bestimmungen des Gesetzes bleiben unberührt.

Die Erklärung und Begründung eines von mehreren wegen derselben strafbaren Handlung gemeinschaftlich Beschuldigten, wirkt von Rechts wegen auch für die andern.

In gleicher Weise wirken in den Fällen der zusammenhängenden strafbaren Handlungen oder der Vereinigung von Prozessen die Nichtigkeitsgründe, die von einem unter mehreren Beschuldigten geltend gemacht worden sind, zugunsten aller andern, es sei denn, daß sie sich persönlich auf die anfechtende Person beziehen.

Die Erklärung und die Begründung der zivilrechtlich verantwortlichen Person kommen von Rechts wegen dem Beschuldigten zugute, falls damit bestritten wird, daß die Tat geschehen ist, daß sie eine strafbare Handlung begründet, daß die Strafklage nicht erloschen ist oder daß der Beschuldigte die Tat begangen oder an ihrer Begehung teilgenommen hat.

132. Die von der Staatsanwaltschaft abgegebene Erklärung muß bei Strafe des Verlustes binnen einer Frist von fünf Tagen dem Beschuldigten mitgeteilt werden.

Von jeder von den Parteien abgegebenen Rechtsmittelerklärung muß der Gerichtsschreiber der Staatsanwaltschaft an demselben Tage Mitteilung machen, an dem er sie aufnahm oder sie ihm zuging.

133. Während der Frist zur Anfechtung einer an das Assisengericht zurückverwiesenen Entscheidung und während des Prozesses in der Rechtsmittelinstanz wird die Vollstreckung aufgehoben, es sei denn, daß das Gesetz ein anderes bestimmt.

134. In jeder Lage und in jeder Instanz des Prozesses muß der Richter, der erkennt, daß die Tatsachen keine strafbare Handlung begründen oder daß die Strafklage erloschen ist und nicht erhoben oder fortgeführt werden kann, dies von Amts wegen aussprechen.

Kapitel VIII.

Von der Nichtigkeit (nullità).

135. Nichtig sind die Rechtsakte, bei denen die „bei Strafe der Nichtigkeit“ (a pena di nullità) vorgeschriebenen Bestimmungen nicht beobachtet worden sind. Die Nichtigkeiten können auf die im Gesetze festgesetzten Arten geheilt werden.

136. Die Beobachtung der Bestimmungen, welche die Besetzung des Gerichts, die Beteiligung und Vertretung der Staatsanwaltschaft, die Gegenwart, Verteidigung und Vertretung des Beschuldigten in den Fällen und Formen, die das Gesetz festsetzt, betreffen, wird immer als bei Strafe der Nichtigkeit vorgeschrieben verstanden.

Eine solche Nichtigkeit kann auf keine Weise geheilt werden; sie kann in jeder Lage und in jeder Instanz des Prozesses vorgebracht werden und muß auch von Amts wegen ausgesprochen werden.

137. Jedes ungesetzliche, an die Staatsanwaltschaft und die Parteien gerichtete Verbot, sich eines ihnen zur Ausübung der Betreibung des Prozesses gewährten Rechts zu bedienen, und jede ungesetzliche Entscheidungsunterlassung oder -ablehnung über einen auf diese Ausübung gerichteten Antrag ist Nichtigkeitsgrund, vorausgesetzt, daß sofort oder beim ersten auf die Entdeckung des Nichtigkeitsgrundes folgenden Rechtsakt ein ausdrücklicher Vorbehalt dahin ausgesprochen wird, daß der bezügliche Einwand (eccezione) vorgebracht werden soll.

138. Die Nichtigkeit einer Untersuchungshandlung, falls der Verteidiger dabei zugegen war, oder einer Prozeßhandlung wird geheilt, falls die Staatsanwaltschaft oder der Verteidiger nicht die Beobachtung der Gesetzesvorschrift, die hätte angewendet werden müssen, verlangt hat.

139. Die Nichtigkeit eines Rechtsakts, der vom Richter aus eigenem Antriebe bei der Untersuchung oder den die Hauptverhandlung einleitenden Handlungen ohne Anwesenheit des Staatsanwalts oder des Verteidigers vorgenommen wurde, wird geheilt, falls nicht sofort nach Eröffnung der Hauptverhandlung derjenige, der bei dem betreffenden Rechtsakt nicht zugegen war, und der Interesse an der Beobachtung der bezüglichen Gesetzesbestimmung hat, widerspricht.

140. Die Nichtigkeit des Ladungsgesuchs und der Ladungsanordnung gilt als geheilt, sobald die interessierte Partei erschienen ist oder auf andere Weise die Wirkungen des Rechtsakts gegen sich gelten läßt (abbia accettato . . .).

141. Mit Ausnahme des im Artikel 136 vorgesehenen Falles können die Parteien nicht diejenige Nichtigkeit geltend machen, die sie selbst verursacht haben oder die sich auf Bestimmungen bezieht, an deren Beobachtung sie kein Interesse haben.

142. Wird die Nichtigkeit eines Rechtsakts erklärt, so werden auch die folgenden, davon abhängigen Rechtsakte nichtig. Beim

Ausspruch der Nichtigkeit setzt der Richter ferner fest, welchen früheren Rechtsakten sie sich wegen notwendigen Kausalzusammenhanges mitteilt.

Der Richter, der die Nichtigkeit ausspricht, kann die Erneuerung der betreffenden Rechtsakte anordnen und ferner zugleich bestimmen, daß sie auf Kosten des Gerichtsschreibers oder -uffizials ausgeführt werden, denen die Nichtigkeit wegen Verweigerung oder schwerer Vernachlässigung der Erfüllung einer Amtspflicht zuzurechnen ist.

Sowohl im Falle des vorhergehenden Absatzes als auch wenn die Unregelmäßigkeit des Rechtsakts nicht dessen Nichtigkeit zur Folge hat oder diese geheilt worden ist, kann der Gerichtsschreiber oder -uffizial zugunsten der Staatskasse zur Zahlung einer Summe von nicht mehr als 100 — hundert — Lire verurteilt werden. Unberührt bleibt die Möglichkeit einer Bestrafung, falls die Tatsache ein strafbare Handlung begründet.

Die Verurteilung wird von dem Richter ausgesprochen, der die Untersuchung führt oder der den Prozeß führt oder führen soll.

Kapitel IX.

Von den Fälschungszwischenfällen (degli incidenti di falso).

143. Der Staatsanwalt und die Parteien können in jeder Lage und in jeder Instanz der Sache eine Verhandlung oder ein Schriftstück des Prozesses als gefälscht angreifen (impugnare per falsità).

Während der Voruntersuchung (istruzione formale) wird der Fälschungszwischenantrag vor dem Richter gestellt, der sie führt. Dieser nimmt ein besonderes Protokoll darüber auf.

Liegt der Fall der unmittelbaren Ladung (citazione diretta) zur Hauptverhandlung vor oder ist das Hauptverfahren eröffnet worden, oder aber schwebt die Revision, so kann der Zwischenantrag vor der Sitzung zu Protokoll des Gerichtsschreibers des für den Prozeß zuständigen Gerichts oder aber in der Sitzung gestellt werden. Im letzteren Falle läßt der Einzelrichter oder der Vorsitzende darüber ein besonderes Protokoll aufnehmen.

144 Die Erklärung muß zum Ausdruck bringen, ob der ganze Rechtsakt oder das ganze Schriftstück oder aber welcher besonders zu bezeichnende Teil angefochten werden soll; er muß die Gründe der Fälschung enthalten und die Tatsachen, Umstände und Beweise angeben, die beigebracht werden, um sie festzustellen.

145. Wenn die Partei den Zwischenantrag durch einen Sachwalter stellen läßt, so muß dieser mit einer Sondervollmacht versehen sein, die alles im vorhergehenden Artikel Erwähnte umfaßt.

146. Wird der Zwischenantrag der Fälschung vor dem für die bezügliche Entscheidung unzuständigen Richter gestellt, so muß dieser die Identität und Bewahrung des angegriffenen Rechtsakts oder Schriftstücks sichern. Dann schickt er ihn mit den darauf bezüglichen Papieren und mit dem Antragsprotokoll an den Staatsanwalt bei dem für die Entscheidung über die Fälschung zuständigen Tribunal.

147. Derselbe Richter entscheidet außerdem in jedem Falle, ob die Untersuchung oder der Prozeß fortgesetzt oder ausgesetzt werden soll.

Setzt er aus, so läßt er dem Fälschungszwischenverfahren mit den gewöhnlichen Förmlichkeiten des Rechtsaktsfälschungsprozesses seinen Lauf, und zwar unter Beobachtung der Vorschriften über die sachliche Zuständigkeit, und ordnet die Übersendung der Akten an den Staatsanwalt an. Im entgegengesetzten Falle fährt er in der Untersuchung oder dem Prozesse fort, ohne auf den im Wege des Fälschungsverfahrens angegriffenen Rechtsakt oder das angegriffene Schriftstück Rücksicht zu nehmen, das nichtsdestoweniger dem Staatsanwalt übersandt wird.

148. Zugleich mit dem Urteile, das eine Fälschung nicht für vorliegend erklärt, kann der Antragsteller zu einer zugunsten der Staatskasse erfolgenden Zahlung einer Geldsumme von nicht weniger als 100 — hundert — und von nicht mehr als 500 — fünfhundert — Lire, sowie zum Ersatz des Schadens an den, der ein Recht darauf hat, verurteilt werden.

Zweites Buch.

Von der Untersuchung.

Titel I.

Von den einleitenden Rechtsakten.

Kapitel I.

Von den Anzeigen (denunzie).

149. Jedermann, der sich durch eine von Amts wegen zu verfolgende strafbare Handlung verletzt glaubt, oder der Kenntnis von einer solchen erhält, kann davon eine auch mündliche Anzeige beim Staatsanwalt, Einzelrichter oder bei einem Bureau der Gerichtspolizei erstatten. Auch soll er die ihm bekannten Beweismittel angeben. Die Anzeige wird auf die im Artikel 86 Absatz II festgesetzte Art und Weise entgegengenommen.

150. Jeder öffentliche Beamte, der in Ausübung seiner Verrichtungen von einer von Amts wegen zu verfolgenden strafbaren Handlung Kenntnis erhält, muß sie mittels Berichts (rapporto) zur Anzeige bringen.

151. Wenn im Verlauf eines Zivilprozesses Tatsachen in die Erscheinung treten, in denen der Richter die Voraussetzungen einer von Amts wegen zu verfolgenden strafbaren Handlung zu erkennen glaubt, so muß er davon dem Staatsanwalt Kenntnis geben, indem er ihm die Auskünfte (informazioni) und Akten mitteilt.

152. Wer in Gemäßheit des Artikels 439 des Strafgesetzbuchs zur Anzeige verpflichtet ist[21]), muß sie binnen vierundzwanzig Stunden und, wenn große Gefahr im Verzuge ist, sofort bewirken, und zwar beim Einzelrichter, Staatsanwalt, Untersuchungsrichter oder jedem Bureau der Gerichtspolizei des Ortes, wo er seine Hilfe gewährt hat, und beim Fehlen aller dieser bei dem nächsten Beamten der Gerichtspolizei.

In der Anzeige muß der Ort, an dem sich der durch die strafbare Handlung Betroffene (offeso) befindet, bezeichnet werden, sowie ferner, soweit möglich, sein Vor- und Zuname, die zu seiner Identifizierung geeigneten persönlichen Beschreibungen, alle Umstände, die zur Feststellung der Sachlage und der Art der Verletzung taugen, das Instrument, mit dem die Tat verursacht wurde, und die Folgen, die es hervorgerufen hat oder hervorrufen kann.

Kapitel II.

Von den Klagen (querele).

153. Jedermann, der durch eine nicht von Amts wegen zu verfolgende strafbare Handlung verletzt zu sein glaubt, kann bei der Behörde, bei der eine Anzeige erstattet werden kann, eine Klage in den für jene festgesetzten Formen erheben.

Mit Ausnahme des im Artikel 356 des Strafgesetzbuchs vorgesehenen Falles können auch Klage erheben der Ehegatte in Vertretung der Ehefrau, der Vater oder Vormund in Vertretung der ihrer väterlichen beziehungsweise vormundschaftlichen Gewalt unterworfenen Person.

Die Klage muß persönlich oder mittels eines Sonderbevollmächtigten erhoben werden.

Die Klage erstreckt sich von Rechts wegen auf alle Teilnehmer der strafbaren Handlung.

154. Bei den strafbaren Handlungen, die im Wege der Parteiklage verfolgt werden, kann der Staatsanwalt, falls der Verletzte minderjährig oder sonst unfähig ist oder falls er wegen geistiger oder körperlicher Erkrankung seine Angelegenheiten nicht zu besorgen vermag, und wenn über ihm eine väterliche oder vormundschaftliche Gewalt nicht besteht, oder aber, wenn der, der sie ausübt, sich mit der betreffenden Person im Interessenkonflikt befindet, auf Anregung (urgenza) des Präsidenten des Tribunals die Ernennung eines Spezialpflegers (curatore speciale) betreiben. Dieser ist alsdann ermächtigt, die Klage in Gemäßheit des Absatzes II des vorhergehenden Artikels zu erheben und den Verletzten im Verfahren auch bei Ausübung der Zivilklage zu vertreten.

Die Ernennung kann auch vom Einzelrichter von Amts wegen erfolgen, wenn die strafbare Handlung außerhalb des Sitzes des Tribunals begangen worden ist.

155. Der Richter oder Beamte der Staatsanwaltschaft, an den eine Klage gelangt, sorgt nötigenfalls für die Feststellung des Klägers und erinnert ihn an die Möglichkeit der Zurücknahme (remissione), die dafür festgesetzte Frist und die gesetzlichen Folgen der Klage und der Zurücknahme.

156. Die Zurücknahme geschieht und kann angenommen werden in den Formen der Klage vor derselben Behörde, die die Untersuchung oder den Prozeß betreibt oder vor einer der im Artikel 149 bezeichneten Behörden. In diesem letzteren Falle wird die Verhandlung sofort an die Gerichtsbehörde geschickt, bei der die Untersuchung oder der Prozeß schwebt. Die Annahme kann auch stillschweigend geschehen.

157. Die Zurücknahme kann nicht bedingt geschehen. Doch kann dabei der ausdrückliche Vorbehalt der Zivilklage zwecks Wiederherstellung oder Ersatz des Schadens oder Zahlung der Buße gemacht werden.

158. Die Zurücknahme der unter väterlicher oder vormundschaftlicher Gewalt stehenden Person bringt nur dann eine Rechtswirkung hervor, wenn sie von dem Gewalthaber oder dem in Gemäßheit des Artikels 154 ernannten Pfleger genehmigt wird.

159. Die Zurücknahme kann, unbeschadet der im Gesetz ausdrücklich festgesetzten Ausnahmen, geschehen, bis die Verurteilung unanfechtbar geworden ist.

160. Die Klage ist nicht mehr zulässig, nachdem zwischen dem Verletzer und dem Verletzten Tatsachen vorgekommen sind, die eine Versöhnung bedeuten und die offenbar unvereinbar sind mit dem Antrage auf Einleitung des Strafverfahrens.

Solche Tatsachen, falls sie nach Erhebung der Klage geschehen, haben die Kraft der Zurücknahme.

161. Der Richter, der die Strafklage für durch Zurücknahme erloschen erklärt, verurteilt den Zurücknehmenden zu den Kosten des Verfahrens.

Die Kosten gehen zu Lasten des Beklagten, falls dieser die Zahlungspflicht übernommen hat. Trotzdem bleibt auch der Kläger der Staatskasse gegenüber als Gesamtschuldner für die Erstattung der Kosten verhaftet.

Ebenso sind die Parteien der Staatskasse gegenüber dann als Gesamtschuldner verpflichtet, wenn die Strafklage wegen Eintritts von die Kraft der Zurücknahme habenden Versöhnungstatsachen für erloschen erklärt worden ist.

Kapitel III.

Von den Rechtsakten der Gerichtspolizei (polizia giudiziaria).

162. Die Gerichtspolizei ist verpflichtet, den strafbaren Handlungen nachzuforschen, die Beweise zu sammeln und der Gerichtsbehörde die Berichte zu liefern, die zur Entdeckung und Identifizierung der Schuldigen führen können.

163. Die Beamten (ufficiali) und Agenten (agenti) der Gerichtspolizei üben ihre Verrichtungen unter der Leitung und Botmäßigkeit (dipendenza) des Generalstaatsanwalts beim Berufungsgerichtshof und des Staatsanwalts aus, und zwar unter Beobachtung — in bezug auf ihre Rang- und Unterordnung — der Bestimmungen der Gesetze und der besonderen Dienstvorschriften.

Sie müssen auch die Anordnungen des Einzelrichters und des Untersuchungsrichters ausführen.

164. Beamte der Gerichtspolizei sind: die Beamten der Königlichen Gendarmerie (carabinieri reali), die Kommissäre, Vizekommissäre und Abgesandten (delegati) der öffentlichen Sicherheitsbehörde, die Beamten der städtischen Schutzmannschaften (guardie di città), die Unterbeamten der Königlichen Gendarmerie und der städtischen Schutzmannschaften, und, in den Gemeinden, in denen keine öffentliche Sicherheitsbehörde besteht, der Bürgermeister (sindaco) oder sein Stellvertreter.

Agenten der Gerichtspolizei sind die Königlichen Gendarmen und die städtischen Schutzleute.

Beamte der Gerichtspolizei sind auch die Beamten und Unterbeamten der Steuerwachen (guardie di finanza) und die Unterbeamten der Forstwachen (guardie forestali). Agenten der Gerichtspolizei sind auch die Steuer-, Forst-, Gefängnis-, Zoll- und Feldwachmannschaften, sowie die übrigen Provinz- und Gemeindewachen, die in Gemäßheit der gesetzmäßig beratenen (deliberati) und angenommenen (approvati) Vorschriften gebildet worden sind.

Beamte und Agenten der Gerichtspolizei sind innerhalb der Grenzen des Dienstes, für den sie bestimmt sind, und der ihnen vom Gesetz übertragenen Zuständigkeiten (attribuzioni) alle andern Personen, die mit der Ermittlung und Feststellung bestimmter Arten strafbarer Handlungen betraut sind.

Ist Zeit- oder Ortsumstände halber die Anwesenheit eines Beamten der Gerichtspolizei bei den in den folgenden Artikeln erwähnten Rechtsakten nicht möglich, so werden die betreffenden Verrichtungen von den anwesenden Agenten bewirkt.

165. Die Beamten der Gerichtspolizei sorgen dafür, daß das corpus delicti und die Spuren der strafbaren Handlung erhalten bleiben und daß der Zustand der Dinge nicht verändert wird, bis die Gerichtsbehörde am Tatort eintrifft.

Ist begründete Besorgnis dafür vorhanden, daß die Dinge oder Spuren sich inzwischen verändern oder untergehen, so können die Beamten der Gerichtspolizei sie sicherstellen unter Zuhilfenahme von — nicht zu vereidigenden — Sachverständigen.

166. Die Beamten der Gerichtspolizei beschlagnahmen die Dinge, die zur Verübung der strafbaren Handlung gedient haben oder dienen sollten, sowie das durch die strafbare Handlung Hervorgebrachte und alles, was zur Sicherung der Wahrheit nützlich sein kann.

Bei ihren Verrichtungen können sie auch, falls nötig, mit technischen und photographischen Hilfsmitteln vorgehen.

167. Wird der Täter auf frischer Tat ertappt, so können die Beamten der Gerichtspolizei zur Durchsuchung (perquisizione) der Person und irgendeines Ortes schreiten, bezüglich dessen sie guten Grund haben, anzunehmen, daß sich dort der Beschlagnahme unterliegende Gegenstände befinden oder Spuren, die verwischt oder zerstört werden könnten, oder aber zur Durchsuchung des Ortes, zu dem sich der verfolgte oder entwichene Beschuldigte geflüchtet hat.

Die Bestimmung findet unbeschadet sonstiger Gesetzesvorschriften Anwendung.

168. Von „Ertappen auf frischer Tat" (è flagrante il reato che) spricht man dann, wenn die strafbare Handlung gegenwärtig begangen wird oder soeben begangen worden ist.

Im Zustande der Flagranz befindet sich, wer bei Begehung einer strafbaren Handlung abgefaßt wird.

Als in Flagranz befindlich wird auch angesehen, wer unmittelbar nach begangener Tat von der öffentlichen Gewalt, dem Verletzten oder dem Gerüfte (pubblico clamore) verfolgt oder mit Sachen oder Spuren überrascht wird, die vermuten lassen, daß er die strafbare Handlung begangen oder an ihrer Begehung teilgenommen hat.

169. Die Beamten der Gerichtspolizei können im Falle der Flagranz oder falls die Sammlung der Beweise der strafbaren Handlung oder die Erhaltung der Spuren dringend ist, zu einer summarischen Befragung des Beschuldigten und der Zeugen, sowie zu den notwendigen Rekognitions-, Besichtigungs- und Gegenüberstellungshandlungen schreiten.

170. Die Beamten der Gerichtspolizei können bei der Beschlagnahme keine versiegelten Papiere, Briefe, Pakete, Telegramme oder Schriftstücke öffnen, sondern müssen sie unberührt der Gerichtsbehörde übermitteln.

In den Fällen, in denen vom Gesetz die Beschlagnahme von Briefen, Paketen, Wertsendungen (valori), Telegrammen oder anderer Korrespondenz auf dem Post- und Telegraphenamt zugelassen ist, und Eile dringend geboten ist, teilen die Beamten der Gerichtspolizei die geschehene Beschlagnahme sofort der Gerichtsbehörde mit und können dem Vorsteher des betreffenden Amtes aufgeben, die betreffenden Stücke bis zur Entscheidung des Gerichts zurückzuhalten.

Die vorgenannten Beamten können auch für die Zwecke ihres Dienstes in die Telephonämter eintreten und Mitteilungen abschneiden oder verhindern oder Kenntnis von Gesprächen nehmen.

171. Bei den Durchsuchungen, Beschlagnahmen und Rekognitionen halten sich die Beamten der Gerichtspolizei an die Beobachtung der für die analogen Rechtsakte in den Kapiteln IV, V und VII des zweiten Titels festgesetzten Bestimmungen, falls die Umstände es gestatten.

172. Bei den im vorhergehenden Artikel erwähnten Rechtsakten nehmen die Beamten der Gerichtspolizei zwei Zeugen mit, falls sie sich sofort deren Gegenwart verschaffen können.

Die Zeugen leisten keinen Eid.

Der Bürgermeister kann als Zeugen den Sekretär oder einen andern Beamten des Gemeindesekretariats hinzuziehen.

173. Die Beamten der Gerichtspolizei übersenden sofort oder spätestens binnen 24 — vierundzwanzig — Stunden die zusammengefügten Verhandlungen und die beschlagnahmten Sachen an den Einzelrichter oder den Staatsanwalt.

Sie müssen überdies jede Mitteilung, die danach an sie gelangt, an die Gerichtsbehörde berichten, ohne übrigens die zur Sicherung der Beweise notwendigen Rechtsakte aufzuschieben.

174. Falls die Beamten der Gerichtspolizei Kenntnis davon bekommen, daß jemand rechtswidrig der persönlichen Freiheit beraubt wird, so müssen sie sich unverzüglich an den betreffenden Ort begeben. Wird ein gesetzlicher Grund für die Einsperrung nicht nachgewiesen, so müssen sie die gefangene Person befreien. Handelt es sich um Minderjährige oder andere Unfähige (incapace), so übergeben sie sie an den, der die väterliche oder vormundschaftliche Gewalt ausübt, oder sorgen in anderer Weise für die sichere Behütung der Person. In jedem Falle erstatten sie über die Angelegenheit Bericht.

Wird ein gesetzlicher Grund geltend gemacht, so müssen sie die gefangene und die gefangenhaltende Person vor allem dem Einzelrichter oder Staatsanwalt vorführen.

175. Die Beamten und Agenten der Gerichtspolizei, die bei Ausübung ihrer Verrichtungen solchen Gesetzesbestimmungen zuwiderhandeln, die keine besondere Strafbestimmung haben, werden mit einer strengen Rüge (censura) oder mit der Zahlung einer Summe von 50 — fünzig — bis 500 — fünfhundert — Lire zugunsten der Staatskasse bestraft, unbeschadet der eventuell möglichen Strafklage.

Die genannten Strafen werden auf Antrag des Generalstaatsanwalts von der Anklagekammer festgesetzt.

Der Täter wird zu seiner Rechtfertigung vorgeladen.

Kapitel IV.

Von den Rechtsakten des Einzelrichters, des Staatsanwalts und des Generalstaatsanwalts beim Berufungsgericht.

176. Bei den strafbaren Handlungen seiner Zuständigkeit verfährt der Einzelrichter nach einer von ihm etwa für nötig befundenen summarischen Untersuchung mittels der unmittelbaren Ladung (citazione diretta) oder des Strafbefehls (decreto) oder aber der unmittelbarsten Ladung (citazione direttissima) gemäß den Vorschriften des Gesetzes.

177. Der Einzelrichter teilt dem Staatsanwalt sofort jede strafbare Handlung, die der Zuständigkeit des Tribunals oder des Assisengerichts unterliegt und in seinem Gerichtsbezirk begangen worden ist, mit, übersendet ihm die Anzeigen, die Berichte, die Klagen, die Protokolle und jede Verhandlung, sowie jeden Gegenstand, die sich auf eine solche beziehen.

Nichtsdestoweniger nimmt er die Beweissicherungshandlungen vor, die keinen Aufschub gestatten, und erstattet darüber sorgfältigen Bericht an den Staatsanwalt.

178. Liegen im Falle des vorhergehenden Artikels die gesetzlichen Voraussetzungen für den Erlaß eines Haftbefehls (mandato di cattura) vor, so kann der Einzelrichter vorläufig einen Festnahmebefehl (mandato di arresto) gegen den Beschuldigten erlassen, falls dieser geflohen ist oder Vorbereitungen zur Flucht trifft.

179. Der Staatsanwalt erhebt (promuove) und betreibt (esercita) die Strafklage in Gemäßheit der gesetzlichen Bestimmungen, indem er entweder die Voruntersuchung (istruzione formale) beantragt oder indem er — nach einer etwa von ihm für erforderlich gehaltenen summarischen Untersuchung — im Wege der unmittelbaren oder aber der unmittelbarsten Ladung vorgeht.

Meint er, daß wegen der Tatsache eine Strafklage nicht erhoben werden soll, so ersucht er den Untersuchungsrichter, eine (dementsprechende) Verfügung zu treffen.

Glaubt er, daß die Zuständigkeit des Einzelrichters begründet ist — auch rücksichtlich Artikel 16 Nummer 3 —, so übersendet er ihm die Akten, beziehungsweise schickt sie ihm zurück.

Glaubt er, daß die Entscheidung der Sache nicht der gewöhnlichen richterlichen Gewalt gebührt, so übersendet er die Akten an die zuständige Behörde.

180. Vor Stellung des Antrages auf Voruntersuchung kann der Staatsanwalt auch unter Zuhilfenahme der öffentlichen Gewalt unmittelbar die Akte der Gerichtspolizei vornehmen, unterstützt durch einen Sekretär, falls die Aufnahme eines Protokolls nötig ist, oder aber vermittels der Beamten der Gerichtspolizei.

181. Der Staatsanwalt unterrichtet den Generalstaatsanwalt über die Anzeigen, Berichte und Klagen, die an ihn gelangen, über jede andere Mitteilung, die er über strafbare Handlungen bekommen hat, und über die getroffenen Maßnahmen.

182. Der Generalstaatsanwalt übersendet dem Staatsanwalt die Anzeigen, Klagen und Berichte, die ihm überreicht werden, falls er nicht sich entschließt, die dem Staatsanwalt im Artikel 180 eingeräumten Rechte selbst wahrzunehmen.

In jedem Falle kann er sich vor dem Urteile, welches erklärt, daß nicht vorgegangen werden soll, oder welches die Sache an (rinvii a) das Gericht bringt, oder vor der Ladungsverfügung an die Anklagekammer wenden, damit diese die Untersuchung zu sich heranzieht.

Kapitel V.

Von der Verfahrensermächtigung.

183. Bei den Verfahren, bei welchen eine besondere Ermächtigung (autorizzazione) notwendig ist, wird diese von der Staatsanwaltschaft nachgesucht, bevor irgendein Mandat (mandato) ergeht.

184. Die Ermächtigung wird sofort nachgesucht, wenn der Beschuldigte auf frischer Tat ertappt und festgenommen wurde. Bis zu der diesbezüglichen Entscheidung bleibt der Beschuldigte vorläufig in Haft, es sei denn, daß er in Gemäßheit des Artikels 323 entlassen werden muß, oder daß ihm die vorläufige Freiheit (libertà provvisoria) gewährt werden kann.

185. Ausgenommen die in den Artikeln 197 und 400 des Strafgesetzbuches vorgesehenen Fälle[22]) wird das Gesuch um Ermächtigung zusammen mit den Verhandlungen, welche zu seiner Rechtfertigung nötig sind, im Instanzenzuge an den Justizminister geschickt.

186. Wenn der Einzelrichter, der Untersuchungsrichter, das Tribunal oder die Corte im Laufe der Untersuchung oder des Prozesses eine besondere Ermächtigung für das Verfahren für erforderlich erachten, so schicken sie die Akten an die Staatsanwaltschaft, damit diese sie nachsucht.

Titel II.

Von der Voruntersuchung.

Kapitel I.

Allgemeine Bestimmungen.

187. In den zur Zuständigkeit des Assisengerichtes gehörigen Strafsachen findet bei Strafe der Nichtigkeit eine Voruntersuchung statt mit Ausnahme des im Artikel 277 vorgesehenen Falles.

188. Die Voruntersuchung wird von dem Untersuchungsrichter geführt.

Für diejenigen Rechtsakte, die außerhalb der Gemeinde vorzunehmen sind, wo der Untersuchungsrichter seinen Amtssitz hat, kann er die Ausführung dem Einzelrichter übertragen. Für die in dem Sprengel eines andern Tribunals vorzunehmenden Rechtsakte ersucht er den Untersuchungsrichter oder den Einzelrichter des betreffenden Ortes, es sei denn, daß er sich aus Gründen der Dringlichkeit oder wegen anderer schwerwiegender Umstände dazu entscheidet, sie persönlich wahrzunehmen. In diesem Falle muß er unverzüglich dem Untersuchungsrichter des betreffenden Ortes davon Nachricht geben.

189. Wenn die Anklagekammer die Untersuchung zu sich heranzieht, so überträgt sie die Verrichtungen des Untersuchungsrichters an eines ihrer Mitglieder. Dieses kann für die außerhalb des Sprengels des Gerichtshofes vorzunehmenden Rechtsakte den Untersuchungsrichter des betreffenden Ortes beauftragen, unbeschadet der Ausübung des im letzten Teile des vorhergehenden Artikels bezeichneten Rechtes.

Der von der Anklagekammer beauftragte Richter (consigliere) hat die Pflichten und Rechte (attribuzioni) des Untersuchungsrichters und muß die für diesen festgesetzten Bestimmungen beobachten.

190. Der Untersuchungsrichter hat die Pflicht, alle diejenigen Ermittlungen vorzunehmen, die zur Erforschung der Wahrheit dienen und muß außerdem untersuchen, welchen Schaden die strafbare Handlung verursacht hat, und zwar auch dann, wenn der Geschädigte sich nicht als Zivilpartei angeschlossen hat.

Gelangt im Laufe der Voruntersuchung eine andere von Amts wegen zu verfolgende strafbare Handlung zu seiner Kenntnis, so übersendet er die Akten und die darauf bezüglichen Mitteilungen an den Staatsanwalt.

191. Wenn der Untersuchungsrichter in irgendeinem Augenblicke der Voruntersuchung erkennt, daß die Tatsache keine strafbare Handlung begründet, oder daß die Strafklage erloschen ist oder nicht erhoben oder fortgeführt werden kann, so erläßt er seine Entscheidung in Gemäßheit des Artikels 274 oder verfährt in Gemäßheit des Artikels 265, wenn nach seiner Ansicht das Verfahren zur Zuständigkeit des Assisengerichtes gehört.

192. Vor Erlaß eines Mandates (mandato) kann der Richter den Anzeigenden oder Kläger hören, und zwar auch in Rede und Widerrede (in contradittorio) mit dem Angezeigten und Beklagten.

193. Die Antworten jeder besagten Person werden auswendig gegeben.

Im Protokoll, das vom Gerichtsschreiber verfaßt wird, werden die Fragen und Antworten zusammengestellt und des Rechtes Erwähnung getan, das der Richter etwa einem Vernommenen gewährt hat, sich einer schriftlichen Notiz zu bedienen.

Die Fragen werden vom Richter diktiert. Die Antworten werden vom Richter oder vom Befragten, dem der Richter dazu die Erlaubnis erteilt hat, diktiert.

Die Erlaubnis wird im Protokoll erwähnt.

194. Die Vernehmung eines Tauben, Stummen oder Taubstummen geschieht folgendermaßen:

Dem Tauben werden die Fragen oder Bemerkungen des vernehmenden Richters schriftlich vorgelegt und er gibt seine Antworten mündlich;

dem Stummen werden die Fragen und Bemerkungen mündlich vorgelegt und er beantwortet sie schriftlich;

dem Taubstummen werden die Fragen und Bemerkungen schriftlich vorgelegt und er beantwortet sie schriftlich.

Kann der Taube, der Stumme oder der Taubstumme nicht lesen oder schreiben, so ernennt die vernehmende Behörde einen oder mehrere Dolmetscher, die vorzüglich unter den Personen gewählt werden, die gewohnt sind, mit dem Betreffenden zu verhandeln. Im übrigen sind die auf die Dolmetscher bezüglichen Vorschriften zu beachten.

195. Der Staatsanwalt kann in jeder Lage des Verfahrens Anträge stellen, den Untersuchungshandlungen beiwohnen und Einsicht in die Akten nehmen.

Bevor der Untersuchungsrichter die Untersuchungshandlungen vornimmt, denen der Staatsanwalt beiwohnen zu wollen erklärt hat, benachrichtigt er diesen mittels des Gerichtsschreibers, ohne die Verrichtungen zu verzögern.

Im Falle, daß ein anderer Richter ersucht oder beauftragt ist, können sich der Generalstaatsanwalt oder der Staatsanwalt durch einen Beamten der Staatsanwaltschaft des betreffenden Ortes vertreten lassen.

196. Beim ersten Verhör oder vor diesem fordert der Richter, falls Rechtsakte vorzunehmen sind, denen der Verteidiger beizuwohnen das Recht hat, den Beschuldigten auf, einen Verteidiger zu wählen und ernennt ihn, falls der Beschuldigte keinen wählt oder der Erwählte das Amt nicht annimmt, bei Strafe der Nichtigkeit von Amts wegen.

197. Der Beschuldigte, die Zivilpartei und deren Verteidiger können die ihnen geeignet erscheinenden Anträge stellen.

Vor Mitteilung der Übersicht über die Anträge (requisitorie) des Staatsanwalts können die Verteidiger in der Gerichtsschreiberei die Verhandlungen — aber auch nur diese! — prüfen, die auf die Verrichtungen, denen beizuwohnen sie das Recht haben, Bezug haben, sowie das Protokoll der Beschlagnahme, Besichtigung oder persönlichen Durchsuchung. Sie haben das Recht, Abschriften oder Zusammenstellungen daraus zu fertigen.

Der Verteidiger des Beschuldigten hat auch das Recht auf eine Abschrift des angekündigten oder ausgeführten Mandats (mandato). Er darf auch das Protokoll der Vernehmung lesen.

Jede dieser Verhandlungen wird in der Gerichtsschreiberei innerhalb einer Frist von fünf Tagen, von dem Tage ihrer Beendigung ab, niedergelegt, damit sie von den Verteidigern geprüft werden kann. Der Richter bestimmt die Dauer der Niederlegung.

Der Richter kann von Amts wegen oder auf Antrag der Staatsanwaltschaft aus gewichtigen Gründen anordnen, daß die Niederlegung des Protokolls der Vernehmung verzögert wird. Jedes sonstige Recht der Verteidigung bleibt hierdurch unberührt.

198. Die Verteidiger der Parteien haben das Recht, den richterlichen Versuchen, den Begutachtungen, den häuslichen Durchsuchungen und den Rekognitionen beizuwohnen, unbeschadet der vom Gesetz ausdrücklich festgesetzten Ausnahmen.

Der Richter kann auch die Gegenwart des Beschuldigten oder des Verletzten bei den vorgedachten Rechtsakten gestatten, falls der Staatsanwalt oder die Verteidiger es beantragen oder die Art des Rechtsakts es notwendig macht.

Es ist jedem, der bei diesen Rechtsakten zugegen ist, verboten, Zeichen der Zustimmung oder der Mißbilligung von sich zu geben, das Wort zu ergreifen oder den Sachverständigen, Zeugen oder Parteien Winke zu geben (far cenni).

199. Der Staatsanwalt und die Verteidiger können, solange sie einem der im vorhergehenden Artikel erwähnten Rechtsakte beiwohnen, beim Richter Anträge stellen, Bemerkungen und Vorbehalte machen. Diese werden im Protokoll erwähnt zugleich mit der Bezeichnung der daraufhin gegebenen Entscheidung.

200. Vor Vornahme einer der Rechtsakte, denen beizuwohnen die Verteidiger das Recht haben, fordert der Richter bei Strafe der Nichtigkeit vermittels des Gerichtsschreibers den Staatsanwalt und die Verteidiger auf, an dem bezeichneten Orte zu erscheinen und bestimmt zugleich einen Termin, der frühestens 24 — vierundzwanzig — Stunden nach der Benachrichtigung stattfinden darf. Bei den Hausdurchsuchungen ist eine Benachrichtigung nicht nötig. Das Recht der Parteien, bei solchen Rechtsakten die Verteidiger oder Personen ihres Vertrauens beiwohnen zu lassen, wird hierdurch nicht berührt.

Erscheinen der Staatsanwalt oder die Verteidiger nicht, so verhandelt der Richter ohne ihr Beisein. In den Fällen größter Dringlichkeit kann er auch ohne Benachrichtigung und vor dem festgesetzten Termin vorgehen.

Im Protokolle werden bei Strafe der Nichtigkeit die Gründe erwähnt, aus denen von den gewöhnlichen Förmlichkeiten abgewichen worden ist.

201. Jedesmal wenn bei der Entscheidung über das Bestehen einer strafbaren Handlung die Feststellung des Bestehens eines Vertrages (convenzione) nötig ist, so wird der Beweis hierüber, sowohl in der Vor- wie in der summarischen Untersuchung, vom Zivil- oder Handelsgesetz geregelt, dem er unterworfen ist.

Kapitel II.

Von den Besichtigungen (ispezioni) und den richterlichen Versuchen (esperimenti).

202. Der Untersuchungsrichter sichert durch die Besichtigung der Personen, Orte und Gegenstände die Spuren, die die strafbare Handlung hinterlassen hat.

Sind keine solchen Spuren vorhanden, oder sind sie verschwunden oder sind sie sonst irgendwie verwischt oder verstreut, verändert oder entfernt, so beschreibt der Richter den gegenwärtigen Zustand und verwirklicht, soweit als möglich, den früheren. Sind die Spuren aus irgendeinem Grunde weniger geworden oder sind sie verändert worden, so sichert er die Art, Zeit und Ursache der Verringerung oder Veränderung.

203. Die körperliche Besichtigung des Beschuldigten ist in den Fällen, in denen das Schamgefühl des Betreffenden verletzt werden könnte, nicht gestattet, es sei denn, daß gewichtige Gründe zu ihrer Durchführung vorliegen oder aber sie zur Identifizierung des Beschuldigten selbst notwendig ist.

Die körperliche Besichtigung einer andern Person kann nur in den Fällen unbedingtester Notwendigkeit angeordnet werden.

Die körperliche Besichtigung kann vom Richter persönlich oder durch einen Sachverständigen ausgeführt werden.

Niemand hat das Recht, der Verrichtung beizuwohnen. Ausgenommen eine Person des Vertrauens dessen, der ihr unterworfen ist, falls der Betreffende es beantragt. Der Richter muß den Betreffenden bei Strafe der Nichtigkeit davon unterrichten, daß er dies Recht geltend machen kann. Der Richter kann sich der Gegenwart bei der Verrichtung enthalten, falls er einen Sachverständigen damit beauftragt hat.

204. Bei Vornahme der Ortsbesichtigung kann der Richter anordnen, daß jemand sich vor Schluß des Protokolls nicht entfernt und daß derjenige, der dieser Anordnung zuwiderhandelt, von den Agenten der öffentlichen Gewalt an den betreffenden Ort zurückgeführt wird. Die Bestimmung des Artikels 434 des Strafgesetzbuchs[23]) bleibt unberührt.

205. Um festzustellen, ob eine Tatsache in einer bestimmten Art und Weise geschehen ist oder geschehen sein kann, kann der Richter — aber nur in den Fällen größter Nützlichkeit — zum Versuche schreiten, indem er dafür Sorge trägt, daß die Tatsache soweit als möglich unter den Bedingungen und Umständen wiederholt wird, unter denen sie seiner Ansicht nach geschehen ist.

206. Die Zeugen, die bei den Besichtigungen oder Versuchen über die Identität von Personen, Orten oder Gegenständen vernommen werden, müssen bei Strafe der Nichtigkeit vereidigt werden.

207. Bei den Feststellungen, von denen in den vorhergehenden Artikeln die Rede ist, nimmt der Richter, falls nötig, zu technischen oder photographischen Hilfsmitteln seine Zuflucht und kann sich auch für solche Verrichtungen der Beamten der Gerichtspolizei bedienen.

Kapitel III.

Von den Sachverständigen (periti) und Dolmetschern (interpreti).

208. Wird eine Begutachtung nötig, so wird sie von Amts wegen angeordnet. Wird sie nicht angeordnet, so kann der Staatsanwalt oder eine der Parteien einen dahingehenden Antrag beim Untersuchungsrichter stellen.

In jedem Falle wird der Sachverständige von Amts wegen gewählt und ernannt.

209. Die medizinisch-chirurgischen und chemischen Gutachten, sowie alle andern, die einen technisch-wissenschaftlichen Charakter haben, werden den Personen anvertraut, die zur Ausübung der Medizin und der Chirurgie, der Chemie oder der Spezialwissenschaft, deren berufsmäßige Kenntnis erfordert wird, berechtigt sind. Dabei werden, soweit als möglich, die Leiter der Institute der gerichtlichen Medizin (medicina legale), deren Assistenten oder die in diesem Wissenschaftszweige besonders erfahrenen Ärzte bevorzugt.

Die psychiatrischen Gutachten werden den Leitern von Spezialkliniken oder Irrenhäusern oder deren Assistenten oder den in der Psychiatrie besonders erfahrenen Ärzten anvertraut. Der Richter nimmt von Amts wegen oder auf Antrag der Sachverständigen alle für notwendig erachteten Ermittlungen vor oder ermächtigt die Sachverständigen, sie vorzunehmen; und er ordnet, unbeschadet der Ausnahmefälle, an, daß der Beschuldigte in einer öffentlichen Irrenanstalt oder in einer besonderen Universitätsklinik zwecks geeigneter Beobachtung und Ausführung des Gutachtens in Gemäßheit des Artikels 217 aufgenommen wird.

210. Bei den Münz- und Papiergeldfälschungsverbrechen und bei den Verbrechen der Fälschung von Siegeln, Marken und ihrer Abdrücke wird der vom Richter in Gemäßheit des Artikels 208 ernannte Sachverständige unter den Beamten der Königlichen Münze oder technischer Behörden gewählt.

Muß die Begutachtung an einem von dem Orte der Untersuchung verschiedenen Orte geschehen, so findet die Bestimmung des Artikels 217 Anwendung.

211. Ist die Ernennung vom Richter in Gemäßheit des Artikels 208 erfolgt, so wird sie unter Bezeichnung des Namens des Sachverständigen bei Strafe der Nichtigkeit dem Beschuldigten oder demjenigen unter mehreren Beschuldigten, den es angeht, mit der Bemerkung mitgeteilt, daß sie das Recht haben, in einer festzusetzenden Ausschlußfrist einen zweiten Sachverständigen zu wählen oder durch den betreffenden Verteidiger wählen zu lassen.

Sind mehrere Beschuldigte wegen der Wahl uneins, so geschieht sie vom Richter unter den von ihnen bezeichneten Sachverständigen.

212. Auch der zweite Sachverständige wird bei Strafe der Nichtigkeit in dem Falle vom Richter ernannt, daß der Urheber der strafbaren Handlung unbekannt oder bei der Untersuchung nicht zugegen ist, sowie falls der Beschuldigte oder der Verteidiger den Sachverständigen nicht innerhalb der ihnen gestellten Frist wählen oder die im Artikel 214 Absatz II erwähnte Hinterlegung nicht geschieht oder aber der erwählte Sachverständige nicht erscheint.

Die Wahl des zweiten Sachverständigen kann innerhalb der im vorhergehenden Artikel erwähnten Frist durch die geladene oder beigetretene zivilrechtlich verantwortliche Person geschehen, falls der Beschuldigte sie nicht bewirkt oder dieser nicht bei der Untersuchung zugegen ist.

Sowohl in der Untersuchung, als auch im Prozeß sind nicht mehr als zwei Sachverständige zulässig. Die Bestimmung des Artikels 221 bleibt unberührt.

213. Die Ernennung des zweiten Sachverständigen kann unterbleiben, wenn ein dringender Fall vorliegt, oder der Richter einen solchen wegen der Einfachheit der Ermittlung oder der Unbedeutendheit der strafbaren Handlung nicht für erforderlich erachtet.

In einem solchen Falle muß dem Beschuldigten bei Strafe der Nichtigkeit mitgeteilt werden, daß die Begutachtung geschehen ist, und daß er das Recht hat, diese durch einen Sachverständigen seiner Wahl überprüfen zu lassen, um seine eigene Meinung zur Sprache zu bringen. Der Richter setzt die Ausschlußfrist für die Ernennung des Sachverständigen fest, sowie die, binnen der der Auftrag erledigt sein muß. Diese Bestimmung findet keine Anwendung, solange der Beschuldigte bei der Untersuchung nicht anwesend ist.

214. Die Sachverständigen gehen mit Ausnahme des im vorhergehenden Artikel vorgesehenen Falles bei ihren Verrichtungen gemeinsam vor.

Die Sachverständigengebühren werden vom Richter angewiesen. Dieser kann anordnen, daß der nicht zum Armenrecht zugelassene Beschuldigte vorher eine Summe als Gebühr für den Sachverständigen seiner Wahl hinterlegt.

215. Der Richter wohnt der Begutachtung bei und leitet sie.

Handelt es sich um das Gutachten über eine Person, so findet die Bestimmung des Artikels 203 Absatz IV Anwendung.

Im Falle der psychiatrischen Begutachtung müssen die Sachverständigen stets aufgefordert werden, ein Urteil darüber abzugeben, ob, falls sie erkannt haben, daß der Beschuldigte geistesschwach (infermo di mente) ist, seine Freiheit ihm oder andern gefährlich werden kann.

216. Erklären die Sachverständigen, daß sie ihr Gutachten ohne Kenntnis der über den Punkt, der den Gegenstand der Begutachtung bildet, gesammelten Beweise nicht abgeben können, so kann der Richter ihnen gestatten, die Akten und Schriftstücke in seiner Amtsstube ganz oder zum Teil zu prüfen, was im Protokoll vermerkt wird. Der Richter kann ferner auch weitere Ermittlungen bewirken oder anordnen.

Der Richter kann, wenn er es für notwendig hält, bestimmen, daß die Sachverständigen der Vernehmung des Beschuldigten oder der Zeugen beiwohnen; auch in diesem Falle ist die Anwesenheit der Verteidiger verboten.

217. Hat der Richter für die gänzliche oder teilweise Erhaltung der Sachen, die den Gegenstand der Begutachtung bilden, und für die Sicherung der Zuverlässigkeit der Verrichtungen Vorsorge getroffen, so kann er anordnen, daß diese in einem Laboratorium oder wissenschaftlichen Institut ohne seine, des Staatsanwalts und der Parteien Gegenwart geschehen.

Von jeder Abweichung von der Art und Weise, die Verrichtungen auszuüben, wird dem Richter Mitteilung gemacht, der ohne Verzögerung seine Entscheidung trifft.

218. In dem im Artikel 213 Absatz II vorgesehenen Falle kann der zweite Sachverständige nötigen- und möglichenfalls verlangen, daß die vor seiner Dazwischenkunft ausgeführten Verrichtungen ganz oder zum Teil wiederholt werden. Jede andere Verrichtung, die zur Beendigung der Begutachtung fehlt oder die der Richter zum Zwecke der Aufklärung für nützlich hält, muß von zwei Sachverständigen gemeinsam ausgeführt werden.

219. Die Sachverständigen verfertigen ein begründetes Gutachten, das sofort dem Protokolle einverleibt wird.

220. Kann die Begutachtung erst nach langen Verrichtungen geschehen oder kann sie wegen der Art und Schwierigkeit der Ermittlungen nicht sofort abgegeben werden, sowie immer dann, wenn eine psychiatrische Begutachtung angeordnet worden ist, setzt der Richter eine Frist für die Überreichung des schriftlichen Berichts und kann diese aus gerechter Ursache verlängern.

221. Können sich die Sachverständigen nicht einigen, so machen sie davon sofort und in jedem Falle vor Ablauf der im vorhergehenden Artikel erwähnten Frist dem Richter Mitteilung. Dieser betreibt beim Vorsitzenden des Tribunals oder — im Falle des Artikels 189 — der Anklagekammer die Ernennung eines dritten Sachverständigen.

222. Nach Ernennung des dritten Sachverständigen werden die ausgeführten Verrichtungen, soweit nötig und möglich, erneuert und jede andere für nützlich erachtete Verrichtung wird gemeinsam von den drei Sachverständigen unter Beobachtung der Vorschriften des vorhergehenden Artikels ausgeführt.

Der dritte Sachverständige übernimmt das Amt des Berichterstatters, es sei denn, daß die Majorität der Sachverständigen zu diesem Amte einen andern von ihnen bestimmt.

223. Der berichterstattende Sachverständige verfertigt und überreicht innerhalb der festgesetzten Frist dem Richter einen begründeten Bericht.

Der Sachverständige, der eine abweichende Meinung hat, muß zugleich den eigenen Bericht überreichen, in dem er die Gründe seiner Abweichung klarlegt.

224. Der Sachverständige, dem eine Fortsetzung der Verrichtungen unmöglich wird, wird durch einen andern ersetzt.

Handelt es sich um einen von der Partei gewählten Sachverständigen, so geschieht der Ersatz in Gemäßheit der Artikel 211 und 212.

225. Der Sachverständige, der den Vorschriften des Richters zuwiderhandelt oder in Erfüllung seiner Pflicht nachlässig ist, kann durch einen andern ersetzt werden.

War der betreffende Sachverständige von einer Partei gewählt worden, so wird dieser eine Ausschlußfrist für die Ersatzwahl gesetzt. Wählt die Partei nicht, so entscheidet der Richter.

Der Sachverständige, der den Vorschriften des Richters zuwidergehandelt hat, wird vom Richter zur Zahlung einer Summe von 50 — fünfzig — bis 500 — fünfhundert — Lire zugunsten der Staatskasse bestraft. Vorher wird er zu seiner Entlastung geladen, ohne daß dies die Entscheidung über seinen Ersatz aufhält.

226. Bei den Verbrechen der Urkundenfälschung[24]) ordnet der Richter an, daß die Vergleichungsschriftstücke überreicht werden, wenn diese sich bei öffentlichen Verwahrern befinden. Im Falle der Weigerung findet die Vorschrift des Artikels 178 Absatz I des Strafgesetzbuchs[25]) Anwendung.

Private Schriftstücke können als Vergleichungsschriftstücke zugelassen werden, wenn die Parteien, die es angeht, sie anerkannt haben.

Befinden sich die anerkannten Vergleichungsschriftstücke bei einer Privatperson, die nicht zu den im Artikel 247 angegebenen Personen gehört, so fordert der Richter diese auf, sie zu überreichen. Im Falle der Weigerung findet die Bestimmung des Artikels 434 des Strafgesetzbuchs[26]) Anwendung.

Die Vergleichungsschriftstücke werden durch die Unterschrift des Richters, des Gerichtsschreibers und dessen, der sie vorgelegt hat, sowie mit dem Amtssiegel beglaubigt.

227. Der Richter kann anordnen, daß der Beschuldigte etwas von seiner Hand Geschriebenes überreicht oder daß er nach Diktat schreibt. Weigert sich der Beschuldigte, so wird dies im Protokoll erwähnt.

228. Zur Übersetzung einer in fremder Sprache oder in einer nicht leicht verständlichen Mundart (dialetto) abgefaßten Erklärung, eines so abgefaßten Rechtsakts oder Schriftstücks ernennt der Richter einen Dolmetscher.

Wer die Erklärung abgibt, kann sie niederschreiben, und sie wird dem Protokolle mit Übersetzung einverleibt.

229. Für die Verrichtungen, die eine Arbeit von langer Dauer erfordern, kann der Richter dem Dolmetscher eine Frist zur Abgabe des schriftlichen Berichts setzen und diese aus gerechtem Grunde verlängern.

Gibt der Dolmetscher den Bericht innerhalb der Frist nicht ab, so erklärt ihn der Richter für verfallen (decaduto), ernennt einen neuen Dolmetscher und verurteilt den früheren zur Zahlung einer Geldsumme von 20 — zwanzig — bis 100 — hundert — Lire zugunsten der Staatskasse.

230. Die Verrichtungen eines Sachverständigen und eines Dolmetschers können bei Strafe der Nichtigkeit im Verfahren nicht von derselben Person ausgeübt werden. Sachverständiger oder Dolmetscher kann bei Strafe der Nichtigkeit nicht sein:

1. wer das sechzehnte Lebensjahr noch nicht vollendet hat;
2. wer nicht als Zeuge vernommen werden kann oder das Zeugnisverweigerungsrecht hat;
3. wer zur Unfähigkeit zur Bekleidung öffentlicher Ämter oder aber zur Suspension der Ausübung des Berufs oder der

Kunst verurteilt worden ist, und zwar während der Dauer der Unfähigkeit oder der Suspension.

Auch kann nicht Dolmetscher sein, wer als Zeuge berufen ist.

231. Der vom Richter ernannte Sachverständige oder der Dolmetscher kann, bevor er seine Tätigkeit als solcher beginnt, vom Staatsanwalt und den Parteien aus den im Artikel 43 bezeichneten Gründen abgelehnt werden.

Der Staatsanwalt kann aus denselben Gründen den von der Partei benannten Sachverständigen ablehnen.

Über die Ablehnung entscheidet der Richter, der die Untersuchung oder den Prozeß führt, nach Anhörung der antragstellenden Partei, des Sachverständigen und des Staatsanwalts.

Wird die Ablehnung zurückgewiesen, so finden die Bestimmungen des Artikels 50 Anwendung.

232. Ist dringend Eile geboten, so kann der Sachverständige oder der Dolmetscher vom Richter auch mündlich geladen werden.

Wenn der Sachverständige oder der Dolmetscher nicht erscheint ohne einen gesetzlichen Hinderungsgrund nachzuweisen (dimostrare), so verurteilt ihn der Richter zur Zahlung einer Geldsumme von 20 — zwanzig — bis zu 300 — dreihundert — Lire zugunsten der Staatskasse. Die Verurteilung wird dem Sachverständigen oder Dolmetscher zugestellt; sie wird widerrufen, wenn innerhalb einer Frist von drei Tagen von der Zustellung ab der Sachverständige oder Dolmetscher den gesetzlichen Hinderungsgrund, aus dem er nicht erschienen ist, rechtfertigt.

In den im Artikel 210 des Strafgesetzbuchs[27]) vorgesehenen Fällen läßt der Richter ein Protokoll aufnehmen und schickt es an den Staatsanwalt, nachdem er, falls es sich um eine Weigerung handelt, den Sachverständigen oder Dolmetscher auf die vom Gesetz festgesetzten Strafen hingewiesen hat.

Kapitel IV.

Von den Durchsuchungen (perquisizioni).

233. Sind schwerwiegende Verdachtsgründe dafür vorhanden, daß jemand Gegenstände, die der Beschlagnahme unterliegen, verborgen hält oder daß diese sich an einem bestimmten Orte befinden, oder aber daß dort die Festnahme des Beschuldigten oder einer Person, die rechtmäßig verhaftet war, aber entflohen ist, ausgeführt werden kann, so ordnet der Untersuchungsrichter die persönliche oder Hausdurchsuchung an und nimmt sie unter Zuhilfenahme von Beamten oder Agenten der Gerichtspolizei und, falls nötig, der öffentlichen Gewalt vor. In dringenden Fällen beauftragt er mit der Ausführung einen Beamten der Gerichtspolizei unter Beobachtung der folgenden Regeln.

234. Die Durchsuchung einer Wohnung und der daranstoßenden geschlossenen Räumlichkeiten (luoghi chiusi adiacenti ad essa) kann nicht vor Sonnenaufgang und nicht nach Sonnenuntergang beginnen. Nichtsdestoweniger kann der Richter in dringenden Fällen anordnen, daß die Durchsuchung auch in nächtlicher Stunde begonnen wird.

235. Dem Beschuldigten und dem Bewohner und Besitzer der Wohnung, in der die Durchsuchung geschieht, wird eine Abschrift der Verfügung des Richters mit der — auch mündlichen — Aufforderung überreicht, beizuwohnen oder sich vertreten zu lassen. Ist von den Genannten niemand an dem betreffenden Orte zugegen, so wird die Abschrift überreicht und ergeht die Aufforderung an einen Verwandten, Bediensteten oder Nachbarn, falls ein solcher vorhanden ist, vorausgesetzt, daß diese fähig sind, Zeugen zu sein. Können die genannten Förmlichkeiten nicht erfüllt werden, so wird dies im Protokoll erwähnt.

Die Bestimmung des Artikels 204 findet Anwendung.

236. Soll zur Durchsuchung einer Frau geschritten werden, so geschieht dies durch eine andere Frau, ausgenommen in den Fällen tatsächlicher (materiale) Unmöglichkeit.

Kapitel V.

Von der Beschlagnahme (sequestro).

237. Der Untersuchungsrichter kann die Beschlagnahme der im Artikel 166 bezeichneten Dinge anordnen und führt sie, falls möglich, in Gegenwart zweier Zeugen und, falls nötig, unter Zuhilfenahme der öffentlichen Gewalt aus. In dringlichen Fällen beauftragt er mit der Durchführung einen Beamten der Gerichtspolizei unter Beobachtung der folgenden Regeln.

238. Der Richter kann die Beschlagnahme von Briefen, Paketen, Wertsendungen (valori), Telegrammen und anderer Korrespondenz auf den Post- und Telegraphenämtern anordnen, von der er Grund hat, anzunehmen, daß sie vom Beschuldigten abgesandt oder an ihn — auch unter einem andern Namen — gerichtet worden ist oder in irgendeiner Beziehung zu der strafbaren Handlung steht.

Mit der Durchführung der Beschlagnahme kann er die Beamten und Agenten der Gerichtspolizei beauftragen; indes die Eröffnung der beschlagnahmten Korrespondenz kann nur durch den Richter erfolgen.

Der Richter kann die Telephonämter betreten, um Mitteilungen zu unterbrechen oder zu verhindern oder um Kenntnis von ihnen zu nehmen.

239. Beim Verteidiger kann eine Beschlagnahme der Papiere und Schriftstücke, die er zur Erfüllung seiner Pflicht als Verteidiger übergeben erhalten hat, nicht erfolgen.

240. Die öffentlichen Beamten und die übrigen im Artikel 248 benannten Personen müssen der Gerichtsbehörde die Entnahme von Akten, Schriftstücken — in Urschrift oder in Abschrift — oder von dern bei ihnen vorhandenen Gegenständen gestatten, falls die besagte Behörde darum ersucht, es sei denn, daß es sich um politische oder militärische, die Sicherheit des Staates betreffende Geheimnisse oder aber um ein amtliches oder berufliches Geheimnis handelt, das der öffentliche Beamte oder die ersuchte Person aufrecht halten zu müssen schriftlich erklären.

Das Ersuchen kann nicht an die im Artikel 247 bezeichneten Personen ergehen.

241. Der Richter kann eine Abschrift der beschlagnahmten Akten und Schriftstücke anfertigen lassen und die Originale zurückgeben und er kann, falls er deren Beschlagnahme aufrecht erhält, den Gerichtsschreiber ermächtigen, rechtsgültige (autentiche) Abschriften davon an die öffentlichen Beamten oder Privatleute zu senden, die sie in Verwahrung hatten.

Die öffentlichen Beamten können Abschriften der ihnen vom Richter in Urschrift oder Abschrift zurückgeschickten Schriftstücke versenden; aber sie müssen dabei die bestehende Beschlagnahme erwähnen.

In jedem Falle hat die Person oder die Behörde, bei der die Beschlagnahme ausgeführt wurde, das Recht, vom Richter ein Zeugnis darüber zu erlangen.

Bildet das beschlagnahmte Schriftstück einen Teil eines Bandes oder Registers, von dem es nicht getrennt werden kann, und will der Richter sich mit einer Abschrift nicht begnügen, so verbleibt der ganze Band oder das ganze Register in gerichtlicher Verwahrung. Mit Ermächtigung des Richters übersendet der Gerichtsschreiber an die, die es angeht und die es beantragen, Auszüge oder Abschriften einzelner Teile desselben und erwähnt darin die Teilbeschlagnahme.

Dem Verwahrer (depositario) oder Besitzer (detentore) wird in diesem Falle eine rechtsgültige Abschrift des Beschlagnahmeprotokolls übergeben.

242. Die beschlagnahmten Gegenstände werden dem Gerichtsschreiber zur Verwahrung übergeben. Erkennt der Richter, daß es nicht angemessen ist, sie in der Gerichtsschreiberei zu bewahren, so kann er einen andern Verwahrer (custode) mit der Verpflichtung ernennen, die Sachen zu behüten und sie auf jedes Ersuchen der Gerichtsbehörde zurückzugeben. Er kann auch dem Verwahrer eine Kaution auferlegen.

243. Die Identität der beschlagnahmten Gegenstände wird durch das Amtssiegel und die Unterschriften des Richters, Gerichtsschreibers sowie dessen, der bei der Beschlagnahme anwesend war, sichergestellt.

Wer nicht schreiben kann, kann ein Zeichen anbringen.

Der Richter läßt Abschriften der Schriftstücke und photographische Wiedergaben der beschlagnahmten Gegenstände, die sich verändern können oder schwer zu bewahren sind, anfertigen. Diese bringt er zu den Akten und läßt die Urschriften der Schriftstücke in der Gerichtsschreiberei bewahren. Über die Gegenstände verfügt er in Gemäßheit des vorhergehenden Artikels.

244. Der Richter bewirkt die Entfernung der Siegel falls möglich in Gegenwart der Zeugen, die bei ihrer Anbringung zugegen waren, und sorgt, falls einer oder beide fehlen, für deren Ersatz.

Die Zeugen leisten bei Strafe der Nichtigkeit den Eid und bestätigen zusammen mit dem Richter die Unversehrtheit der Siegel und der sichergestellten Sachen; waren sie bei Anlegung der Siegel zugegen, so versichern sie nur die Identität der Gegenstände.

Kapitel VI.

Von den Zeugen (testimoni).

245. Der Richter muß die Zeugen hören, die über die Tat Bescheid wissen, und deren Vernehmung er zur Erforschung der Wahrheit für nützlich hält. Mit Ausnahme der im Gesetz festgesetzten Ausnahmen kann niemand sein Zeugnis verweigern.

246. Die Zeugen müssen über bestimmte Tatsachen vernommen werden. Sie können weder über die im Publikum über die betreffenden Tatsachen umlaufenden Gerüchte, noch über die Sittlichkeit der Parteien oder Zeugen im allgemeinen, noch auch über Nachrichten oder Mitteilungen, die sie von den im Artikel 248 erwähnten Personen in bezug auf die in demselben Artikel bezeichneten Tatsachen erhalten haben, gehört werden.

Die öffentlichen Beamten dürfen nicht die gesammelten Mitteilungen solcher Personen zur Kenntnis geben, deren Namen sie dem Richter nicht zu offenbaren die Absicht haben.

247. Die nächsten Verwandten des Beschuldigten oder irgendeines derselben strafbaren Handlung Beschuldigten können, falls sie nicht Anzeigende oder Kläger sind, sich ihrer Aussage enthalten.

Über dieses Recht muß der Richter die genannten Personen bei Strafe der Nichtigkeit belehren. Die Belehrung wird im Protokoll vermerkt.

248. Bei Strafe der Nichtigkeit können über das, was ihnen mit Rücksicht auf ihren Stand, ihr Amt oder ihren Beruf anvertraut worden oder zur Kenntnis gelangt ist, nicht zur Aussage gezwungen werden:

1. die Diener einer im Staate zugelassenen Religion;
2. die Notare, Advokaten und Sachwalter;
3. die Ärzte, Chirurgen, Apotheker, Hebammen und jeder andere Sanitätsbeamte, mit Ausnahme der Fälle, in denen das Gesetz sie ausdrücklich verpflichtet, der öffentlichen Behörde Mitteilung zu machen.

Die öffentlichen Beamten können nicht über das, was ihnen aus amtlichen Gründen anvertraut worden ist, zur Aussage gezwungen werden, mit Ausnahme der Fälle, in denen das Gesetz sie ausdrücklich verpflichtet, der öffentlichen Behörde Mitteilung zu machen. Sie können auch nicht über politische oder militärische, die Sicherheit des Staates betreffende Geheimnisse befragt werden.

249. Zum Zwecke der Vernehmung der Zeugen erläßt der Richter die Ladungsverfügung (decreto di citazione). Diese enthält:

1. Vor- und Zunamen, Alter und andere persönliche Eigenschaften jedes Zeugen oder aber die Merkmale, die zu seiner Identifizierung dienen;
2. den Tag, die Stunde und den Ort an dem, sowie die Behörde, vor der sie erscheinen sollen;
3. die Strafe, der sie verfallen, wenn sie nicht erscheinen.

250. In dringenden Fällen können die Zeugen auch mündlich geladen werden.

Die Zeugen können ferner freiwillig erscheinen; dies wird im Protokoll vermerkt.

251. Der Richter, der einen Zeugen ladet, gegen den ein Festnahme- oder Haftbefehl (mandato di arresto o di cattura) vorliegt, kann ihn in der Ladungsverfügung mit dem Rechte bekannt machen, freies Geleit (salva condotto) zu erbitten und ihm dies, falls er es erbittet, gewähren.

Dem Zeugen wird eine rechtsgültige Abschrift des freien Geleits, versehen mit dem Siegel des Untersuchungsamts, mitgeteilt und übergeben.

252. Muß ein Königlicher Prinz (principe reale) oder ein hoher Staatsbeamter (grande ufficiale dello Stato) als Zeuge vernommen werden, so begibt sich der Richter, nachdem er sich vorher in geeigneter Weise mit dem Betreffenden ins Einvernehmen gesetzt hat, mit dem Gerichtsschreiber in dessen Wohnung, um seine Aussage entgegenzunehmen. Wird ein anderer Richter um die Vernehmung ersucht, so werden in dem Ersuchen die Tatsachen bezeichnet, und es wird unter Beobachtung der vorbezeichneten Förmlichkeiten verfahren.

Muß ein Königlich diplomatischer Agent (un regio agente diplomatico) oder ein im Auslande mit einer Botschaft (missione) Beauftragter als Zeuge vernommen werden, so wird das Ersuchen um Vernehmung, solange dieser seinen dienstlichen Wohnsitz (residenza) außerhalb des Inlandes hat, durch Vermittlung des Justizministers an die örtliche Konsularbehörde (autorità consolare), die die Vernehmung auf die im ersten Teil dieses Artikels festgesetzte Art und Weise bewirkt, gerichtet.

Nichtsdestoweniger geschieht die Ladung einer der vorbezeichneten Personen in den gewöhnlichen Formen, wenn es der Richter in einem wegen eines Verbrechens anhängigen Verfahren zur Bewirkung einer Rekognition oder einer Gegenüberstellung für notwendig erachtet.

253. Bei Entgegennahme der Aussage eines diplomatischen Agenten oder eines Konsuls eines fremden Staates werden die Staatsverträge (convenzioni) und die internationalen Gebräuche beobachtet.

254. Jeder Zeuge wird einzeln (separatamente) vernommen.

Der Richter ermahnt jeden Zeugen in Gemäßheit des Artikels 87. Hernach fragt er ihn nach seinem Vor- und Zunamen, nach seinem Alter und andern persönlichen Verhältnissen, sowie über irgendein Band der Verwandtschaft, ein Interesse zur Sache oder was sonst seine Glaubhaftigkeit beeinflussen kann.

Der Richter kann die eidliche Aussage eines Zeugen entgegennehmen, der voraussichtlich wegen Gebrechlichkeit (infermità) oder anderer gewichtiger Hinderungsgründe nicht vor Gericht erscheinen kann.

255. Der gesetzmäßig geladene Zeuge, der aus einem rechtmäßigen Grunde nicht erschienen ist, kann an dem Orte, wo er sich befindet, auch mittels Auftrages oder Ersuchens vernommen werden.

Weist der Zeuge einen gesetzlichen Hinderungsgrund nicht nach, so verurteilt ihn der Richter zur Zahlung einer zugunsten der Staatskasse zu erlegenden Summe von 10 — zehn — bis 100 — hundert — Lire und zu den durch sein Nichterscheinen verursachten Kosten. Er kann auch anordnen, daß der Zeuge von den Agenten der öffentlichen Gewalt begleitet wird.

Der verurteilende Beschluß wird dem Zeugen zugestellt und wird widerrufen, wenn er innerhalb einer Frist von drei Tagen von der Zustellung ab den (rechtmäßigen) Grund, der sein Erscheinen verhinderte, rechtfertigt.

Außerdem findet die Bestimmung des letzten Absatzes des Artikels 232 Anwendung.

256. Hat der Richter Grund zu der Annahme, daß ein Zeuge etwas Falsches versichert oder etwas Wahres verneint oder das, was er über Tatsachen, über die er gefragt worden ist, weiß, ganz oder zum Teil verschwiegen hat, so läßt er in seiner Gegenwart oder nach vorangehender Ladung ein Protokoll aufsetzen und schickt es an die Staatsanwaltschaft.

Gegen den Zeugen wird erst vorgegangen, wenn eine Zurücknahme (ritrattazione) im Sinne der Bestimmungen des Artikels 216 des Strafgesetzbuchs[28]) nicht mehr möglich ist.

Diese Vorschriften finden auch auf Sachverständige und Dolmetscher Anwendung, wenn sich ergibt, daß sie lügnerische (mendaci) Gutachten, Berichte oder Übersetzungen abgegeben haben.

Kapitel VII.

Von den Rekognitionen (recognizioni) und den Gegenüberstellungen (confronti).

257. Zur Rekognition einer Person verschafft der Untersuchungsrichter die Gegenwart von zwei andern oder mehr Personen, die einige Ähnlichkeit mit derjenigen haben, die Gegenstand des Versuches ist. Nachdem diese einen ihr genehmen Platz gewählt hat, wird der, welcher die Rekognition ausführen soll, hereingeführt, und der Richter fordert ihn auf, zu erklären, ob er unter den Anwesenden die fragliche Person wiedererkennt, und sie im bejahenden Falle zu bezeichnen.

Vor Rekognition einer Sache fordert der Richter die Person, die sie bewirken soll, auf, sie genau zu beschreiben.

258. Sind mehrere Personen zu einer Rekognition berufen, so wird getrennt verhandelt.

Der Zeuge wird bei Strafe der Nichtigkeit vor der Rekognition vereidigt.

259. Der Richter kann zu einer Gegenüberstellung von Personen nur dann schreiten, wenn diese schon vernommen oder befragt sind, und wenn unter ihnen Abweichungen über wichtige Tatsachen und Umstände bestehen.

Kapitel VIII.

Von der Vernehmung des Beschuldigten.

260. Der Untersuchungsrichter fordert den Beschuldigten auf, seine Vor- und Zunamen, sein Alter, seinen Geburtsort, den Namen seiner Eltern, seinen Stand oder Beruf zu nennen und macht ihn zugleich auf die Folgen aufmerksam, falls er falsche Generalia angibt.

Im Protokoll kann der Richter vor die Vernehmung die Angabe der von ihm zur Identifizierung des Beschuldigten gemachten Ermittlungen, die Beschreibung seiner Person und die besonderen Kennzeichen (connotati) und Merkmale (contrassegni) setzen.

261. Der Richter tut dem Beschuldigten in klarer und genauer Form die Tat kund, die ihm zur Last gelegt wird, macht ihn mit den gegen ihn bestehenden Verdachtsgründen bekannt und bezeichnet ihm auch, falls daraus nicht ein Nachteil für die Untersuchung entsteht, deren Quellen.

Der Richter fordert hierauf den Beschuldigten auf, sich zu entlasten und die zu seinen Gunsten sprechenden Beweise anzugeben. Zugleich eröffnet er ihm, daß in der Untersuchung fortgefahren werden würde, auch wenn er keine Antwort gäbe.

262. Der Richter muß allen Tatsachen und Umständen, die der Beschuldigte in seiner Vernehmung angeführt hat, nachgehen, soweit sie zur Ermittlung der Wahrheit führen können.

263. Der festgenommene Beschuldigte wird dem Richter frei in Person vorgeführt unter Beobachtung der zur Verhinderung einer Flucht notwendigen Schutzmaßregeln.

264. Der Richter verfährt in Gemäßheit des Artikels 209 Absatz II, falls ihm Bedenken über den Geisteszustand des Beschuldigten aufsteigen.

Kapitel IX.

Von der Schliessung (chiusura) der Untersuchung.

265. Der Untersuchungsrichter teilt die Akten nach Beendigung der Voruntersuchung dem Staatsanwalt mit.

Ist der Staatsanwalt der Ansicht, daß die Entscheidung über die dem Beschuldigten in den Verhören zur Last gelegte strafbare Handlung oder über diejenige, derentwegen ein ohne Erfolg gebliebenes Mandat erlassen worden ist, dem Assisengericht gebührt, so übersendet er die Akten mit einem begründeten Bericht dem Generalstaatsanwalt. In jedem Falle überreicht er seine Anträge dem Untersuchungsrichter.

Der Generalstaatsanwalt überreicht seine Anträge der Anklagekammer.

266. Die Anträge, mittels deren der Staatsanwalt und der Generalstaatsanwalt um Schließung der Untersuchung ersuchen, werden der Zivilpartei und dem Beschuldigten im Auszug zugestellt. Dieser enthält:

1. den Vor- und Zunamen und andere Eigenschaften, die zur Identifizierung des Beschuldigten und, gegebenenfalls, der Zivilpartei und der zivilrechtlich verantwortlichen Person dienen, sowie jede andere Angabe, die demselben Zwecke dient;
2. die Bezeichnung der strafbaren Handlung, die erschwerenden Umstände, die Aufführung der zur Anwendung gelangenden Gesetzesartikel und die Endformel (formula terminativa) der Schlußanträge (conclusioni).

267. Die Prozeßaktenbände und die beschlagnahmten Gegenstände bleiben in der Gerichtsschreiberei verwahrt. Der Richter kann aus besonderen Gründen anordnen, daß die beschlagnahmten Gegenstände an dem Orte bleiben, wo sie aufbewahrt wurden. Der Gerichtsschreiber benachrichtigt die Verteidiger der Parteien, die innerhalb einer Frist von fünf Tagen von der Benachrichtigung ab Einsicht in jede Sache nehmen, Abschriften der Akten und Schriftstücke herstellen und die ihnen geeignet erscheinenden Anträge stellen können.

Der Untersuchungsrichter und der Vorsitzende der Anklagekammer können aus gerechten Gründen auf Antrag der Verteidiger die Frist einmal verlängern.

268. Kommt der Untersuchungsrichter oder die Anklagekammer zu dem Schluß, daß die Entscheidung über die Tat nicht zur Zuständigkeit der gewöhnlichen Gerichtsbarkeit gehört, so erläßt er ein Urteil (sentenza), in dem er die Übersendung der Akten an die zuständige Behörde anordnet.

269. Wenn der Staatsanwalt beantragt hat, daß die Untersuchung fortgeführt wird, und der Untersuchungsrichter oder die Anklagekammer sie im Gegensatz hierzu für beendet hält, so sorgt er mittels Beschlusses für die Rücksendung der Akten an den Staatsanwalt zum Zwecke der endgültigen Schlußanträge (requisitorie).

Dieselbe Bestimmung findet für den Fall Anwendung, daß der Untersuchungsrichter oder die Anklagekammer der Ansicht ist, daß die Entscheidung der Tat der gewöhnlichen Gerichtsbarkeit zusteht, und der Staatsanwalt die Übersendung der Akten an eine andere Behörde beantragt hat.

270. Ist der Untersuchungsrichter der Ansicht, daß die Untersuchung nicht beendet ist, so führt er sie fort und teilt die Akten neuerdings dem Staatsanwalt mit. Meint er, daß die Entscheidung der dem Beschuldigten in den Verhören zur Last gelegten Tat oder der Tat, um derentwillen ein ohne Erfolg gebliebenes Mandat erlassen wurde, dem Assisengerichte zusteht, so schickt er die Akten mit einem begründeten Beschluß an den Generalstaatsanwalt.

271. Die Anklagekammer kann vor Beratung zur Hauptsache (prima di deliberare sul merito) eine umfangreichere Untersuchung anordnen. Diese geschieht in Gemäßheit der Vorschriften des Artikels 189.

Ist sie der Ansicht, daß genügend Schuldbeweise zu Lasten des Beschuldigten vorhanden sind und daß die Tatsache eine zur Zuständigkeit des Assisengerichts gehöriges Verbrechen begründet, so ordnet sie durch Beschluß die Eröffnung des Verfahrens vor dem zuständigen Gericht (corte) an.

272. Erkennen der Untersuchungsrichter oder die Anklagekammer, daß die Tatsache eine zur Zuständigkeit des Tribunals oder des Einzelrichters gehörige strafbare Handlung begründet — in bezug auf den Einzelrichter auch in Gemäßheit der Nummer 3 des Artikels 16 —, und daß hinreichende Schuldbeweise zu Lasten des Beschuldigten vorhanden sind, so ordnen sie durch Urteil (sentenza) die Eröffnung des Verfahrens gegen den Beschuldigten bei dem zuständigen Tribunal oder dem zuständigen Einzelrichter an.

273. Der Einzelrichter und die Anklagekammer können bei Strafe der Nichtigkeit nicht die Eröffnung des Hauptverfahrens anordnen oder erklären, daß wegen unzureichender Beweise nicht eingeschritten werden solle, falls der Beschuldigte selbst nicht über die den Gegenstand der Beschuldigung bildende Tatsache befragt worden ist oder aber falls eine solche Tatsache nicht in einem Mandate — auch wenn es ohne Erfolg blieb — aufgeführt worden ist.

274. Der Untersuchungsrichter oder die Anklagekammer erklären in dem betreffenden Urteile, daß nicht eingeschritten werden solle und führen ausdrücklich den Grund im Tenor an, falls sie erkennen, daß die Tat nicht geschehen ist, oder daß der Beschuldigte sie nicht begangen oder daran teilgenommen hat, oder daß die Tatsache keine strafbare Handlung begründet, oder daß die Strafklage verjährt oder sonst erloschen ist, oder daß sie nicht erhoben oder fortgeführt werden kann.

Sind nicht genügend Beweise dafür vorhanden, daß die Tat geschehen ist, oder daß der Beschuldigte sie begangen oder daran teilgenommen hat, oder erscheinen die Beweise seiner Schuld (colpevolezza) nicht ausreichend oder sind die Täter unbekannt, so wird in dem

Urteil ausgesprochen, daß „mangels hinreichenden Beweises“ (per insufficienza di prove) nicht eingeschritten werden solle.

In den Fällen, in denen das Strafgesetz bestimmt, daß der Beschuldigte nicht strafbar ist, oder keiner Strafe unterliegt oder von ihr befreit ist (o ne va esente), wird im Urteil ausgesprochen, daß nicht eingeschritten werden solle und ausdrücklich der Grund im Tenor aufgeführt.

Ist der Freigesprochene in Haft oder den Banden der vorläufigen Freiheit unterworfen, so ordnet das Urteil die Befreiung an, wenn er nicht in einer andern Sache in Haft bleiben muß.

Wird der Freispruch mit festgestellter Geistesschwäche begründet oder falls es nötig ist, den Artikel 54 Absatz I oder Artikel 58 Absatz I des Strafgesetzbuchs[29]) zur Anwendung zu bringen, so wird in Gemäßheit des Artikels 594 vorgegangen.

Mit dem Urteile, das ausspricht, daß nicht eingeschritten werden solle, entscheidet der Richter über die im Artikel 10 Absatz II bezeichneten Kosten und, falls es sich um eine im Wege der Parteiklage zu verfolgende strafbare Handlung handelt, verurteilt er den Kläger zur Rückzahlung der von der Staatskasse verauslagten Kosten, nötigenfalls unter Anwendung der Bestimmungen des Artikels 161.

275. Das Urteil des Untersuchungsrichters oder der Anklagekammer enthält:

1. den Vor- und Zunamen, das Alter und andere persönliche Eigenschaften, die zur Identifizierung des Beschuldigten dienen, die zivilrechtlich verantwortliche Person und die Zivilpartei;
2. die Bezeichnung der strafbaren Handlung, wie sie im Urteile beschrieben ist mit den erschwerenden Umständen, sowie die Bezeichnung der einschlägigen Gesetzesartikel;
3. die summarische Bezeichnung der Anträge des Staatsanwalts und der Parteien;
4. die tatsächlichen und die rechtlichen Entscheidungsgründe;
5. den Tenor;
6. die Bezeichnung des Verkündungstages, -monats und -jahres;
7. die Unterschrift der Richter, die es gesprochen haben, und des Gerichtsschreibers.

Das Urteil ist nichtig, wenn darin eines der in den Nummern 2, 4, 5, 7 aufgestellten Erfordernisse nicht erfüllt ist oder wenn infolge Nichtbeobachtung der übrigen vorgeschriebenen Förmlichkeiten absolute Unsicherheit über die Personen, Anträge oder das Urteilsdatum besteht.

Beim Fehlen anderer Erfordernisse, das keine Nichtigkeit zur Folge hat, ordnet der Richter, der das Urteil gefällt hat, auf Antrag der Parteien, die es angeht, oder des Staatsanwalts die Berichtigung des Urteils in der im Artikel 434 festgesetzten Form an.

276. Das vor dem Assisengericht eröffnende Urteil wird dem Beschuldigten auf Anordnung des Vorsitzenden der Anklagekammer vermittels des Gerichtsschreibers, falls er in Haft ist, sonst durch den Gerichtsuffizial bekannt gemacht. Das mitteilende Schriftstück muß die Bemerkung enthalten, daß es dem Beschuldigten zustehe, binnen drei Tagen Revision einzulegen und innerhalb derselben Frist von seinem Verteidiger die Akten, Schriftstücke und die beschlagnahmten Gegenstände prüfen zu lassen.

Diese Bestimmungen müssen bei Strafe der Nichtigkeit beobachtet werden.

Titel III.
Von der summarischen Untersuchung. (Della istruzione sommaria.)

277. Bei den zur Zuständigkeit des Assisengerichts gehörenden, in den Nummern 3, 4 und 5 des Artikels 14 bezeichneten und bei den in den Artikeln 147, 149, 158, 182, 183, 187, 188, 189 des Strafgesetzbuchs[30]) vorgesehenen, in Nummer 6 des Artikels 14 erwähnten strafbaren Handlungen wird mittels unmittelbarer Ladung (citazione diretta) vorgegangen.

Es kann auch bei jedem andern zur Zuständigkeit des Assisengerichts gehörenden Verbrechen mittels der unmittelbaren Ladung vorgegangen werden, falls der Beschuldigte bei dessen Begehung festgenommen wurde oder unmittelbar nach der Begehung, während er von der öffentlichen Gewalt, dem Verletzten oder dem öffentlichen Gerüfte (clamore) verfolgt wurde und falls er bei seiner Vernehmung eingestanden hat, die Tat, derentwegen das Verfahren schwebt, begangen zu haben.

Bei den zur Zuständigkeit des Tribunals und des Einzelrichters gehörenden strafbaren Handlungen wird mittels der unmittelbaren oder unmittelbarsten Ladung verfahren, es sei denn, daß das Gesetz ausdrücklich die Voruntersuchung oder das Verfahren des Strafbefehls (decreto) vorschreibt.

278. Bei den Verfahren mittels unmittelbarer Ladung in Tribunalssachen kann der Staatsanwalt unmittelbar die Beweise ermitteln; er hält sich an die Bestimmungen der Voruntersuchung nur, insoweit Besichtigungen, persönliche Durchsuchungen und Beschlagnahmen in Frage kommen; er kann den Einzelrichter ersuchen und für einzelne Rechtsakte auch den seines Dienstwohnsitzes. Wird die Aufnahme eines Protokolls nötig, so wird der Staatsanwalt vom Sekretär, der Einzelrichter vom Gerichtsschreiber begleitet.

Der Staatsanwalt kann sich ferner der Hilfe der Gerichtspolizeibeamten bedienen.

279. Wegen der richterlichen Versuche, der Begutachtungen, der Hausdurchsuchungen, der Rekognitionen und der im Artikel 254, letzten Absatz, bezeichneten Fälle von Zeugenvernehmungen, des Erlasses eines Mandats und der darauf folgenden Vernehmung des Beschuldigten ersucht der Staatsanwalt den Untersuchungsrichter.

Außerhalb seines Dienstwohnsitzes oder, falls innerhalb desselben kein Untersuchungsrichter vorhanden ist, kann er den Einzelrichter ersuchen.

Bei den vorbenannten Rechtsakten wird nach den für die Voruntersuchung geltenden Regeln unter Beobachtung der Bestimmung des Artikels 196 verfahren.

280. Hat der Staatsanwalt binnen einer Frist von zehn Tagen von der Festnahme des Beschuldigten ab nicht den Antrag auf Ladungsverfügung (decreto di citazione) gestellt, so muß er die Akten dem Untersuchungsrichter mitteilen.

Der Richter erläßt einen Beschluß: fehlen hinreichende Beweise oder handelt es sich um eine strafbare Handlung, für die das Gesetz einen Haftbefehl nicht zuläßt, so ordnet er die Enthaftung des Beschuldigten an. Sonst setzt er eine neue, zehn Tage nicht übersteigende Frist oder entläßt den Beschuldigten in die vorläufige Freiheit.

Die Untersuchung muß als Voruntersuchung fortgeführt werden, wenn der Richter nicht eine der vorgedachten Entscheidungen treffen zu können glaubt, und ebenso, wenn die neue von ihm gesetzte Frist abläuft, ohne daß der Antrag auf Ladungsverfügung oder freisprechendes Urteil gestellt und der Beschuldigte in die vorläufige Freiheit entlassen wird.

281. Meint der Staatsanwalt, daß nicht eingeschritten werden solle, so stellt er, auch wenn er dies nur bezüglich eines von mehreren Beschuldigten für richtig hält, einen entsprechenden Antrag beim Untersuchungsrichter. Dieser erläßt antragsgemäß ein Urteil oder ordnet durch Beschluß an, daß gegen alle Beschuldigte die Voruntersuchung geführt wird.

Ein gleicher Beschluß ergeht, wenn der Untersuchungsrichter dem im Artikel 179 Absatz II erwähnten Antrage des Staatsanwalts nicht stattgibt.

Ein Urteil des Inhalts, daß mangels zureichender Gründe nicht vorgegangen werden soll, kann nicht gefällt werden, wenn der Beschuldigte nicht über die Tatsache, die den Gegenstand der Beschuldigung bildet, gefragt worden ist oder aber, wenn eine solche Tatsache nicht in einem Mandat — auch wenn es ohne Erfolg blieb — aufgeführt war.

282. Mit Ausnahme der in den beiden vorhergehenden Artikeln vorgesehenen Fälle teilt der Staatsanwalt nach Beendigung der summarischen Untersuchung dem Beschuldigten, der nicht vernommen worden ist und gegen den kein erfolglos gebliebenes Mandat erlassen worden ist, die Art der Beschuldigung nebst einer summarischen Beschreibung der Tat, derentwegen er ihn vor Gericht bringen will, mit. Zugleich eröffnet er ihm, daß er das Recht hat, binnen fünf Tagen beim Untersuchungsrichter oder Einzelrichter zwecks Abgabe von Erklärungen zu erscheinen.

Erscheint der Beschuldigte, so nimmt der Untersuchungs- oder Einzelrichter seine Erklärungen auf und übersendet das Protokoll sofort dem Staatsanwalt.

Der Staatsanwalt beantragt die Ladungsverfügung und legt den Antrag mit den Akten in der Gerichtsschreiberei nieder, wenn der Beschuldigte nicht erscheint oder wenn infolge seiner Erklärungen er (der Staatsanwalt) nicht neue Ermittlungen für erforderlich hält oder aber sich dafür entschließt, in Gemäßheit des Artikels 281 Absatz I ein Urteil zu beantragen.

283. Bei den Verfahren mittels unmittelbarer Ladung, die zur Zuständigkeit des Assisengerichts gehören, verfährt der Staatsanwalt erforderlichenfalls in Gemäßheit der Vorschriften der Artikel 278 und 279 und übersendet die Akten dem Generalstaatsanwalt.

Ist der Beschuldigte in Haft, so muß die Übersendung binnen zehn Tagen von der Festnahme ab geschehen.

284. Will der Generalstaatsanwalt auch nicht bezüglich eines unter mehreren Beschuldigten einschreiten, so beantragt er bei der Anklagekammer den Erlaß des Urteils. Auch bei den zur Zuständigkeit des Assisengerichts gehörenden Verfahren mittels unmittelbarer Ladung findet die Bestimmung des letzten Absatzes des Artikels 281 Anwendung.

Entspricht die Anklagekammer einem solchen Antrage nicht, so erläßt sie ein Urteil, in dem sie bestimmt, daß die Untersuchung als Voruntersuchung gegen alle Beschuldigte fortgeführt wird.

Auf die im Artikel 281 und in diesem Artikel erwähnten Urteile finden die Regeln der Artikel 274 und 275 Anwendung.

Unter den Voraussetzungen des zweiten Absatzes des Artikels 277 kann der Generalstaatsanwalt bestimmen, daß eine Voruntersuchung stattfindet und übersendet die Akten an den Staatsanwalt.

285. Der Generalstaatsanwalt kann bei den zur Zuständigkeit des Assisengerichts gehörenden strafbaren Handlungen, für die die unmittelbare Ladung zulässig ist, sofort die summarischen Untersuchungshandlungen in Gemäßheit der im Artikel 278 bezeichneten Bestimmungen vornehmen. Um die im Artikel 279 bezeichneten Handlungen ersucht er den Vorsitzenden der Anklagekammer, der ein Kammermitglied mit der Vornahme beauftragen kann. Diesem stehen die im Artikel 189 Absatz II bezeichneten Rechte zu.

Wegen der außerhalb des Sitzes des Berufungsgerichts vorzunehmenden Untersuchungshandlungen kann der Generalstaatsanwalt, der Vorsitzende oder das Kammermitglied den Staatsanwalt beziehungsweise den Untersuchungsrichter des Ortes oder auch den Einzelrichter beauftragen beziehungsweise ersuchen.

286. Hat der Generalstaatsanwalt, der im Wege der summarischen Untersuchung verfährt, binnen einer Frist von zwanzig Tagen von der Festnahme des Beschuldigten ab nicht die Anklageschrift verfertigt, so muß er die Akten der Anklagekammer übersenden.

Die Anklagekammer erläßt einen Beschluß, in dem es, in Übereinstimmung mit Artikel 280 Absatz II, über die Inhafthaltung entscheidet oder eine Fristverlängerung von nicht mehr als zwanzig Tagen gewährt oder die Voruntersuchung anordnet.

287. Abgesehen von den in den Artikeln 284 und 286 vorgesehenen Fällen verfäßt der Generalstaatsanwalt die Anklageschrift und hinterlegt sie mit den Akten in der Gerichtsschreiberei.

Vor Verfertigung der Anklageschrift sorgt er für die Mitteilung und Eröffnung in Gemäßheit und mit der Rechtswirkung des Artikels 282, es sei denn, daß der Beschuldigte vernommen worden oder aber gegen ihn ein ohne Erfolg gebliebenes Mandat erlassen worden ist.

288. Die Anklageschrift enthält:

1. den Vor- und Zunamen, das Alter und andere persönliche Eigenschaften des Beschuldigten und der zivilrechtlich verantwortlichen Person und alle Angaben, die zu deren Identifizierung dienen;
2. die Darlegung der Tat und der Bezeichnung der strafbaren Handlung mit der Angabe der erschwerenden Umstände und der einschlägigen Gesetzesartikel;
3. das Datum und die Unterschrift.

289. Bei Strafe der Nichtigkeit kann die Anklageschrift nicht verfaßt oder die Ladung des Beschuldigten nachgesucht werden, wenn dieser über die den Gegenstand der Beschuldigung bildende Tatsache nicht vernommen worden ist oder aber wenn eine solche Tatsache nicht in einem Mandat — auch wenn dieses ohne Erfolg blieb — oder in einem in Gemäßheit der Artikel 282 und 287 mitgeteilten Rechtsakte aufgeführt wurde.

290. Der Staatsanwalt kann auf unmittelbarstem Wege jeden vor das Tribunal, und zwar zu der auf den Tag, an dem er die Anzeige oder Klage erhalten hat, folgenden Sitzung, laden lassen, wenn er auf frischer Tat ertappt wurde oder aber unmittelbar nach der Tat, während er von der öffentlichen Gewalt, dem Verletzten oder dem öffentlichen Gerüfte (clamore) verfolgt wurde.

Ist der Beschuldigte festgenommen worden, so kann ihn der Staatsanwalt auch sofort zu einer Sitzung vorführen lassen, nachdem er ihn befragt hat. In einem solchen Falle findet die Bestimmung des Artikels 307 keine Anwendung.

Die unmittelbarste Ladung (la citazione direttissima) geschieht überdies in den vom Gesetz besonders bestimmten Fällen.

291. Liegt der Fall der unmittelbarsten Ladung vor, so können der Verletzte und die Zeugen auch mündlich von jedem Gerichtsuffizial oder Agenten der öffentlichen Gewalt geladen werden. Der Staatsanwalt und die Parteien können Zeugen ohne Ladung vor Gericht bringen und auch Sachverständige für Verrichtungen, die einfach und schnell auszuführen sind. Dem Richter bleibt es dabei unbenommen, von dem Rechte des Artikels 399 Gebrauch zu machen.

292. Die Staatsanwaltschaft und die Parteien können im Falle der unmittelbarsten Ladung, bevor die Hauptverhandlung geschlossen wird, eine Frist von nicht mehr als zehn Tagen zwecks Vorbringung neuer Beweise beantragen.

Dem Beschuldigten kann für diesen Zweck eine drei Tage nicht erreichende Frist nicht versagt werden.

Nach Schluß der Hauptverhandlung kann das Tribunal die Voruntersuchung anordnen.

Wird die unmittelbarste Ladung in einem im Artikel 290 nicht vorgesehenen Falle ausgeführt, so übersendet das Tribunal die Akten an den Staatsanwalt, auf daß dieser in Gemäßheit des Gesetzes verfährt.

Wird das in den beiden vorhergehenden Absätzen angedeutete Verfahren eingeschlagen, so wird der festgenommene Beschuldigte entlassen, wenn das Gesetz nicht den Erlaß eines Haftbefehls gestattet.

293. Bei den Verfahren mittels unmittelbarer Ladung in einzelrichterlichen Sachen wird die etwa nötige Beweisaufnahme vom Einzelrichter bewirkt, oder aber es können von ihm die Beamten der Gerichtspolizei damit beauftragt werden. In jedem Falle kann er gegen den Beschuldigten ein Mandat erlassen, den Anzeigenden, Kläger, Angezeigten und Beklagten in Rede und Widerrede hören, kann gemäß den Bestimmungen der Voruntersuchung zu den im Artikel 279 bezeichneten Rechtsakten schreiten, sowie zu den Besichtigungen, persönlichen Durchsuchungen und Beschlagnahmen unter Beobachtung der Vorschrift des Artikels 196.

Erkennt der Einzelrichter im Verfolg der erledigten Ermittlungen, daß er nicht einschreiten soll, so erläßt er ein Urteil in Gemäßheit der Artikel 274 und 275; sonst ergeht die Ladungsverfügung.

294. Ist der Beschuldigte festgenommen worden, so verfährt der Einzelrichter nach seiner Vernehmung in Gemäßheit des Artikels 307, oder aber er bewirkt die unmittelbarste Ladung in Gemäßheit des Artikels 290.

Unter dieser letzten Voraussetzung übt der Einzelrichter die dem Staatsanwalt und dem Tribunal in den Artikeln 290, 291 und 292 eingeräumten Rechte aus.

Titel IV.

Von der Wiedereröffnung (riapertura) der Untersuchung.

295. Der Beschuldigte, bezüglich dessen die Untersuchung durch ein Urteil, welches erklärt, daß nicht eingeschritten werden solle, geschlossen worden ist, kann wegen derselben Tat nur dann einem Verfahren unterworfen werden, wenn sich neue Belastungsbeweise ergeben.

War erklärt worden, daß wegen unzureichender Beweise nicht eingeschritten werden solle, so kann der Beschuldigte, vorausgesetzt, daß die Strafklage nicht erloschen ist, die Wiedereröffnung der Untersuchung unter Benennung neuer Entlastungsbeweise verlangen.

Als neue Beweise werden angesehen die Aussagen neuer Zeugen, sachverständige Richtigstellungen (nuovi accertamenti periziali), Schriftstücke oder Protokolle, die der Prüfung des Richters nicht hatten unterzogen werden können, wenn sie dazu dienen, die schon geprüften Beweise zu vervollständigen und neue Mittel zur Entdeckung der Wahrkeit verschaffen.

296. Die Wiedereröffnung der Untersuchung wird vom Staatsanwalt vorgeschlagen oder von dem, den es angeht, beantragt und wird vom Richter erster oder zweiter Instanz, der das freisprechende Urteil gefällt hat, angeordnet.

In dem im Artikel 295 Absatz I vorgesehenen Falle kann der Einzelrichter bei den zu seiner Zuständigkeit gehörenden strafbaren Handlungen von Amts wegen vorgehen.

297. Vor Wiedereröffnung der Untersuchung kann der Richter den Beschuldigten hören.

Gestattet das Gesetz den Erlaß eines Haftbefehls und ist der Beschuldigte geflohen oder hat er Anstalten zur Flucht getroffen, so kann der Einzelrichter für die seiner Zuständigkeit unterliegenden strafbaren Handlungen und der Untersuchungsrichter für die übrigen auf Antrag der Staatsanwaltschaft einen Festnahmebefehl erlassen.

Gegen den Beschluß (ordinanza), der dem Antrage auf Wiedereröffnung der Untersuchung stattgibt oder ihn ablehnt, kann nur Revision (ricorso per cassazione) eingelegt werden.

Titel V.

Von dem Strafbefehl (decreto penale).

298. In dem Verfahren wegen der zu seiner Zuständigkeit gehörenden Übertretungen (contravvenzioni) spricht der Einzelrichter, falls er im Verfolg der Prüfung der Akten und der vollendeten Ermittlungen der Ansicht ist, daß eine Geldstrafe von nicht mehr als hundert Lire festzusetzen ist, die Verurteilung ohne Hauptverhandlung mittels Strafbefehls (decreto) aus. Ferner legt er dem Übertreter die Kosten des Verfahrens zur Last und ordnet in den vom Gesetz bestimmten Fällen die Einziehung (la confisca) oder die Rückgabe der beschlagnahmten Gegenstände an.

Er kann auch die Aussetzung der Vollstreckung in Gemäßheit und mit dem Erfolge der Artikel 423 und 424 — ohne die im Artikel 425 erwähnte Ermahnung — anordnen.

299. Der Befehl enthält:

1. den Vor- und Zunamen, das Alter und andere persönliche Eigenschaften des Beschuldigten, die zu seiner Identifizierung dienen;
2. die tatsächlichen und rechtlichen Beschuldigungsgründe;

3. den Tenor mit der Bezeichnung der einschlägigen Gesetzesartikel;
4. das Datum und die Unterschrift des Einzelrichters und des Gerichtsschreibers.

300. Die Abschrift des Befehls wird dem Beschuldigten zugestellt mit dem Bemerken, daß der Befehl vollstreckbar wird, wenn er nicht binnen fünf Tagen von der Zustellung ab dadurch angegriffen wird, daß der Beschuldigte persönlich in der Gerichtsschreiberei erscheint, um eine Hauptverhandlung zu beantragen oder daß er es durch einen Sachwalter tun läßt.

In derselben Verhandlung, in der der Antrag auf Hauptverhandlung aufgenommen wurde, setzt der Richter den Termin hierfür fest und läßt die davon dem Antragsteller mündlich gegebene Mitteilung, die die Wirkung einer Ladung hat, folgen. In derselben Verhandlung wird, falls erforderlich, ein Verteidiger ernannt.

301. Ist Hauptverhandlung angeordnet worden und erscheint der Beschuldigte in der Sitzung, so wird der Befehl wie nicht erlassen angesehen. Mit dem Urteile kann der Einzelrichter die Anordnung der Aussetzung der Vollstreckung widerrufen und auch, innerhalb des vom Gesetze festgesetzten Strafrahmens, eine höhere Strafe bestimmen.

Erscheint der Beschuldigte in der Sitzung ohne Angabe eines rechtmäßigen Hinderungsgrundes nicht, so ordnet der Richter die Vollstreckung des Befehls auf die für die Vollstreckung der Verurteilungen festgesetzte Art und Weise an, legt dem Verurteilten die weiteren Kosten zur Last und widerruft, falls er sie gestattet hatte, die Aussetzung der Vollstreckung.

302. Gegen den in Gemäßheit der Vorschriften der beiden vorhergehenden Artikel vollstreckbar gewordenen Befehl oder gegen den im Absatz II des vorhergehenden Artikels betrachteten Vollstreckungsbeschluß ist keinerlei Rechtsmittel gegeben.

Nichtsdestoweniger kann der Staatsanwalt, falls er Kenntnis davon erhält, daß wegen eines Verbrechens (delitto) oder wegen einer die Zuständigkeit des Einzelrichters überschreitenden Übertretung eine Verurteilung mittels Strafbefehls ausgesprochen worden ist, jederzeit die Strafklage im gewöhnlichen Verfahren erheben. Er benachrichtigt davon sofort den Einzelrichter.

Der Richter, der über eine solche Klage entscheidet, spricht ferner von Rechts wegen den Widerruf des Strafbefehls und seiner Vollstreckungsakte aus. Zugleich gibt er die zur Regelung der Folgen der etwa schon geschehenen Vollstreckung notwendigen Entscheidungen, indem er entweder die Rückzahlung der geleisteten Summe anordnet oder die Anrechnung der Strafe in bezug auf Artikel 40[31]) des Strafgesetzbuchs bewirkt.

Titel VI.
Von der persönlichen Freiheit des Beschuldigten.

Kapitel I.
Von den Arten der Gestellungen des Beschuldigten (presentazione dell'imputato).

Abschnitt I.
Von der Festnahme (arresto).

303. Die Beamten und Agenten der Gerichtspolizei und der öffentlichen Gewalt müssen jeden festnehmen, der auf frischer Tat bei einem Verbrechen betroffen wird, gegen das das Gesetz eine Einschließungsstrafe von höchstens mehr als drei Monaten oder eine schwerere Strafe androht. Handelt es sich um ein nur auf Parteiklage hin verfolgbares und solchen Strafen unterworfenes Verbrechen, so muß die Festnahme auf frischer Tat erfolgen, wenn die Klage — auch mündlich — beim Beamten oder Agenten der Gerichtspolizei oder öffentlichen Gewalt angebracht wird.

Die Beamten sind ferner ermächtigt, jeden festzunehmen, der in bezug auf die die Waffen und Sprengstoffe betreffenden Übertretungen, wie sie im Strafgesetzbuch oder im Gesetz über die öffentliche Sicherheit vorgesehen sind, oder in bezug auf die in den Artikeln 454, 456, 492 des Strafgesetzbuchs[32]) und in den Artikeln 110 und andern des Gesetzes über die öffentliche Sicherheit[33]) vorgesehenen Übertretungen bei frischer Tat ergriffen wird.

In allen vorbezeichneten Fällen kann der Staatsanwalt oder der Einzelrichter die Festnahme anordnen, und auch jede andere Person kann sie vornehmen, aber er muß ohne Zögern (senza indugio) den Festgenommenen an einen Beamten oder Agenten der Gerichtspolizei oder der öffentlichen Gewalt übergeben.

Der Staatsanwalt, der Einzelrichter und die Beamten der Gerichtspolizei müssen in gleicher Weise die Festnahme der Arbeitsscheuen (oziosi), Landstreicher (vagabondi), Bettler (mendicanti), derjenigen, die der besonderen Überwachung der öffentlichen Sicherheitsbehörde unterstellt sind, und der in den Artikeln 95 und 96 des Gesetzes über die öffentliche Sicherheit[34]) Bezeichneten jedesmal dann anordnen, wenn auf sie irgendein Verdacht einer strafbaren Handlung fällt.

304. Die Beamten oder Agenten der Gerichtspolizei oder der öffentlichen Gewalt, die jemanden ohne Mandat festgenommen haben oder ihn in Gemäßheit des dritten Absatzes des vorigen Artikels übergeben erhalten haben, müssen ihn sofort und jedenfalls binnen vierundzwanzig Stunden dem Einzelrichter oder Staatsanwalt des Ortes der begangenen Tat oder des Ortes der Festnahme vorführen, es sei denn, daß der Staatsanwalt, der von der Festnahme benachrichtigt ist, eine längere Frist für erforderlich erachtet.

305. Wer zu einer Festnahme in Gemäßheit des Gesetzes geschritten ist und nicht nach den Bestimmungen der vorhergehenden Artikel die Übergabe oder Vorführung des Festgenommenen bewirkt, auch sich nicht damit rechtfertigt, daß er durch höhere Gewalt verhindert gewesen sei, wird mit einer Geldstrafe bis zu 1500 — tausendfünfhundert — Lire bestraft und ist gegebenenfalls den Strafbestimmungen des Strafgesetzbuchs[35]) unterworfen.

306. Der Einzelrichter oder der Staatsanwalt schreiten zur Vernehmung des Beschuldigten, sobald er ihnen vorgeführt ist. Ist gerechte Ursache für ein Hinausschieben vorhanden, so findet die Vernehmung binnen vierundzwanzig Stunden statt, und der Grund der Verzögerung wird im Protokolle angegeben.

Kann der Beschuldigte wegen Krankheit (infermità) nicht vorgeführt werden, so begibt sich der Einzelrichter oder Staatsanwalt, sobald er Kenntnis von seiner Festnahme hat, zu ihm, um ihn zu hören und schreibt, wenn er nicht seine Freilassung verfügen muß, seine Bewachung an dem Orte, wo er sich befindet, mittels der Agenten der öffentlichen Gewalt vor oder aber er veranlaßt die Aufnahme in einem Krankenhause (ospedale), falls nötig unter derselben Bewachung bis zur Wiederzurückschaffung ins Gefängnis.

Gestattet das Gesetz den Erlaß eines Haftbefehls, hat aber der Festgenommene das vierzehnte Lebensjahr noch nicht vollendet, so kann mittels widerruflicher Entscheidung seine Unterbringung in eine Besserungsanstalt (riformatorio) oder aber seine Übergabe an einen Hilfsverein für Minderjährige oder entlassene Strafgefangene angeordnet werden.

Die gleiche Entscheidung kann bezüglich eines Festgenommenen ergehen, der zwar das vierzehnte, nicht aber das achtzehnte Lebensjahr vollendet hat und der noch nicht wegen eines Verbrechens vorbestraft ist.

307. Nach dem Verhör ordnet der Richter an, daß der Festgenommene entlassen wird, falls die Tatsache keine strafbare Handlung begründet oder aber, wenn das Gesetz für die betreffende strafbare Handlung keinen Haftbefehl zuläßt, auch wenn die Festnahme auf frischer Tat erfolgte.

In den sonstigen Fällen wird der Festgenommene ins Gefängnis abgeführt zur Verfügung (a disposizione) des für das Verfahren zuständigen Einzelrichters oder Staatsanwalts, und diesem wird davon sofort Kenntnis gegeben.

308. Die Beamten und Agenten der Gerichtspolizei oder der öffentlichen Gewalt, die infolge Mandats eine Festnahme bewirkt haben, müssen den Beschuldigten ins Gefängnis abführen und das Protokoll über die Festnahme in Gemäßheit der Vorschriften und bei den Strafen der Artikel 304 und 305 dem Richter übersenden, der das Mandat erlassen hat, oder aber dem Einzelrichter oder Untersuchungsrichter des Ortes der Festnahme.

Die Vernehmung und die übrigen Entscheidungen des Falles geschehen in Gemäßheit des Artikels 306.

309. Ist es absolut sicher, daß bezüglich der Person ein Irrtum vorliegt, so muß der Festgenommene entlassen werden, auch von den Beamten oder Agenten der Gerichtspolizei. Die Entscheidung muß stets dem Staatsanwalt des Begehungsortes und, falls ein Mandat vorliegt, dem Richter, der es erlassen hat, mitgeteilt werden.

Abschnitt II.
Von der freiwilligen Gestellung und den Mandaten
(della presentazione spontanea e dei mandati).

310. Wer erfährt, daß gegen ihn ein Verfahren schwebt, kann sich dem Richter, der die Untersuchung führt, oder dem Staatsanwalt zu seiner Rechtfertigung gestellen.

Die freiwillige Gestellung entbindet den Richter nicht davon, einen Haft- oder Erscheinungsbefehl — je nach den Umständen — zu erlassen.

311. Mit dem Erscheinungsbefehl (mandato di comparizione) ordnet der Einzelrichter oder der Untersuchungsrichter an, daß der Beschuldigte selbst erscheint; mit dem Festnahme- und mit dem Haftbefehl (col mandato di arresto e col mandato di cattura), daß der Beschuldigte ins Gefängnis abgeführt wird; mit dem Vorführungsbefehl (mandato di accompagnamento), daß er — eventuell auch mit Gewalt im Falle seiner Weigerung — vorgeführt wird.

Der Festnahmebefehl hört auf, Rechtswirkung zu haben, wenn binnen fünf Tagen von der Ausführung ab kein Haftbefehl erlassen wird.

Der Beschuldigte, gegen den Vorführungsbefehl ergangen ist, kann seiner Freiheit kraft dieses Befehls nicht beraubt werden, außer an dem Tage, der auf den Tag folgt, an dem er an dem Orte, wo der Richter sich befindet, angekommen ist.

312. Um einen Haft-, Vorführungs- oder Erscheinungsbefehl erlassen zu können, müssen hinreichende Verdachtsgründe (sufficienti indizi) vorliegen.

313. Der Haftbefehl kann wegen folgender Straftaten erlassen werden:

1. wegen Gewalt oder Widerstand gegen die Staatsgewalt in Gemäßheit der Artikel 187 bis 190 des Strafgesetzbuchs[36]); wegen Beleidigung eines öffentlichen Beamten in Gemäßheit der Artikel 194, 195, 197 des Strafgesetzbuchs[37]);
2. wegen bandenmäßiger (associazione) Verbrechen;
3. wegen Münzfälschung in Gemäßheit des Artikels 257 des Strafgesetzbuchs[38]);
4. wegen Kuppelei (lenocinio); wegen anderer Verbrechen gegen die guten Sitten und die Ordnung der Familie, die von Aszendenten, Verwandten in gerader aufsteigender

Linie, von dem Adoptivvater oder der Adoptivmutter, vom Ehegatten oder Vormund der verletzten Person oder, falls diese minderjährig ist, auch von einer andern Person, der sie aus Pflege-, Erziehungs-, Unterweisungs-, Überwachungs- oder Behütungsgründen, auch wenn nur zeitweilig, anvertraut worden ist, begangen wurden;

5. wegen jeder persönlichen Verletzung in Gemäßheit des ersten Absatzes und der Nummer 1 des zweiten Absatzes des Artikels 372 des Strafgesetzbuchs, falls die im darauf folgenden Artikel 373 bezeichneten Umstände vorliegen[39];
6. wegen Diebstahls, Betruges und anderer Täuschungen (frodi) oder wegen unrechtmäßiger Zueignung, falls das Gesetz für diese Verbrechen die Einschließungsstrafe von nicht weniger als drei Jahren im Höchstmaße androht;
7. wegen Raubes, Erpressung (estorsione) oder räuberischer Erpressung (ricatto);
8. wegen jeden Verbrechens, gegen das das Gesetz die Zuchthausstrafe oder eine andere Freiheitsstrafe von nicht weniger als mindestens drei Jahren androht.

314. Gegen diejenigen Beschuldigten, welche der Vermahnung (ammonizione)[40]) oder der besonderen Überwachung der öffentlichen Sicherheitsbehörde unterstellt sind, oder die im Inlande keinen festen Wohnsitz oder Aufenthalt haben, oder die mehr als zweimal wegen Verbrechens vorbestraft sind, oder aber die schon einmal wegen eines Verbrechens von derselben Art, wie sie vorher geschildert wurde, verurteilt worden sind, wird immer ein Haftbefehl wegen der im vorhergehenden Artikel erwähnten strafbaren Handlungen erlassen.

Gegen die vorbezeichneten Personen kann ein Haftbefehl erlassen werden, wenn es sich um andere Verbrechen handelt, bezüglich deren das Gesetz Einschließung oder Gefängnis von mehr als drei Monaten im Höchstmaße androht.

315. Gegen den Beschuldigten, der das vierzehnte Lebensjahr nicht vollendet hat, kann ein Haftbefehl nicht erlassen werden, aber es kann eine der im Artikel 306 Absatz III bezeichneten Entscheidungen getroffen werden.

316. Bei der Berechnung der Strafe mit den Wirkungen der Artikel 313 und 314 werden die Umstände, die sie verschärfen, sowie die, welche sie aus Gründen des Alters vermindern, berücksichtigt.

317. Mit Ausnahme der in den Artikeln 313 und 314 vorgesehenen Fälle wird ein Erscheinungsbefehl erlassen.

Der Erscheinungsbefehl kann in einen Vorführungsbefehl verwandelt werden, wenn der Beschuldigte, ohne einen rechtmäßigen Hinderungsgrund vorzubringen, nicht erscheint.

318. In jeder Lage der Untersuchung muß der Richter den Haftbefehl widerrufen, wenn die Voraussetzungen wegfallen, die ihn rechtfertigen.

Mit Ausnahme des im Artikel 314 Absatz I vorgesehenen Falles kann der Richter, falls erforderlich, in jeder Lage der Untersuchung den Haftbefehl in einen Erscheinungs- oder Vorführungsbefehl verwandeln.

Der Erscheinungs- oder Vorführungsbefehl kann in einen Haftbefehl umgewandelt werden, wenn sich aus dem Verhör oder den folgenden Ermittlungshandlungen Verdachtsgründe ergeben, die den Haftbefehl rechtfertigen.

Der Haftbefehl kann auch neuerdings erlassen werden, nachdem er widerrufen oder umgewandelt worden war.

319. Jeder Befehl kann — außer vom Untersuchungs- und Einzelrichter — von den andern Gerichtsbehörden erlassen werden, die dazu durch besondere Gesetzesbestimmungen ermächtigt sind oder denen vom Gesetz die Gewalten des Untersuchungsrichters zuerteilt sind.

Sowohl der Untersuchungsrichter als auch eine solche Gerichtsbehörde müssen stets die Staatsanwaltschaft hören, bevor sie einen Haftbefehl erlassen oder widerrufen oder einen Erscheinungs- oder Vorführungsbefehl umwandeln.

Nimmt der Untersuchungsrichter Rechtsakte außerhalb seines Dienstwohnsitzes und ohne Anwesenheit der Staatsanwaltschaft vor, so kann er in den Fällen, in denen das Gesetz den Haftbefehl zuläßt, vorläufig einen Festnahmebefehl (mandato di arresto) erlassen und ihn nötigenfalls nach Anhörung der Staatsanwaltschaft in einen Haftbefehl umwandeln.

320. Jedes Mandat enthält:

1. den Vor- und Zunamen, das Alter und andere persönliche Eigenschaften, die zur Identifizierung des Beschuldigten dienen;
2. einen summarischen Hinweis (cenno) auf die Tat mit der Bezeichnung der Gesetzesartikel, die sie bestrafen;
3. das Datum und die Unterschrift der erlassenden Behörde, sowie des Gerichtsschreibers.

In dem Erscheinungs- und Vorführungsbefehl wird ferner die Behörde, vor der erschienen werden soll, und der Ort, der Tag und die Stunde des Erscheinens angegeben.

In dem Erscheinungsbefehl beträgt die Frist zum Erscheinen drei Tage, unbeschadet der Bestimmung des Artikels 125; der Richter kann aus Gründen der Dringlichkeit die Abkürzung der Frist verfügen.

Die Bestimmungen der Nummern 2 und 3 des ersten Absatzes müssen bei Strafe der Nichtigkeit beobachtet werden.

321. Der Erscheinungsbefehl wird dem Beschuldigten zugestellt.

Die Vorführungs-, Festnahme- und Haftbefehle werden von den Beamten oder Agenten der Gerichtspolizei oder der öffentlichen Gewalt ausgeführt. Diese überreichen dem Beschuldigten eine Abschrift des Befehls und nehmen ein summarisches Protokoll über die Vollstreckung auf.

Finden sie den Beschuldigten nach Anstellung geeigneter Ermittlungen nicht, so nehmen sie ein negatives Protokoll auf.

Das Protokoll wird der Behörde übersandt, die den Befehl erlassen hat.

322. Ohne schriftliche Erlaubnis der Behörde, die den Befehl erlassen hat, oder des Untersuchungs- oder Einzelrichters des Ortes, an dem er vollstreckt werden muß, können die Beamten und Agenten der Gerichtspolizei und der öffentlichen Gewalt nicht vor Sonnenaufgang und nicht nach Sonnenuntergang zwecks seiner Vollstreckung in die Wohnungen oder die verschlossenen anstoßenden Räume eindringen.

Kapitel II.

Von der Untersuchungshaft (custodia preventiva).

323. Während der Untersuchung und nach dem Verhör ordnet der Untersuchungsrichter nach Anhörung der Staatsanwaltschaft oder der Einzelrichter von Amts wegen bei den seiner Zuständigkeit unterliegenden strafbaren Handlungen jederzeit die Entlassung des auf Grund eines Befehls festgenommenen Beschuldigten an, wenn sich herausstellt, daß hinreichende belastende Verdachtsgründe fehlen, oder wenn sich nicht ergibt, daß eine strafbare Handlung vorliegt, für die das Gesetz den Erlaß eines Haftbefehls zuläßt.

Dasselbe Recht steht während der Voruntersuchung dem Untersuchungsrichter zu, auch wenn die Festnahme ohne Befehl erfolgte.

Die Entlassung kann von der Staatsanwaltschaft und vom Beschuldigten beantragt werden.

Geschieht die Entlassung wegen Fehlens hinreichender Verdachtsgründe, so kann dem Beschuldigten eine oder mehrere unter den im Artikel 335 für die vorläufige Freiheit bezeichneten Pflichten auferlegt werden.

324. Stellt sich nach der Festnahme heraus, daß der Beschuldigte noch nicht das vierzehnte Lebensjahr vollendet hat, so kann der Untersuchungs- oder der Einzelrichter eine der im vorletzten Absatz des Artikels 306 bezeichneten Entscheidungen treffen. Die gleiche Entscheidung kann auch bei einem Beschuldigten, der zwar das vierzehnte, nicht aber das achtzehnte Lebensjahr vollendet hat, gegeben werden, wenn er vorher niemals wegen eines Verbrechens (delitto) verurteilt wurde.

325. Bei den zur Zuständigkeit des Einzelrichters gehörenden strafbaren Handlungen muß der Beschuldigte nach zwanzig Tagen von seiner Festnahme ab, falls die vorläufige Freiheit zulässig ist, und nach dreißig Tagen, falls diese nicht zulässig ist, entlassen werden, wenn ihm nicht die Ladungsverfügung zugestellt worden ist.

Bei den zur Zuständigkeit des Tribunals oder des Assisengerichts gehörenden strafbaren Handlungen muß der Beschuldigte in den

Fällen, in denen die vorläufige Freiheit zulässig ist, nach fünfzig beziehungsweise neunzig Tagen von der Festnahme ab entlassen werden, wenn ihm nicht die Ladungsverfügung oder das eröffnende Urteil (la sentenza di rinvio) zugestellt worden ist. Diese Fristen können je auf das Doppelte in den im folgenden Artikel bezeichneten Formen und Arten verlängert werden.

326. Zeigt die Untersuchung Ermittlungsschwierigkeiten, so kann vor Ablauf der im Absatz II des vorhergehenden Artikels bezeichneten Fristen die Verlängerung vom Untersuchungsrichter, Vorsitzenden oder vom beauftragten oder ersuchten Richter der Anklagekammer in den im Artikel 189 vorgesehenen Fällen oder, wenn die Akten an den Generalstaatsanwalt zurückgesandt wurden, bei der Anklagekammer beantragt werden. Der Antrag wird dem Beschuldigten und seinem Verteidiger mitgeteilt. Dieser kann sich dazu äußern.

Die Anklagekammer entscheidet nach Anhörung der Staatsanwaltschaft unverzüglich. Der Beschluß bezeichnet die besonderen Gründe der Verlängerung und ist einer Anfechtung nicht unterworfen.

Ist die gewöhnliche oder verlängerte Frist verstrichen, ohne daß dem Beschuldigten die Ladungsverfügung oder das eröffnende Urteil zugestellt worden ist, so muß er entlassen werden.

In dem Entlassungsbeschluß kann der Richter dem Beschuldigten die Verhaltungsmaßregeln des Artikels 335 Absatz II mit den im Artikel 340 festgesetzten Wirkungen auferlegen. Diese Verhaltungsmaßregeln können widerrufen oder verändert werden.

327. Bei den zur Zuständigkeit des Tribunals oder des Assisengerichts gehörenden strafbaren Handlungen kann in den Fällen, in denen die vorläufige Freiheit nicht zulässig ist, wenn dem Beschuldigten in einer Frist von hundert beziehungsweise hundertachtzig Tagen von seiner Festnahme ab nicht die Ladungsverfügung oder das eröffnende Urteil zugestellt wurden, eine Verlängerung in den im vorhergehenden Artikel bezeichneten Formen und Arten beantragt und bewilligt werden. Diese darf keine längere, als eine einjährige Dauer vom Tage der Entscheidung, die sie bewilligt, ab, haben und darf in keinem Falle die Gesamtdauer der Haft weiter hinausschieben als um einen Zeitraum, der einem Vierteile des Höchstmaßes der Freiheitsstrafe entspricht, die gegen die strafbare Handlung, derentwegen das Verfahren schwebt, angedroht ist.

Ist die gewöhnliche oder verlängerte Frist verstrichen, ohne daß dem Beschuldigten die Ladungsverfügung oder das eröffnende Urteil zugestellt worden ist, so muß er entlassen werden.

In dem Entlassungsbeschluß kann der Richter dem Beschuldigten die Pflicht auferlegen, sich in einer bestimmten Gemeinde aufzuhalten, die von dem Schauplatz der Tat entfernt liegt oder von den Orten, an welchen die Anzeigenden oder Kläger oder die Verletzten oder einer ihrer nächsten Verwandten und der Beschuldigte selbst ihren Wohnsitz haben; er kann ihm verbieten, sich an einem bestimmten Orte aufzuhalten oder ihm vorschreiben, daß er sich davon entfernt hält. Er muß ihm ferner einige oder mehrere der folgenden Vorschriften auferlegen: daß er seine Wohnung nicht ohne Erlaubnis des Richters verläßt; daß er nicht Waffen oder andere zu strafbaren Handlungen geeignete Instrumente verwahrt oder bei sich führt; daß er nicht öffentliche Versammlungen, Schauspiele oder öffentliche Unterhaltungen besucht; daß er sich einer guten Führung befleißigt. Die auferlegten Vorschriften können vom Richter abgeändert werden.

Übertritt der Beschuldigte die ihm auferlegten Vorschriften, so erläßt der Richter gegen ihn einen Haftbefehl; wird er auf frischer Tat dabei betroffen, so kann er ohne Haftbefehl festgenommen werden.

328. Die in den Artikeln 325 und 327 festgesetzten Fristen laufen nicht, solange der Beschuldigte wegen eines zu erstattenden psychiatrischen Gutachtens einer Beobachtung unterworfen ist.

329. Das Urteil, das wegen einer strafbaren Handlung, für die das Gesetz keinen Haftbefehl zuläßt, das Hauptverfahren eröffnet, ordnet die Freiheit des in Haft befindlichen oder den Fesseln der vorläufigen Freiheit unterworfenen Beschuldigten an.

Auch nach Anordnung der Entlassung oder Gewährung der vorläufigen Freiheit kann der Haftbefehl in jedem Augenblicke vom Einzel- oder Untersuchungsrichter — je nach der Zuständigkeit — erlassen werden, falls der Beschuldigte die Flucht ergriffen oder Anstalten dazu getroffen hat.

330. Der Untersuchungsrichter oder die Anklagekammer ordnet zugleich mit dem eröffnenden Urteile die Untersuchungshaft an, wenn ein Verbrechen in Frage steht, gegen das die Zuchthausstrafe oder eine andere Freiheitsstrafe von nicht weniger als drei Jahren im Mindestmaße angedroht ist, und der Beschuldigte sich wegen der strafbaren Handlung, derentwegen das Verfahren schwebt, nicht in Haft befindet und auch gegen ihn kein ohne Erfolg gebliebenes Mandat erlassen und nicht widerrufen worden ist. Zugleich wird dem Beschuldigten aufgegeben, sich binnen vierundzwanzig Stunden im Gefängnis zu gestellen, nach deren Ablauf der Haftbefehl vollstreckbar werde.

Ein solcher Befehl wird mit den Formen und Wirkungen des Haftbefehls erlassen und wird vom Vorsitzenden der Anklagekammer oder vom Untersuchungsrichter und dem betreffenden Gerichtsschreiber unterschrieben.

In gleicher Weise wird vom Vorsitzenden der Anklagekammer oder vom Untersuchungsrichter ein Haftbefehl auf Antrag der Staatsanwaltschaft erlassen, wenn diese wegen eines der im ersten Absatze dieses Artikels bezeichneten Verbrechens in der Gerichtsschreiberei den Antrag auf Ladung oder die Anklageschrift in Gemäßheit der Artikel 282 und 287 niederlegt.

331. Die vom Gesetz zugelassenen Anträge und Erklärungen, die von in Haft befindlichen Personen gestellt beziehungsweise abgegeben werden, sowie die Anfechtung von Beschlüssen und Urteilen, die zu Lasten solcher Personen ergangen sind, können in einem

Register der Gefangenenanstalt aufgenommen werden und haben dieselbe Wirkung, als wären sie an den Richter gerichtet oder in der Gerichtsschreiberei aufgenommen worden.

Kapitel III.

Von der vorläufigen Freiheit (della libertà provvisoria).

332. Bei dem Verfahren bezüglich derjenigen strafbaren Handlungen, die das Gesetz mit einer Freiheitsstrafe von — im Mindestmaße — unter fünf Jahren belegt, kann die vorläufige Freiheit gewährt werden, es sei denn, daß es sich um die im Artikel 314 bezeichneten Personen handelt.

333. Die vorläufige Freiheit kann in jeder Lage der Untersuchung oder des Prozesses, auch von Amts wegen, gewährt werden. Sie kann nicht gewährt werden nach dem vor dem Gericht das Hauptverfahren eröffnenden Urteile, der Anklageschrift oder dem Ladungsersuchen, wenn das Verbrechen mit einer Freiheitsstrafe von — im Mindestmaße — nicht weniger als drei Jahren bedroht ist.

334. Bei den zur Zuständigkeit des Einzelrichters gehörenden strafbaren Handlungen entscheidet der die Untersuchung führende oder die Ladung angeordnet habende Einzelrichter über den Antrag auf vorläufige Freiheit. Bei den zur Zuständigkeit des Tribunals gehörenden während der Untersuchung der Untersuchungsrichter; im Laufe der das Gerichtsverfahren einleitenden Akte oder während der Hauptverhandlung entscheidet in der Ratskammer das Tribunal oder der Berufungsgerichtshof. Bei den zur Zuständigkeit des Assisengerichts gehörenden strafbaren Handlungen entscheidet im Laufe der das Gerichtsverfahren einleitenden Akte die Anklagekammer und während der Hauptverhandlung der Vorsitzende.

Wird der Antrag in den in den Artikeln 411 und 467 erwähnten Grenzen gestellt, so entscheidet im Urteile der Einzelrichter, das Tribunal, das Berufungsgericht oder der Vorsitzende des Assisengerichts.

Wird der Antrag gestellt, während das Revisionsverfahren schwebt, so entscheidet der Einzelrichter, das Tribunal oder das Berufungsgericht, das das Urteil gefällt hat; hat das Assisengericht das Urteil gesprochen, so entscheidet die Anklagekammer.

335. Mit dem Beschluß, der die vorläufige Freiheit gewährt, oder mit einem andern, darauf folgenden Beschluß kann der Beschuldigte einer Sicherstellung (cauzione) oder Bürgschaft (malleveria) unterworfen werden.

Es kann ihm auch verboten werden, sich an einem bestimmten Orte aufzuhalten oder aber die Verpflichtung auferlegt werden, in einer bestimmten Gemeinde zu bleiben, die von dem Orte, wo die Tat begangen wurde oder wo der Anzeigende oder Kläger oder Verletzte oder einer von deren nächsten Verwandten oder der Beschuldigte selbst seinen Wohnsitz hat, entfernt liegt.

Diese Anordnungen können widerrufen oder geändert werden.

336. Die Sicherheit und die Bürgschaft sollen dafür haften, daß der Beschuldigte die im vorhergehenden Artikel bezeichneten Verpflichtungen erfüllt und daß er zu allen die Untersuchung und den Prozeß betreffenden Verhandlungen oder zur Vollstreckung des Urteils sich gestellt, sobald als er eine entsprechende Verfügung erhält.

Die Sicherheitsleistung besteht in der Hinterlegung einer Geldsumme oder von durch den Staat garantierten Wertpapieren oder aber durch Eintragung einer Hypothek auf Grundstücken, die geeignet sind, das Doppelte der eingetragenen Summe sicherzustellen.

In dem Beschluß, der die Sicherheitsleistung vorschreibt, kann gestattet werden, daß diese für den Beschuldigten durch einen Dritten geleistet wird.

Die Bürgschaft besteht in der Verpflichtung, daß der Beschuldigte es übernimmt, allein oder, falls der Richter dies verlangt hat, in Gemeinschaft mit einem oder mehreren geeigneten und gesamtschuldnerisch verpflichteten Bürgen eine festgesetzte Summe zu zahlen.

337. Bei Festsetzung der Höhe der Sicherheitsleistung oder der Bürgschaft ist auf die Art des Verbrechens, den angerichteten Schaden und die wirtschaftlichen Verhältnisse des Beschuldigten Rücksicht zu nehmen.

Ist dieser arm und lauten die Erkundigungen über seine sittliche Führung günstig, so kann er von der Sicherheitsleistung oder der Bürgschaft befreit werden.

338. Der Richter, der die vorläufige Freiheit gewährt, entscheidet über die Geeignetheit der Sicherheit oder der Bürgen.

Die Sicherheit oder die Bürgschaft wird mittels eines Protokolls entgegengenommen, das vom Gerichtsschreiber verfaßt wird. Dieser wird in der Entscheidung, die die vorläufige Freiheit gewährt oder die die Geeignetheit der Sicherheit oder der Bürgen anerkennt, besonders damit beauftragt.

Der Beschuldigte wird entlassen, sobald das Protokoll aufgenommen ist und er den Beweis für die Hinterlegung der Sicherheit beziehungsweise der Bürgschaft, beziehungsweise der hypothekarischen Eintragung erbracht hat.

339. In demselben oder in einem getrennten Protokolle muß der Beschuldigte, bevor er entlassen wird, die im Artikel 335 bezeichneten Verpflichtungen übernehmen.

In dem Protokoll müssen der Beschuldigte und die Bürgen eine Wohnung in der Gemeinde, in der die Untersuchung oder der Prozeß schwebt, bezeichnen oder wählen; in dieser Wohnung geschehen die im Artikel 336 Absatz I bezeichneten Zustellungen. Wird eine Bezeichnung oder Wahl nicht vorgenommen, so geschehen die Zustellungen rechtswirksam in der Gerichtsschreiberei.

Jede Ladung des Beschuldigten vor Gericht wird auch den Bürgen zur Kenntnis mitgeteilt.

340. Kommt der Beschuldigte den ihm im Entlassungsbeschluß oder im Beschluß, der die vorläufige Freiheit gewährt, auferlegten oder den im Protokoll über die Sicherheitsleistung oder die Bürgschaft eingegangenen Verpflichtungen nicht nach, so wird gegen ihn von dem Richter, der die vorläufige Freiheit gewährt hat, ein Haftbefehl erlassen. Ist der Beschuldigte der Bürgschafts- und Sicherheitsleistungsverpflichtung unterworfen worden, so spricht derselbe Richter zugleich die Verurteilung zur Zahlung der Sicherheit oder der für die Bürgschaft festgesetzten Summe aus und beschließt, daß sie der Staatskasse verfallen sein solle.

Der Beschluß des Richters gilt als Vollstreckungstitel für die Zwangsvollstreckung (wörtlich: Enteignung [espropriazione]) in die hypothekarisch belasteten Güter.

Wenn der Verurteilte sich nicht zur Verbüßung der Strafe gestellt, so geschieht die vorgedachte Entscheidung über die Sicherheitsleistung oder die Bürgschaft durch den Richter, der das Urteil gefällt hat.

Die Verurteilung zur Zahlung der Sicherheit oder der für die Bürgschaft festgesetzten Summe wird mit der Zustellung an den Beschuldigten und die Bürgen in Gemäßheit des Artikels 339 vollstreckbar und ist einer Anfechtung nicht unterworfen.

Die besagte Verurteilung wird widerrufen, wenn der Beschuldigte nach angemessener Zeit (in tempo utile) erscheint und beweist, daß er sich aus Gründen der höheren Gewalt in der Unmöglichkeit befunden hat, am festgesetzten Tage zu erscheinen.

341. Die Sicherheit wird nicht zurückgegeben und der Bürge nicht befreit, wenn der Beschuldigte den im Artikel 336 Absatz I bezeichneten Verpflichtungen nicht gehorsam gewesen ist, und zwar ohne Unterschied, ob er verurteilt oder freigesprochen wird.

Titel VII.

Von den Rechtsmitteln (dei mezzi di impugnazione).

342. Der Beschuldigte kann gegen den Beschluß, der den Antrag auf Entlassung oder vorläufige Freiheit verwirft oder aber ihm die im Artikel 335 Absatz II erwähnten Pflichten auferlegt, oder die Sicherheit oder Bürgschaft nicht für geeignet erklärt, Berufung einlegen (appellare).

343. Der Generalstaatsanwalt oder der Staatsanwalt kann gegen die Urteile Berufung einlegen, durch die der Untersuchungsrichter oder der Einzelrichter erklären, daß nicht eingeschritten werden solle, sowie gegen jeden Beschluß, durch den eine Entscheidung über die persönliche Freiheit des Beschuldigten getroffen worden ist.

Der Staatsanwalt kann auch gegen jeden andern Beschluß, der vom Untersuchungsrichter in erster Instanz erlassen worden ist, Berufung einlegen, soweit nicht ein anderes bestimmt ist.

Gegen den Beschluß des Untersuchungsrichters, der den im Artikel 208 erwähnten Antrag verwirft, kann die Partei, die die Begutachtung beantragt hat, Berufung einlegen.

344. Werden die in den beiden vorhergehenden Artikeln erwähnten Berufungen gegen Beschlüsse oder Urteile des Einzelrichters eingelegt, so entscheidet der Untersuchungsrichter, und werden sie gegen Beschlüsse oder Urteile des Untersuchungsrichters oder gegen Beschlüsse des in Gemäßheit des Artikels 189 beauftragten oder ersuchten Richters eingelegt, so werden sie von der Anklagekammer entschieden.

345. Gegen das vor dem Assisengericht eröffnende Urteil können sowohl der Generalstaatsanwalt als der Beschuldigte Revision einlegen wegen Unzuständigkeit, Verletzung oder irrtümlicher Anwendung des Gesetzes, Gewaltsüberschreitung, Nicht- oder nicht richtiger Anwendung von bei Strafe der Nichtigkeit vorgeschriebenen Formen, einer Nichtigkeit, in die das Gericht entweder im Urteile oder in den vorhergehenden Rechtsakten verfallen ist. Die Frist zur Einlegung der Revision läuft von der Zustellung des Urteils an den Beschuldigten ab.

Wird keine Revision eingelegt oder wird sie für unzulässig erklärt, so können vor Gericht nur die Gesetzesverletzungen, die sich auf das Bestehen oder die Bezeichnung der strafbaren Handlung beziehen, vorgebracht werden. Die übrigen Gesetzesverletzungen oder die auf frühere Rechtsakte bezüglichen Nichtigkeiten können in irgendeiner späteren Zeit nicht mehr geltend gemacht werden.

346. Der Staatsanwalt und der Beschuldigte können die Revision wegen Unzuständigkeit oder Gesetzesverletzung gegen die Beschlüsse, welche von der Anklagekammer über die persönliche Freiheit gefaßt sind und gegen die, welche über denselben Gegenstand vom Untersuchungsrichter in der Berufungsinstanz gefaßt worden sind, einlegen.

347. Der Generalstaatsanwalt kann aus denselben im vorhergehenden Artikel bezeichneten Gründen die Kassation des Urteils, durch das die Anklagekammer erklärt hat, daß nicht eingeschritten werden solle, verlangen.

Der Staatsanwalt kann ebenso Revision einlegen gegen das Urteil, das vom Untersuchungsrichter in der Berufungsinstanz gesprochen wurde und das erklärt, daß nicht eingeschritten werden solle.

348. Die auf die Revision im Kassationsprozeß bezüglichen Bestimmungen werden auch, insoweit sie anwendbar sind, in den in den vorhergehenden Artikeln behandelten Fällen beobachtet.

349. Der Beschluß, gegen den ein Rechtsmittel zulässig ist, wird ganz zugestellt.

Nicht zugestellt werden die Berufungserklärungen des Staatsanwalts gegen Beschlüsse, die die Untersuchungshandlungen betreffen, der Erlaß des Haftbefehls oder aber die Verwandlung des Erscheinungs- oder Vorführungsbefehls in einen Haftbefehl.

350. Die Einlegung des Rechtsmittels hat eine aufschiebende Wirkung weder in bezug auf die Vollstreckung des Beschlusses noch in bezug auf die Untersuchung.

Während der Frist für die Berufung oder die Revision des Staatsanwalts wird die Entlassung des Beschuldigten aufgeschoben, es sei denn, daß der Staatsanwalt darin willigt.

Drittes Buch.

Vom Prozefs (del giudizio).

Titel I.

Von den einleitenden Rechtsakten.

351. Sobald vom ersten Vorsitzenden des Berufungsgerichts die Eröffnung der Sitzungsperiode des Assisengerichts angeordnet worden ist, bestimmt deren Vorsitzender durch Verfügung die für jede Hauptverhandlung bestimmte Sitzung.

Die Verfügung wird verkündet, sobald die Anklageschrift in der Gerichtsschreiberei niedergelegt ist, falls es sich um ein Verfahren mittels unmittelbarer Ladung handelt, und in den übrigen Fällen nach Ablauf der Frist zwecks Einlegung der Revision beim Kassationshofe gegen das eröffnende Urteil der Anklagekammer oder nach Zurückweisung der Revision.

Bei dem Verfahren mittels unmittelbarer Ladung ernennt der Vorsitzende des Assisengerichts nach Niederlegung der Anklageschrift von Amts wegen einen Verteidiger, wenn der Beschuldigte ihn nicht benannt hat.

Zu diesem Behufe legt der Gerichtsschreiber unverzüglich die Akten dem Vorsitzenden vor und sorgt sofort für die Mitteilung der Ernennung an den Verteidiger.

352. Der Vorsitzende des Assisengerichts kann auch von Amts wegen vor Festsetzung des Tages der Hauptverhandlung und falls nicht die Anhängigkeit der Revision gegen das eröffnende Urteil oder der Nichtablauf der Frist zu deren Einlegung entgegensteht, die ihm geeignet erscheinenden Ermittlungshandlungen vornehmen.

Der Staatsanwalt und die Verteidiger haben das Recht, in Gemäßheit der Beschränkungen und Vorschriften der Artikel 198 und 200 den vorberegten Verhandlungen beizuwohnen.

353. Die Ladung vor das Tribunal wird auf Antrag des Staatsanwalts durch Verfügung des Vorsitzenden angeordnet.

Der Einzelrichter ordnet die Ladung von Amts wegen an.

354. Bei dem Verbrechen der üblen Nachrede (diffamazione) oder der Beleidigung kann der Verletzte beim Vorsitzenden des Tribunals oder beim Einzelrichter den Antrag auf Ladung des Beschuldigten überreichen. Dieser Antrag gilt gleichzeitig als Klage. Die Ladung wird durch Verfügung angeordnet.

355. Der Antrag des Staatsanwalts auf Erlaß der Ladungsverfügung wird mit den Prozeßakten in der Gerichtsschreiberei niedergelegt. Er enthält:

1. den Vor- und Zunamen, das Alter und andere persönliche Eigenschaften des Beschuldigten oder — zutreffendenfalls — der zivilrechtlich verantwortlichen Person, die geeignet sind, sie zu identifizieren;
2. die Anführung der Tat, der Bezeichnung der strafbaren Handlung nebst den erschwerenden Umständen und der Gesetzesartikel, deren Anwendung verlangt wird;
3. das Datum des Antrages und die Unterschrift des Staatsanwalts.

356. Der im Artikel 354 erwähnte Antrag wird in der Gerichtsschreiberei gestellt. Ist dieser nicht von der Partei persönlich unterschrieben, so muß eine besondere Vollmacht eines Rechtsanwalts, Anwalts oder Sachwalters, der sie in Gemäßheit des Artikels 72 vertritt, beiliegen. Der Antrag enthält außer den ausdrücklichen Bezeichnungen der Nummer 1 des vorhergehenden Artikels die Aufführung der Tat mit der Bezeichnung der strafbaren Handlung, die Anführung der Gesetzesartikel, deren Anwendung verlangt wird, die Beweismittel, die Bezeichnung oder Wahl einer Wohnung in der Gemeinde, in der die Hauptverhandlung statthaben soll. Das Datum der Übergabe wird vom Gerichtsschreiber am Ende des Antrages beurkundet.

Will der Antragsteller sich als Zivilpartei anschließen, so muß er dies in dem Antrage erklären. Zugleich fügt er hinzu, ob er die Absicht hat, die Ladung der zivilrechtlich verantwortlichen Person zu verlangen. Er muß ferner erklären, ob er den Prozeß auf die Sicherstellung der Tatsachen in Gemäßheit des Artikels 394 Nummer 3 des Strafgesetzbuchs[41]) ausgedehnt wissen will. Diese Erklärungen können nicht in späteren Verhandlungen abgegeben werden; sie müssen ausdrücklich in der Sondervollmacht erwähnt werden.

Auf den Anschluß der Zivilpartei finden auch in diesem Falle die Regeln des ersten Absatzes des Artikels 61 und der Artikel 62 und 63 Anwendung. Auf den Widerspruch gegen die Ladung und den Anschluß der zivilrechtlich verantwortlichen Person finden der dritte und der letzte Absatz des Artikels 69 Anwendung.

357. Wer eine Klage erhoben hat, kann nicht wegen derselben Tat die Ladung in Gemäßheit des vorhergehenden Artikels verlangen.

Ist dennoch ein Verfahren in den gewöhnlichen Formen anhängig oder beginnt es später, das in Zusammenhang mit dem steht, das Gegenstand des Antrages ist, so entscheidet der Richter durch unanfechtbaren Beschluß, ob beide Verfahren verbunden werden sollen, damit der Antrag die Wirkung einer Klage habe, oder ob über diesen getrennt verfahren werden soll.

358. Die Ladungsverfügung enthält:

1. den Vor- und Zunamen, das Alter und andere persönliche Eigenschaften des Beschuldigten und, gegebenenfalls, der zivilrechtlich verantwortlichen Person, die geeignet sind, sie zu identifizieren;
2. die Bezeichnung des Ortes, des Tages und der Stunde des Erscheinens und die Warnung an den Beschuldigten, daß im Falle seines Nichterscheinens im Abwesenheitsprozeß (in contumacia) verhandelt werden würde;
3. die Ernennung eines Verteidigers, wenn der Beschuldigte keinen hat und das Gesetz die notwendige Verteidigung vorschreibt;
4. die Bemerkung, daß während der Ladungsfrist der Verteidiger oder der Beschuldigte, wenn er sich persönlich verteidigen kann, das Recht haben, die beschlagnahmten Gegenstände an dem Orte, wo sie sich befinden, durchzuprüfen, die Akten und Schriftstücke in der Gerichtsschreiberei einzusehen und Abschriften daraus ebenda zu nehmen;
5. die Bezeichnung der angemessenen Frist zur Benennung der Entlastungsbeweise;
6. das Datum und die Unterschrift des Vorsitzenden oder Einzelrichters und des Gerichtsschreibers.

Die Ladungsfrist vor dem Einzelrichter darf nicht weniger als fünf Tage betragen; vor dem Tribunal nicht weniger als acht Tage, vor dem Assisengericht nicht weniger als fünfzehn Tage.

359. Die Ladungsverfügung wird mit dem Antrage des Staatsanwalts oder der Privatpartei dem Beschuldigten zugestellt und, falls nötig, auch der zivilrechtlich verantwortlichen Person.

Ist der Antrag vom Staatsanwalt gestellt worden, so wird die Ladung auch der Zivilpartei mit dem Bemerken zugestellt, daß ihr Nichterscheinen als Zurücknahme des Anschlusses angesehen werden würde. Der Zivilpartei stehen die in Nummer 4 des vorhergehenden Artikels erwähnten Rechte zu. Ist eine Zivilpartei nicht vorhanden, so wird der Verletzte oder Kläger aufgefordert, in der Hauptverhandlung zu erscheinen. Zugleich wird in Gemäßheit des Antrages des Staatsanwalts angegeben, ob das Erscheinen zwingend ist oder nicht.

Der Einzelrichter entscheidet von Amts wegen oder auf einen im Artikel 354 betrachteten Antrag hin und zählt ferner in der Ladungsverfügung die Tat, die Bezeichnung der strafbaren Handlung nebst den erschwerenden Umständen und die bezüglichen Gesetzesartikel auf.

360. Die Verfügung, mittels derer der Vorsitzende des Assisengerichts den Tag der Hauptverhandlung festsetzt, wird in Gemäßheit des Artikels 358 abgefaßt und in Gemäßheit des Artikels 359 zugestellt.

Wird mittels unmittelbarer Ladung verfahren, so muß die Anklageschrift zusammen mit der Verfügung zugestellt werden.

361. Die Verhandlung gegen den in Haft befindlichen Beschuldigten muß unverzüglich, und zwar sofort nach der Niederlegung des Antrages auf Ladung und unter Bevorzugung vor jedem andern gegen nichtverhaftete Beschuldigte schwebenden Verfahren festgesetzt werden.

Für die Prozesse des Assisengerichts muß die Eröffnungsverfügung der Sitzungsperiode, falls Haftsachen vorliegen, nicht später als sechzig Tage von der Niederlegung der Anklageschrift oder von dem Zeitpunkt ab, an dem das eröffnende Urteil unwiderruflich geworden ist, ergehen.

362. Der Gerichtsschreiber teilt den Verteidigern unverzüglich den für die Hauptverhandlung festgesetzten Tag mit.

Während der Ladungsfrist bleiben die beschlagnahmten Gegenstände, die Akten und die Schriftstücke in der Gerichtsschreiberei. Der Vorsitzende oder Einzelrichter hat aber das Recht, anzuordnen, daß die beschlagnahmten Gegenstände an dem Orte, wo ihre Aufbewahrung vorgeschrieben wurde, bis zu einer anderweiten Bestimmung verbleiben.

363. Die Ladung ist nichtig, wenn infolge Nichtbeobachtung der Artikel 355 und folgenden gänzliche Unsicherheit über die Personen, die Bezeichnung der strafbaren Handlung, der Tatsachen, die die Beschuldigung tragen, oder über die Behörde, von der die Rechtsakte und Entscheidungen ausgehen oder vor der erschienen werden soll, herrscht; oder aber wenn die auf die Ladungsfrist, die Ernennung der Verteidiger, die Hinterlegung und Mitteilung der Akten und Schriftstücke bezüglichen Bestimmungen verletzt worden sind. Die in Gemäßheit des Artikels 119 bestehende Nichtigkeit der Zustellung macht auch die Ladung nichtig.

364. Der Vorsitzende oder Einzelrichter können, auch von Amts wegen, die Verbindung von Prozessen anordnen, wenn zusammenhängende strafbare Handlungen vorliegen oder aber wenn wegen derselben mehreren Beschuldigten zur Last gelegten strafbaren Handlung mehrere eröffnende Urteile ergangen, mehrere Anklageschriften verfaßt oder mehrere Ladungsverfügungen beantragt oder ergangen und die Prozesse alle spruchreif (siano tutti in istato di essere definiti) sind.

Die Verbindung kann auch nach Anhörung der Staatsanwaltschaft und der Parteien in jedem andern Falle angeordnet werden, in dem der Vorsitzende oder Einzelrichter es für angemessen erachtet.

365. Wenn das eröffnende Urteil, die Anklageschrift oder der Ladungsantrag mehrere strafbare Handlungen zum Gegenstande hat, die einem oder mehreren Beschuldigten zur Last gelegt werden, so kann die Trennung der Prozesse nur zu Beginn der Hauptverhandlung in Gemäßheit des Artikels 387 nach Anhörung der Staatsanwaltschaft und der Parteien angeordnet werden.

366. Bei Festsetzung der Beweismittel für die Hauptverhandlung in Gemäßheit der folgenden Artikel müssen der Einzelrichter und beziehungsweise der Staatsanwalt für die Ladung der in der Untersuchung gehörten Zeugen sorgen — und zwar sowohl der Be- als der Entlastungszeugen —, insoweit sie sie zur Aufdeckung der Wahrheit für nützlich halten. Unberührt bleiben die Bestimmungen der Artikel 371 und 398. Der Einzelrichter bezeichnet in der Ladungsverfügung die Zeugen, die gehört werden sollen.

367. Die Aufstellung der Liste der Zeugen, die der Staatsanwalt und die Parteien vernommen wissen wollen, muß bei Strafe des Verlustes in der Gerichtsschreiberei so rechtzeitig niedergelegt werden, daß ihre Ladung ausgeführt werden kann, und zwar wenigstens drei Tage vor der Hauptverhandlung vor dem Assisengericht oder Tribunal.

Beim Verfahren vor dem Einzelrichter müssen die Listen zwei Tage vor der Hauptverhandlung überreicht werden. Der Staatsanwalt und die Parteien können trotzdem ihre Zeugen auch ohne Ladung herbeischaffen.

Innerhalb der vorbenannten Fristen können der Staatsanwalt und die Parteien verlangen, daß die Schriftstücke herbeigezogen und daß die in der Untersuchung vernommenen Sachverständigen — falls ihr Gutachten nicht einmütig war — geladen werden, um Aufklärungen zu geben; aber mit Rücksicht auf die Feststellungen, die Gegenstand der Begutachtung in der Untersuchung waren, ist die Zuziehung anderer Sachverständigen nicht gestattet. Der Einzelrichter kann die vorgesagten Entscheidungen auch von Amts wegen fällen; die Parteien können keine Sachverständigen gestellen, ohne ihre Ladung beantragt zu haben.

Sind die Zeugen in der Untersuchung nicht gehört worden, so müssen die Tatsachen und Umstände, über die ihre Befragung verlangt wird, in allen Einzelheiten (particolareggiatamente) bezeichnet und entwickelt werden.

Der Staatsanwalt und die Parteien können in der betreffenden Liste die Namen von Zeugen bezeichnen, die vom Richter nach den Grundsätzen über die Voruntersuchung — eidlich oder uneidlich — gehört worden sind und nur verlangen, daß ihre Aussagen in der Hauptverhandlung verlesen werden. Die übrigen Parteien und der Staatsanwalt können gegebenenfalls trotzdem in den eigenen Listen die Ladung auch dieser Zeugen vorschlagen; der Richter kann sich in bezug auf sie in jedem Falle des ihm im Absatz II des Artikels 400 eingeräumten Rechtes bedienen.

368. Innerhalb der im vorhergehenden Artikel bezeichneten Frist kann der Staatsanwalt oder irgendeine Partei beim Vorsitzenden oder Einzelrichter beantragen, daß eine bestimmte Feststellung, die vorher nicht Gegenstand einer Begutachtung gewesen ist, getroffen wird. Wird dem Antrage entsprochen, so kann die Hauptverhandlung vertagt werden und es finden unbeschadet der Bestimmungen des folgenden Absatzes die Vorschriften der Voruntersuchung Anwendung.

Der Vorsitzende ersucht den Untersuchungsrichter um die auf die Ausführung der Begutachtung bezüglichen Rechtsakte und Entscheidungen.

Handelt es sich um eine leichte und einfache Ermittlung, so ernennt der Vorsitzende oder der Einzelrichter einen einzigen Sachverständigen, damit dieser die beantragte Verrichtung vornimmt und darüber in der Hauptverhandlung berichtet.

369. Unter den im letzten Absatz des Artikels 254 vorgesehenen Umständen kann der Vorsitzende oder der Einzelrichter einen Zeugen auch vor Beginn der Hauptverhandlung vernehmen, und zwar in Gemäßheit der Bestimmungen des Artikels 396.

370. Die nicht zum Armenrecht zugelassenen Parteien müssen die Kosten für die Ladung und die Entschädigungen und Gebühren der Sachverständigen oder Dolmetscher und Zeugen, deren Ladung sie beantragt haben, vorschießen.

371. Der Vorsitzende ordnet die Einschränkung der übermäßig umfangreichen Listen und die Streichung der gesetzlich nicht zulässigen oder nicht zum Gegenstand des Prozesses gehörenden Zeugen an. Zugleich fordert er den, der die Liste überreicht hat, auf, sie in Gemäßheit der gegebenen Vorschriften abzuändern.

Wird dieser Aufforderung nicht entsprochen, so entscheidet der Vorsitzende durch Verfügung. Das Recht, im Widerspruch gegen diese in der Hauptverhandlung Anträge zu stellen, wird hierdurch nicht berührt.

Entsprechend wird vor dem Einzelrichter verfahren.

372. Auch in der Hauptverhandlung muß die Bestimmung des Artikels 201 beobachtet werden.

Titel II.

Vom Verfahren erster Instanz.

Kapitel I.

Von der Hauptverhandlung.

Abschnitt I.

Von den Sitzungen (udienze).

373. Die Sitzungen in den Hauptverhandlungen vor dem Assisengericht, dem Tribunal und dem Einzelrichter sind bei Strafe der Nichtigkeit öffentlich.

Wenn infolge der Beschaffenheit der Tatsachen die Öffentlichkeit der Sittlichkeit, der öffentlichen Ordnung oder dem öffentlichen Interesse schaden könnte, so kann der Vorsitzende des Assisengerichts, das Tribunal oder der Einzelrichter auch von Amts wegen im Wege des einer Anfechtung nicht unterliegenden Beschlusses anordnen, daß die Hauptverhandlung oder einige ihrer Teile bei verschlossenen Türen stattfinden.

Die Hauptverhandlung findet stets bei verschlossenen Türen statt, wenn der erschienene Beschuldigte das achtzehnte Lebensjahr nicht vollendet hat und kein älterer Mitbeschuldigter vorhanden oder erschienen ist.

Zu den Hauptverhandlungen, die bei verschlossenen Türen stattfinden, kann unter keinen Umständen eine andere Person außer den Zeugen, Dolmetschern und Sachverständigen — in der Reihenfolge, in der sie aufgerufen werden — im Sitzungssaal zugelassen werden.

374. Der Beschluß, durch den vorgeschrieben wird, daß die Hauptverhandlung ganz oder zum Teil bei verschlossenen Türen stattfinden solle, wird in öffentlicher Sitzung verkündet; er wird aufgehoben, wenn die Gründe für diese Entscheidung fortfallen. Die Türen werden dem Publikum nach der Aufhebung wieder geöffnet.

Mit Ausnahme des im Absatz III des vorhergehenden Artikels vorgesehenen Falles findet die Verlesung des Urteils stets — bei Strafe der Nichtigkeit — in öffentlicher Sitzung in Gemäßheit des Artikels 412 statt.

375. Der Eintritt in den Sitzungssaal muß bei den Vermahnten (ammoniti), besonders Überwachten (vigilato speciale), Arbeitsscheuen (oziosi) oder Landstreichern (vagabondi) verhindert werden.

Ebenso ist der Eintritt jedem, der unter 18 — achtzehn — Jahren ist, nicht gestattet. Muß ein noch nicht Achtzehnjähriger bei einer öffentlichen Sitzung als Partei, Zeuge, Sachverständiger oder Dolmetscher zugegen sein, so wird er entfernt, sobald als seine Gegenwart nicht mehr notwendig erscheint.

In den Sitzungssälen können keine besonderen Plätze belegt werden mit Ausnahme derjenigen, die der Vorsitzende das Recht hat, den Vertretern der Presse anzuweisen.

376. Der in Haft befindliche Beschuldigte wohnt der Sitzung frei bei; doch sollen die zur Verhinderung einer Flucht notwendigen Vorsichtsmaßregeln getroffen werden.

Weigert er sich in irgendeinem Augenblicke, der Verhandlung beizuwohnen, ohne daß irgendeiner der im Artikel 471 vorgesehenen Umstände vorliegt, so ordnet der Richter an, daß verhandelt wird, als ob der Beschuldigte zugegen wäre. Dieser wird bezüglich aller Rechtswirkungen der Hauptverhandlung vom Verteidiger vertreten.

377. Entfernt sich der nicht in Haft befindliche Beschuldigte aus der Sitzung oder erscheint er in irgendeinem Augenblicke nach seinem Verhör nicht, so findet der Absatz II des vorhergehenden Artikels Anwendung. Entfernt er sich vor seinem Verhör, so wird er in Abwesenheit (in contumacia) verurteilt. Davon abgesehen kann der Richter in beiden Fällen aus guten Gründen die Hauptverhandlung aussetzen oder vertagen.

378. Muß in den im Artikel 376 Absatz II vorgesehenen Fällen zu Rekognitions- oder Gegenüberstellungshandlungen geschritten werden, so ordnet der Vorsitzende oder der Einzelrichter an, daß der

Beschuldigte von der öffentlichen Gewalt in die Sitzung gebracht wird. Befindet sich der Beschuldigte nicht in Haft und erscheint er nicht, so kann gegen ihn ein Vorführungsbefehl ergehen.

379. Der Vorsitzende oder Einzelrichter eröffnet die Hauptverhandlung, stellt die Parteien, die Gegenwart oder das Fehlen der Zeugen, Sachverständigen und Dolmetscher, die Niederlegung der Schriftstücke in der Gerichtsschreiberei, das Vorhandensein und die Art der Verwahrung der mit Beschlag belegten Gegenstände fest und verliest sodann die Beschuldigung.

380. Kann die Hauptverhandlung nicht in der Sitzung beendet werden, in der sie begonnen hat, so wird sie an dem folgenden Tage, der kein Feiertag ist, fortgesetzt. Unberührt bleibt das Recht des Vorsitzenden, sie auf einen der nächsten Tage zu verschieben, falls er es für erforderlich hält, um den beteiligten Beamten und Parteien Ruhe zu gewähren.

Sie kann in einem oder mehreren Zwischenräumen aus Gründen der Notwendigkeit oder Angemessenheit für eine höchstens fünfzehn Tage umfassende Frist — ohne Berechnung der Feiertage — ausgesetzt werden.

Jede Aussetzung wird vom Vorsitzenden oder Einzelrichter mit der Bezeichnung des Tages der neuen Sitzung mitgeteilt und im Protokolle vermerkt.

Stellt der Richter bei Ablauf der Frist fest, daß der Grund für die Aussetzung fortdauert, und genügt es nicht, die Aussetzung um höchstens zehn Tage zu verlängern, so wird die Hauptverhandlung vertagt (rimandato), mit Ausnahme des im letzten Absatz des Artikels 78 vorgesehenen Falles. In diesem letzteren Falle kann dem neuen Verteidiger eine besondere, nicht verlängerbare Höchstfrist von zwanzig Tagen gewährt werden.

Der Richter und der Vertreter der Staatsanwaltschaft haben, außer daß sie irgendeine andere Amtshandlung vornehmen können, auch das Recht, während der Aussetzung an andern Prozessen teilzunehmen. Nicht teilnehmen können an andern Prozessen die Geschworenen, die in der ausgesetzten Hauptverhandlung entscheiden sollen.

381. In den Fällen, in denen das Gesetz es ausdrücklich zuläßt oder wenn sich eine unbedingte Notwendigkeit dazu ergibt, kann der Richter nach Anhörung der Staatsanwaltschaft und der Parteien anordnen, daß die Hauptverhandlung vertagt wird. Die neue Hauptverhandlung wird beantragt und festgesetzt und die Ladung ausgeführt in Gemäßheit der Bestimmungen der Artikel 351 und folgenden.

382. Die Sitzungspolizei und -disziplin steht dem Vorsitzenden oder dem Einzelrichter zu; alles, was sie zur Aufrechterhaltung der Ordnung bestimmen, muß sofort ausgeführt werden.

In der Zeit, in der der Richter sich nicht im Sitzungssaale befindet, gebühren die Polizei nnd die Disziplin dem Staatsanwalt.

383. Wer der Sitzung beiwohnt, hat den Kopf zu entblößen und sich ehrerbietig und ruhig zu benehmen. Es ist verboten, Lärm zu machen, Unruhe zu stiften und irgendwelche Zeichen des Beifalls oder der Mißbilligung zu geben.

Auf Befehl dessen, der die Sitzungspolizei ausübt, wird, wer den vorhergehenden Anordnungen zuwiderhandelt, aus dem Saale mit dem Verbote gewiesen, fürderhin der Hauptverhandlung beizuwoh en.

Die Entfernung des Beschuldigten aus irgendeinem der vorbezeichneten Gründe oder weil er die von der Achtung vor dem Gericht erforderte Haltung nicht bewahrt, kann bei Strafe der Nichtigkeit nur vom Vorsitzenden des Assisengerichts, vom Tribunal oder Einzelrichter und nur für die Sitzung, für die es bestimmt wird, angeordnet werden. In einem solchen Falle wird der Beschuldigte als anwesend angesehen und wird in jeder Hinsicht durch seinen Verteidiger vertreten. Für die Zeit, in der der Richter sich nicht im Sitzungszimmer befindet, steht das vorerwähnte Recht dem Staatsanwalt zu; unberührt bleibt das Recht des Richters, nach Wiedereintritt in den Sitzungssaal anderweitig zu entscheiden.

384. Wegen der in der Sitzung begangenen strafbaren Handlungen läßt derjenige, der die Sitzungspolizei ausübt, vom Gerichtsschreiber das bezügliche Protokoll aufnehmen und kann die Festnahme des Schuldigen anordnen.

Der Einzelrichter, Vorsitzende oder ein beauftragter Richter stellt sofort seine Erklärungen und die der bei der Tat anwesenden Personen zusammen.

Die Akten werden dem Staatsanwalt übersandt, wenn nicht eine strafbare Handlung vorliegt, die in der Sitzung des Einzelrichters geschehen ist und seiner Zuständigkeit unterliegt.

Abschnitt II.

Von der Vernehmung des Beschuldigten, der Beweisaufnahme und den Plaidoyers (discussione).

385. Die Leitung der Hauptverhandlung liegt dem Vorsitzenden oder Einzelrichter ob.

Der Vorsitzende oder Einzelrichter fragt und verhört die Parteien. Zeugen, Sachverständigen, Dolmetscher; richtet an jeden die Ermahnungen und Bemerkungen, die das Gesetz vorschreibt: verhindert Einschüchterungen und Unterbrechungen: verbietet suggestive und ungeeignete Fragen und verhindert ihre Beantwortung; mäßigt den Streit und erteilt die Verweise, die ihm gegen jede übermäßige Kundmachung zur Stützung der Anklage oder Verteidigung erforderlich erscheint, indem er sich dabei der ihm im Artikel 382 eingeräumten Rechte bedient.

386. Die Beschlusse, durch die der Vorsitzende des Assisengerichts, das Tribunal oder der Einzelrichter über Zwischenfälle (incidenti) entscheidet, werden durch Verlesung in der Sitzung verkündet.

Die Einlegung eines Rechtsmittels gegen einen Beschluß ist nicht zulässig, wenn sie nicht sofort nach der Verkündung im Protokolle vorbehalten wurde. Die Bestimmung des Artikels 136 wird hierdurch nicht berührt.

387. Die Frage über die Zulassung der Parteien, die zu Beginn der Hauptverhandlung aufgeworfen wird, wird vor jeder andern behandelt.

Die Fragen über die örtliche Zuständigkeit, die Ausübung der Strafklage, die Verbindung oder Trennung von Prozessen, die Zulässigkeit von Zeugen, Sachverständigen oder Dolmetschern, oder ihr Nichterscheinen, die Überreichung oder die Forderung der Schriftstücke, über die im Artikel 139 bezeichneten Nichtigkeitseinreden werden bei Strafe des Verlustes in einer einheitlichen Verhandlung aufgeworfen und behandelt, und zwar unmittelbar nach Erfüllung der im Artikel 379 festgesetzten Förmlichkeiten.

Dessenungeachtet kann der Vorsitzende oder Einzelrichter gestatten, daß die im vorhergehenden Absatz bezeichneten Fragen eine nach der andern in vorgeschriebener Reihenfolge behandelt werden oder aber, daß die Verhandlung einer oder der andern aufgeschoben wird. Dem Vorsitzenden oder Einzelrichter wird das Recht vorbehalten, vor Schluß der Hauptverhandlung den Staatsanwalt oder die Parteien in den vorigen Stand wieder einzusetzen, wenn die Gründe, aus denen es unmöglich war, eine der in den vorhergehenden Bestimmungen erwähnten Fragen aufzuwerfen, glaubhaft gemacht werden (siano giustificate).

388. Ist alles, was in dem vorhergehenden Artikel vorgeschrieben ist, erledigt und soll im Verfolg der getroffenen Entscheidungen der Prozeß seinen Fortgang nehmen, so schreitet der Verhandlungsleiter zur Vernehmung des Beschuldigten. Erforderlichenfalls fragt er ihn nach Vor- und Zunamen und andern persönlichen Eigenschaften; dann setzt er ihm in klaren Worten die Tat auseinander, die ihm zur Last gelegt wird und fordert ihn auf, sich zu rechtfertigen und alles vorzubringen, was ihm zu seiner Verteidigung nützlich erscheint. Zugleich weist er ihn darauf hin, daß die Hauptverhandlung fortgeführt werden würde, auch wenn er keine Antwort gäbe.

An den Beschuldigten können in jedem Augenblicke Fragen über einzelne Tatsachen oder Umstände gestellt werden.

389. Im Laufe der Hauptverhandlung hat der Beschuldigte das Recht, sich mit seinem Verteidiger zu besprechen; es ist ihm aber verboten, ihn während seiner Vernehmung oder vor Beantwortung einzelner Fragen um Rat zu bitten.

390. Sind mehrere Beschuldigte vorhanden, so kann der Vorsitzende oder Einzelrichter in jeder Lage der Hauptverhandlung einen oder mehrere getrennt unter Entfernung der andern aus dem Sitzungssaale vernehmen; nach den getrennten Verhören kann die

Hauptverhandlung bei Strafe der Nichtigkeit nicht fortgesetzt werden, bevor jeder der Beschuldigten über das, was in seiner Abwesenheit verhandelt worden ist, in Kenntnis gesetzt worden ist.

391. Nach dem Verhör des Beschuldigten schreitet der Vorsitzende oder Einzelrichter zur Vernehmung der Zeugen, und zwar hört er die zuerst, die vom Staatsanwalt und der Zivilpartei vorgeschlagen werden; er kann sie auch in einer andern Reihenfolge vernehmen.

Vor ihrer Vernehmung können die Zeugen mit keinem der Interessenten in Verbindung stehen oder sehen oder hören, was in dem Sitzungssaale geschieht.

392. Die Sachverständigen werden in der Regel nach Beendigung der Zeugenvernehmung gehört.

Der Richter hat das Recht, vorzuschreiben, daß die Sachverständigen der Hauptverhandlung ganz oder teilweise beiwohnen, bevor sie ihr Gutachten abgeben oder die Aufklärungen bewirken, derentwegen sie geladen worden sind.

393. Falls ein Sachverständiger, Zeuge oder Dolmetscher, dessen Ladung angeordnet ist, nicht erschienen ist, so kann der Richter nach Anhörung der Staatsanwaltschaft und der Parteien entscheiden, daß die Hauptverhandlung fortgesetzt wird; indes kann er später eine andere Bestimmung treffen, wenn er das Erscheinen des Betreffenden für erforderlich hält.

394. Der Zeuge, Sachverständige oder Dolmetscher, der nicht erschienen ist und keinen rechtmäßigen Verhinderungsgrund nachgewiesen hat, kann auf Anordnung des Richters von den Agenten der öffentlichen Gewalt zur Sitzung vorgeführt werden und wird in jedem Falle dazu verurteilt, an die Staatskasse eine Summe von zwanzig bis hundert Lire zu zahlen; er wird ferner stets zu den Kosten der Aussetzung der Verhandlung verurteilt, die er verursacht hat.

Die Verurteilungen können aufgehoben werden, wenn der Zeuge, Sachverständige oder Dolmetscher in der Hauptverhandlung erscheint oder wenn er sich binnen drei Tagen von der Zustellung des verurteilenden Beschlusses ab beim Vorsitzenden oder Einzelrichter einfindet und einen rechtmäßigen Hinderungsgrund, der die ganze Zeit der Hauptverhandlung über angedauert hat, nachweist.

395. Der Sachverständige oder Zeuge, der aus einem rechtmäßigen Grunde nicht erschienen ist, kann an dem Orte, wo er sich befindet, vom Assisengericht, Tribunal oder Einzelrichter oder aber, infolge entsprechenden Ersuchens, vom Einzelrichter desselben Ortes vernommen werden.

Das Tribunal kann mit der Vernehmung eins seiner Mitglieder beauftragen; der Vorsitzende des Assisengerichts oder das Tribunal kann den Vorsitzenden des Berufungsgerichts oder des Tribunals des Ortes, in dem der Sachverständige oder der Zeuge sich befindet, um die Beauftragung eines Richters zwecks Vornahme des Verhörs ersuchen.

Diese Regeln finden auch Anwendung, wenn es nötig wird, die im Artikel 252 Absatz I bezeichneten Personen zu vernehmen.

Bezüglich des Verhörs der Königlichen diplomatischen Agenten oder der mit einer Botschaft im Auslande Beauftragten findet die Bestimmung des Artikels 252 Absatz II Anwendung; bezüglich der diplomatischen Agenten und der Konsuln der fremden Staaten findet die Bestimmung des Artikels 253 Anwendung.

396. Zu dem im vorhergehenden Artikel bezeichneten Verhör wird ohne Gegenwart des Publikums in Anwesenheit eines Vertreters der Staatsanwaltschaft geschritten. Der Beschuldigte und die Zivilpartei haben das Recht, sich durch ihre Verteidiger oder andere besonders beauftragte Verteidiger vertreten zu lassen; der Vorsitzende oder Einzelrichter kann erlauben, daß sie auch persönlich erscheinen.

Die Staatsanwaltschaft und die Verteidiger werden bei Strafe der Nichtigkeit von dem Tage, der Stunde und dem Orte des Verhörs benachrichtigt.

Stellt der beauftragte Richter fest, daß kein rechtmäßiger Hinderungsgrund besteht oder daß die von dem Sachverständigen oder Zeugen angeführten Gründe keine rechtmäßigen sind, so teilt er dies sofort der beauftragenden Behörde mit. Diese kann die im Artikel 394 Absatz I festgesetzten Entscheidungen treffen und außerdem dem Sachverständigen oder Zeugen die Kosten des Auftrages (wörtlich: der Übertragung [trasferimento]) des Richters, des Gerichtsschreibers und der andern in Gemäßheit dieses Artikels anwesenden Personen auferlegen. Solche Entscheidungen werden ohne Verzug vom Vorsitzenden des Assisengerichts, vom Tribunal oder Einzelrichter, der den Prozeß führt, getroffen, wenn diese sich an Ort und Stelle begeben haben.

In den vorbezeichneten Fällen, sowie falls das Zeugnis oder die Übernahme des Amtes des Sachverständigen oder Dolmetschers verweigert werden, findet ferner die Bestimmung des Artikels 232 Absatz III Anwendung.

397. Die Zeugen werden getrennt einer nach dem andern und so vernommen, daß niemand von ihnen vor seiner Aussage dem Verhör eines andern beiwohnt.

Die Zeugen, Sachverständigen und Dolmetscher werden in Gemäßheit der Artikel 88, 90 und 91 vereidigt.

Wer vernommen oder befragt wird, muß frei sprechend antworten; der Vorsitzende oder Einzelrichter kann ihm gestatten, zur Nachhilfe seines Gedächtnisses Aufzeichnungen zu benutzen; dabei ist die Eigenschaft der Person und die Natur der Tat zu berücksichtigen; im Protokoll wird dessen Erwähnung getan. Eine solche Erlaubnis muß den Sachverständigen gegeben werden, die es beantragen.

Bezüglich des Verhörs des Tauben, des Stummen und des Taubstummen finden die Vorschriften des Artikels 194 Anwendung.

Die Bestimmungen dieses Artikels müssen bei Strafe der Nichtigkeit beobachtet werden.

398. Bezüglich des Verhörs der Zeugen werden die Bestimmungen der Artikel 245, 246 und 248 beobachtet.

Die Beamten richterlichen Ranges (i funzionari dell' ordine giudiziario), die aus amtlichen Gründen an den Rechtsakten des Verfahrens teilgenommen haben, können nicht als Zeugen gehört werden.

Die nächsten Verwandten des Beschuldigten oder, falls mehrere derselben strafbaren Handlung beschuldigt sind, die nächsten Verwandten eines jeden unter ihnen können als Zeugen weder geladen noch vernommen werden, es sei denn, daß sie die Anzeigenden oder Kläger sind.

Dessenungeachtet ist es gestattet, die im vorhergehenden Absatz bezeichneten Personen als Zeugen zu hören, wenn die strafbare Handlung zum Schaden eines andern nächsten Verwandten des Beschuldigten oder eines der Beschuldigten begangen worden und der Beweis der strafbaren Handlung oder ihrer Umstände nicht anders zu erlangen oder zu vervollständigen ist.

Der Richter muß bei Strafe der Nichtigkeit solche Personen, falls sie nicht Anzeigende oder Klägerinnen sind, darauf hinweisen, daß sie das Recht haben, ihre Aussage zu verweigern. Der geschehene Hinweis wird im Protokolle erwähnt.

399. Ergibt sich in der Hauptverhandlung die Notwendigkeit einer Ermittlung betreffs des Geisteszustandes des Beschuldigten oder über einen andern Gegenstand, betreffs dessen vorher ein Gutachten nicht abgegeben worden ist, so ordnet der Richter auch von Amts wegen an, daß in Gemäßheit des Artikels 368 verfahren wird. Ergeben sich Umstände, von denen anzunehmen ist, daß sie geeignet sind, die Folgerungen einer früheren Begutachtung zu verändern oder falls der Richter es für nötig erachtet, über die Begutachtung selbst Aufklärungen zu verlangen, so ordnet er, auch von Amts wegen, an, daß die schon gehörten Sachverständigen erscheinen.

400. Vorausgesetzt, daß sich eine unbedingte Notwendigkeit für den Beweis der Wahrheit dazu ergibt, kann der Richter auch von Amts wegen anordnen, daß das Gericht sich an den Ort der Tat begibt. Er hat dabei die für die Anwesenheit der Staatsanwaltschaft und der Parteien im Artikel 396 festgesetzten Bestimmungen zu beobachten.

Werden im Laufe der Hauptverhandlung neue Beweismittel bekannt, die offenbar von Einfluß sind, so kann der Richter auch von Amts wegen die Ladung von Zeugen anordnen, die Herausgabe neuer Schriftstücke fordern und sie entgegennehmen, sowie vorschreiben, daß auch in Gemäßheit der Artikel 395 und 396 zur Vernehmung von Zeugen geschritten wird.

401. In den in den beiden vorhergehenden Artikeln vorgesehenen Fällen kann je nach Erforderlichkeit eine der in den Artikeln 380 und 381 bezeichneten Entscheidungen getroffen werden.

402. Ergibt sich aus den Endergebnissen der Hauptverhandlung, daß ein Sachverständiger oder ein Dolmetscher ein lügnerisches (mendace) Gutachten, einen solchen Bericht oder eine solche Übersetzung geliefert hat, oder aber daß ein Zeuge etwas Falsches versichert oder etwas Wahres verneint oder ganz oder zum Teil das, was er über die Geschehnisse, über die er verhört worden ist, weiß, verschwiegen hat, so nimmt der Richter, auch von Amts wegen, ein Protokoll darüber auf und schickt es an den Staatsanwalt; er kann auch die Festnahme anordnen und bestimmen, daß die Hauptverhandlung vertagt wird, solange das Verfahren wegen Meineides schwebt.

Das Verfahren wegen Meineides wird nicht eingeleitet und die Festnahmeanordnung aufgehoben, wenn der Sachverständige, Dolmetscher oder Zeuge widerruft oder die Wahrheit offenbart, bevor die Hauptverhandlung geschlossen oder vertagt ist.

403. Die Schriftstücke und Gegenstände, die zur Überführung oder Entlastung dienen können, werden den Parteien und den Zeugen mit der Aufforderung überreicht, zu erklären, ob sie sie anerkennen.

404. Die Aussagen der vom Richter nach den Vorschriften der Voruntersuchung vernommenen Zeugen können, vorausgesetzt, daß sie in den Listen stehen und ihre Ladung angeordnet worden ist, verlesen werden, falls die Staatsanwaltschaft und die Parteien damit einverstanden sind.

Stets können verlesen werden die in Gemäßheit der Artikel 206, 244, 252, 253, 258, 395 aufgenommenen Aussagen oder die Bekundungen in den in den Artikeln 22 Absatz III, 254 Absatz III, 367 Absatz V, 369 und 400 Absatz II vorgesehenen Fällen; es kann auch jede andere in der Untersuchung aufgenommene Aussage verlesen werden, wenn sich Widersprüche oder Abänderungen in den Aussagen in der Hauptverhandlung daraus ergeben müssen. Es können ferner verlesen werden die Aussagen der vom Richter nach den Regeln der Voruntersuchung vernommenen Zeugen, falls sie verstorben, im Auslande oder unbekannten Aufenthalts sind, oder falls sie infolge Geistesschwäche oder aus andern Gründen ungeeignet zur Aussage geworden sind oder falls sie requisitorisch im Auslande vernommen worden sind, und zwar immer, falls sie in der Liste stehen, auch wenn sie nicht rechtsgültig geladen sind.

405. Die Protokolle über die Besichtigungen, richterlichen Versuche, Gutachten, Durchsuchungen, Beschlagnahmen und Rekognitionen können in der Hauptverhandlung verlesen werden, wenn diese Rechtsakte im Beisein des Richters in Gemäßheit der Titel II und III des zweiten Buches geschehen sind.

In gleicher Weise können die vom Staatsanwalt und Generalstaatsanwalt in Gemäßheit der Artikel 278 und 285 vorgenommenen Rechtsakte verlesen werden.

Sind die vorbezeichneten Rechtsakte von Beamten oder Agenten der Gerichtspolizei vorgenommen worden, so ist ihre Verlesung gestattet, es sei denn, daß die Staatsanwaltschaft oder die Parteien die Ladung der vorbenannten Beamten oder Agenten beantragt haben.

Falls der Beamte oder Agent, dessen Ladung angeordnet worden ist, nicht erscheint, so ist die Verlesung nur unter der Bedingung erlaubt, daß der Richter das Nichterscheinen als durch einen rechtmäßigen Hinderungsgrund entschuldigt ansieht. Diese Bestimmung muß bei Strafe der Nichtigkeit beobachtet werden.

406. Es ist bei Strafe der Nichtigkeit verboten, die Aussagen der nicht vom Richter nach den Regeln der Voruntersuchung vernommenen Zeugen zu verlesen, ebenso in jedem Falle diejenigen von Personen, die das Zeugnisverweigerungsrecht haben.

Gleichfalls ist bei Strafe der Nichtigkeit verboten die Verlesung der Verhöre von freigesprochenen Beschuldigten, wenn diese nicht in der Zeugenliste stehen und ihre Ladung angeordnet worden ist.

Verboten ist ferner bei Strafe der Nichtigkeit die Verlesung von Berichten über die in der Öffentlichkeit in bezug auf Geschehnisse, von denen im Prozeß gehandelt wird, umlaufenden Gerüchte oder aber über die allgemeine sittliche Führung der Parteien oder der Zeugen, mit Ausnahme der Zeugnisse des Strafregisters (casellario giudiziale).

407. Unbeschadet der Bestimmungen der drei vorhergehenden Artikel läßt der Vorsitzende oder Einzelrichter — auch von Amts wegen — die Berichte der Anzeige oder Klage und jede andere Verhandlung oder jedes andere Schriftstück des Verfahrens oder aber, insoweit es vom Staatsanwalt oder den Parteien überreicht ist, verlesen, falls er erkannt hat, daß sie zur Sache gehören und von Nutzen sind.

408. Nach dem Verhör kann der Vorsitzende oder der Einzelrichter nach Anhörung der Staatsanwaltschaft und der Parteien den Sachverständigen, den Dolmetscher oder den Zeugen mit dem Vorbehalt entlassen, daß er ihn nötigenfalls zurückberuft. Er kann ihm verbieten, im Sitzungssaal zu bleiben und auch anordnen, daß er sich in das den Sachverständigen und Zeugen angewiesene Zimmer in Erwartung weiterer Bestimmungen zurückzieht.

Wer solche Anordnungen überschreitet, wird in Gemäßheit des Artikels 394 Absatz I bestraft.

409. Der Staatsanwalt, die Verteidiger, die Richter des Tribunals und die Geschworenen können während der Hauptverhandlung vermittels des Vorsitzenden oder Einzelrichters, außer an den Beschuldigten, an den Verletzten, die Zeugen und die Sachverständigen Fragen stellen.

410. Die für die Voruntersuchung in bezug auf die Besichtigungen, die richterlichen Versuche, die Durchsuchungen, die Beschlagnahmen, die Rekognitionen, die Zeugen, die Gegenüberstellungen, die Sachverständigen, die Dolmetscher und die Beweismittel im allgemeinen aufgestellten Regeln werden auch vor Gericht bei Vornahme gleicher Rechtsakte beobachtet, insoweit sie anwendbar sind und nichts anderes bestimmt ist.

411. Nach Schluß der Beweisaufnahme verliest und entwickelt die Zivilpartei ihre Schlußanträge, stellt die Staatsanwaltschaft ihre Anträge und sodann hält der Verteidiger des Beschuldigten seine Verteidigung.

Die Zivilpartei, die Staatsanwaltschaft und der Verteidiger des Beschuldigten können replizieren; die Replik ist nur einmal gestattet.

Kapitel II.

Vom Urteile und von den Kosten.

412. Die Hauptverhandlung vor dem Tribunal oder dem Einzelrichter wird geschlossen, sobald die Plaidoyers beendet sind, und es wird ohne Unterbrechung das Urteil beraten; dieses wird sofort in der Sitzung vom Vorsitzenden oder Einzelrichter mittels Verlesung des Tenors verkündet. Diese Vorschriften müssen bei Strafe der Nichtigkeit beobachtet werden.

413. Bei der Urteilsberatung stellt der Vorsitzende des Tribunals die Tatsachenfragen getrennt zur Entscheidung und alsdann nötigenfalls die über die Anwendung des Gesetzes. Alle Richter stimmen über diese letzte Frage ab, welches immer ihre Entscheidung bezüglich der Tatsachenfragen gewesen ist.

Der Vorsitzende sammelt die Stimmen, indem er mit dem nach dem Dienstalter Jüngsten beginnt. Er selbst stimmt zuletzt.

Wenn die in der Hauptverhandlung anwesenden Richter die gesetzliche Zahl übersteigen, so können die Jüngsten bei Strafe der Nichtigkeit an der Abstimmung nicht teilnehmen, es sei denn, daß einer unter diesen Berichterstatter in der Sitzung gewesen ist. In diesem Falle nimmt er die Stelle des weniger alten unter ihnen, der hätte abstimmen müssen, ein.

Stellen sich bei der Abstimmung mehr als zwei Meinungen heraus, so vereinigen sich die Richter, die für die schwerere Strafe gestimmt haben, mit denen, die für die der schwereren, stufenweise nächsten geringeren Strafe gestimmt haben, bis sich eine Mehrheit ergibt.

Der Tenor wird vom Vorsitzenden geschrieben und unterschrieben.

414. Das Urteil enthält:

1. den Vor- und Zunamen, das Alter und andere persönliche Eigenschaften des Beschuldigten, die im Verfahren zu seiner Identifizierung dienten, nebst den entsprechenden Angaben bezüglich der Zivilpartei und der zivilrechtlich verantwortlichen Person, falls solche vorhanden sind;
2. die Aufzählung der Tatsachen, die den Gegenstand der Beschuldigung bildeten;

3. die tatsächlichen und die rechtlichen Entscheidungsgründe;
4. die Bezeichnung der angewandten Gesetzesartikel;
5. den Tenor;
6. das Datum und die Unterschrift der Richter und des Gerichtsschreibers.

Wenn aus Hinderungsgründen, die nach Verkündung des Urteils des Tribunals eingetreten sind, einer der Richter es nicht unterschreiben kann, so wird dies vor der Unterschrift der übrigen Richter vermerkt.

Das Urteil ist nichtig, wenn die Person des Beschuldigten nicht genügend bezeichnet ist oder wenn eins der in den Nummern 2, 3, 5 und 6 vorgeschriebenen Erfordernisse fehlt. Die Bestimmung des vorhergehenden Absatzes wird hierdurch nicht berührt.

Fehlen andere Erfordernisse und ist das Urteil deshalb nicht nichtig, so ordnet der Richter, der das Urteil verkündet hat, auf Antrag der Partei, die es angeht, oder der Staatsanwaltschaft die Berichtigung in Gemäßheit des Artikels 434 an.

415. Der Staatsanwalt verfährt nach dem Gesetz, wenn sich aus der Hauptverhandlung zu Lasten des Beschuldigten irgendeine Tatsache ergibt, die eine strafbare Handlung begründet, welche verschieden ist von der in dem Ersuchen oder der Ladungsverfügung oder in der Anklageschrift oder in dem eröffnenden Urteile benannten, es sei denn, daß eine strafbare Handlung vorliegt, auf die die Bestimmung des folgenden Artikels Anwendung findet.

Wird der in Haft befindliche Beschuldigte freigesprochen und läßt das Gesetz für eine neue Tat, die sich aus der Hauptverhandlung ergeben hat, einen Haftbefehl zu, so kann der Vorsitzende oder der Einzelrichter auf Antrag des Staatsanwalts seine Entlassung aufschieben und einen Festnahmebefehl erlassen.

416. Ergibt sich in der Hauptverhandlung eine konkurrierende strafbare Handlung oder die Fortsetzung einer strafbaren Handlung im Sinne der Artikel 77, 78 und 79 des Strafgesetzbuchs[42]) oder aber ein erschwerender Umstand und ist dies in dem eröffnenden Urteile, der Anklageschrift, dem Ersuchen, dem Antrage oder der Ladungsverfügung nicht besonders erwähnt, so macht der Vorsitzende auf Ersuchen der Staaatsanwaltschaft oder der Einzelrichter — dieser auch von Amts wegen —, es sei denn, daß die Aburteilung die Zuständigkeit des betreffenden Richters überschreitet, den Beschuldigten bei Strafe der Nichtigkeit darauf aufmerksam, erwähnt dies im Protokolle und weist ihn — es sei denn, daß es sich um den erschwerenden Umstand des Rückfalles handelt — darauf hin, daß er das Recht hat, eine Frist für seine Verteidigung zu verlangen.

Übt der Beschuldigte dieses Recht aus, so setzt der Richter die Hauptverhandlung aus oder er vertagt sie; der Staatsanwalt, der Beschuldigte und die andern Parteien haben das Recht, neue Beweise beizubringen. Übt der Beschuldigte dieses Recht nicht aus, oder handelt es sich um Rückfall, so bleibt die konkurrierende strafbare

Handlung, die Fortsetzung oder der erschwerende Umstand in die Beschuldigung und den Prozeß mit einbegriffen.

417. Der Richter kann die Tat unter einen andern rechtlichen Gesichtspunkt bringen (definire), als es in dem Ersuchen, dem Antrage, der Ladungsverfügung, der Anklageschrift oder dem eröffnenden Urteile geschehen ist, und die entsprechende Strafe, auch wenn sie eine höhere ist, festsetzen, es sei denn, daß die Aburteilung der strafbaren Handlung seine Zuständigkeit überschreitet.

Ergibt sich aus der Hauptverhandlung, daß die Tat verschieden ist von der in dem Ersuchen, dem Antrage, der Ladungsverfügung, der Anklageschrift oder dem eröffnenden Urteile beschriebenen, so übersendet der Richter, wenn die im vorhergehenden Artikel und im zweiten Absatz des folgenden Artikels betrachteten Fälle nicht vorliegen, die Akten mit einem begründeten Beschluß an die Staatsanwaltschaft.

418. Ist der Richter der Ansicht, daß wegen einer andern Bezeichnung der strafbaren Handlung die Tat, über die er infolge des eröffnenden Urteils aburteilen soll, seine Zuständigkeit überschreitet, so übersendet er die Akten mit begründetem Beschlusse dem Kassationshofe, der über den Konflikt entscheidet.

Meint der Richter, daß die strafbare Handlung seine Zuständigkeit überschreitet, weil die Tat in der Hauptverhandlung sich anders darstellt als in dem eröffnenden Urteile, so übersendet er die Akten mit begründetem Beschlusse der Staatsanwaltschaft.

Ebenso verfährt er in jedem andern Falle, in welchem in der Hauptverhandlung sich ein Grund dafür ergibt, das Verfahren einer höheren Zuständigkeit zu unterwerfen.

Begründet die Tat eine zur Zuständigkeit des Einzelrichters gehörende strafbare Handlung, und hat weder der Beschuldigte, noch der Staatsanwalt, noch die Zivilpartei die Unzuständigkeitserklärung beantragt, so entscheidet das Tribunal zur Hauptsache (nel merito). Das Urteil ist unanfechtbar.

419. Die Unzuständigkeitserklärung kann in jeder Lage des Prozesses geschehen.

Mit der Unzuständigkeitserklärung kann das Tribunal oder der Einzelrichter einen Festnahmebefehl erlassen, wenn das Gesetz den Erlaß eines Haftbefehls zuläßt.

420. Glaubt der Richter, daß die Aburteilung der Tat nicht der gewöhnlichen Zuständigkeit unterliegt, so übersendet er die Akten an die zuständige Behörde.

421. Ist ein Grund dafür vorhanden, daß der Beschuldigte nicht strafbar ist oder keiner Strafe unterfällt, wenn die Tat keine strafbare Handlung begründet, oder aber wenn das Bestehen der Tat ausgeschlossen ist, wenn der Beschuldigte sie nicht begangen oder nicht an ihr teilgenommen hat, wenn die Strafklage verjährt oder auf eine andere Weise erloschen ist, oder nicht erhoben oder verfolgt werden kann, so spricht das Tribunal oder der Einzelrichter die Freisprechung aus und erwähnt den Grund ausdrücklich im Tenor.

Sind keine hinreichenden Beweise dafür vorhanden, daß die Tat besteht oder daß der Beschuldigte sie begangen oder an ihr teilgenommen hat oder erscheinen die Beweise seiner Schuld (colpevolezza) nicht ausreichend, so erfolgt Freispruch „mangels hinreichenden Beweises“ (per insufficienza di prove).

In den Fällen, in denen das Gesetz bestimmt, daß der Beschuldigte von Strafe verschont bleibt (va esente da pena), wird dies ausgesprochen und dabei der Grund im Tenor ausdrücklich erwähnt.

Befindet sich der Freigesprochene in Haft oder ist er den Beschränkungen der vorläufigen Freiheit unterworfen, so ordnet das Tribunal oder der Einzelrichter seine Entlassung an, falls er nicht in einer andern Sache in Haft bleiben muß. Findet der Artikel 46 Absatz II oder Artikel 54 Absatz I oder Artikel 58 Absatz I des Strafgesetzbuchs Anwendung, so wird in Gemäßheit des Artikels 594 verfahren.

422. Begründet die Tat eine strafbare Handlung und ist die Schuld des Beschuldigten erwiesen, so spricht das Tribunal oder der Einzelrichter die Verurteilung aus und setzt die Strafe fest.

423. Bei Verkündung des Urteils, das auf Einschließung, Gefängnis, Aufenthaltsbeschränkung oder Freiheitsentziehung von nicht mehr als sechs Monaten, oder auf eine Geldstrafe, die allein oder in Verbindung mit einer Freiheitsstrafe erkannt und nach Vorschrift des Gesetzes umgewandelt worden ist und hiernach eine Freiheitsstrafe von insgesamt nicht mehr als sechs Monaten ergäbe, lautet, kann der Richter, falls es sich um eine Persönlichkeit handelt, die nie eine Freiheitsstrafe erlitten hat — unbeschadet der Vorschriften besonderer Gesetze —, und vorausgesetzt, daß der Beschuldigte anwesend ist, anordnen, daß die Vollstreckung des Urteils für eine Frist von fünf Jahren, wenn es sich um eine Verurteilung wegen eines Verbrechens handelt, oder wenn es sich um eine Verurteilung wegen Übertretung handelt für eine Frist, die kleiner ist, als die Verjährungsfrist der Strafe, ausgesetzt bleibt.

Das Maß der Strafe, für die diese Entscheidung getroffen werden kann, ist das Doppelte bei Frauen, Personen unter achtzehn Jahren und solchen, die das siebzigste Lebensjahr vollendet haben.

Die Bestimmung dieses Artikels findet keine Anwendung in den Fällen der Abwesenheit oder des freiwilligen Verlassens des Sitzungssaales, wie sie in den Artikeln 376 und 377 geregelt sind.

424. Die Aussetzung kann von dem im Urteile berechneten Ersatze des Schadens oder aber von der Zahlung — binnen einer ebenda zu bestimmenden Frist — einer Geldsumme, die in der endgültigen Abrechnung bestimmt werden soll oder die in der Eigenschaft als Schadensersatz angewiesen werden soll, abhängig gemacht werden. In jedem dieser Fälle kann sie auch von der Zahlung der Kosten des Verfahrens abhängig gemacht werden.

425. Der Vorsitzende oder Einzelrichter klärt nach Verlesung des Urteils den Verurteilten in der Sitzung über die Bedeutung der ihm gewährten Wohltat auf und weist ihn darauf hin, daß, wenn er innerhalb der festgesetzten Frist eine strafbare Handlung begeht oder den ihm auferlegten Pflichten nicht nachkommt, er die Strafe nach Maßgabe des Gesetzes abbüßen müsse.

426. Die Aussetzung kann nicht mehr als einmal gewährt werden, auch nicht, wenn inzwischen die Rehabilitation erfolgt ist; indes in bezug auf die Wirkungen dieser Bestimmung wird der mittels Strafverfügung in Gemäßheit des Artikels 298 gewährten Aussetzung nicht Rechnung getragen.

427. Wird in einer ersten Verurteilung eine Geldstrafe von nicht mehr als 5000 — fünftausend — Lire oder eine Freiheitsstrafe von nicht mehr als drei Jahren ausgesprochen, so kann der Richter unter Berücksichtigung des Vorlebens des Verurteilten und der Umstände der Tat anordnen, daß die Erwähnung der Verurteilung im Strafregister ausgesetzt bleibt, bis der Verurteilte eine andere Tat begeht, die eine strafbare Handlung begründet.

428. Ist die Verurteilung zur Veröffentlichung des Urteils im Gesetze ausdrücklich vorgesehen, so ordnet der Richter die Veröffentlichung auf Kosten des Verurteilten und gegebenenfalls auch auf Kosten der zivilrechtlich verantwortlichen Person an.

Ist in andern Fällen der Richter der Ansicht, daß die Entscheidung durch die Natur der Tat gerechtfertigt wird und daß sie dazu dient, den Schaden zu ersetzen oder den Ersatz zu vervollständigen, so ordnet er an, daß das Urteil auf Kosten des Antragstellers ein- oder zweimal in von ihm bestimmten Blättern, deren Anzahl drei nicht übersteigen soll, veröffentlicht wird.

Im Falle des Freispruchs kann der Richter auf Antrag des Beschuldigten, falls er meint, daß in bezug auf diesen Bedingungen vorliegen, die den im vorhergehenden Absatz bezeichneten analog sind, anordnen, daß das Urteil auf Kosten der Zivilpartei veröffentlicht wird.

429. Kraft der verurteilenden Entscheidung hat der Staat das Recht auf die Zahlung der Kosten des Verfahrens zu Lasten des oder der Verurteilten in Gemäßheit des Artikeils 39 des Strafgesetzbuchs[43]). Die zivilrechtlich verantwortliche Person, die geladen worden war oder sich dem Verfahren angeschlossen hatte, wird gesamtschuldnerisch mit dem Verurteilten zur Zahlung verpflichtet, falls ihre Verantwortlichkeit im Urteil ausgesprochen worden ist.

Wird der Beschuldigte freigesprochen und liegt eine strafbare Handlung vor, die im Wege der Parteiklage verfolgt wird, so wird der Kläger zu den Kosten des Verfahrens verurteilt. Er wird dazu nicht verurteilt, wenn die Freisprechung wegen Erlöschens der Strafklage auf Grund von Verjährung ausgesprochen wird und diese an dem Tage der Klageerhebung noch nicht vollendet war.

Wird die Strafklage durch Zurücknahme für erloschen erklärt, so finden die Bestimmungen des Artikels 161 Anwendung.

430. Mit der verurteilenden Entscheidung wird der Beschuldigte auch zum Ersatze des durch die strafbare Handlung verursachten Schadens und zur Schadloshaltung des Geschädigten auch dann verurteilt, wenn der Anschluß einer Zivilpartei nicht erfolgt ist. Er kann ferner auch zur Zahlung einer im Urteil festgesetzten Entschädigungssumme verurteilt werden, vorausgesetzt, daß der Geschädigte sich als Zivilpartei angeschlossen und es beantragt hat. War die zivilrechtlich verantworliche Person geladen worden oder hatte sie sich dem Verfahren angeschlossen, so werden diese Verurteilungen auch gegen sie gesamtschuldnerisch ausgesprochen, falls ihre Verantwortlichkeit im Urteil festgestellt wird.

Die Berechnung (Substanziierung) des Schadens geschieht im Urteil, wenn es von der Zivilpartei beantragt wird und die Akten die gehörige Grundlage dazu liefern; sonst wird der Antrag auf Berechnung vor dem in erster Instanz der Höhe nach zuständigen Zivilrichter an dem Orte, wo das Strafverfahren in erster Instanz verhandelt wurde, gestellt.

In dem Urteile kann dem Geschädigten eine in der Schlußrechnung festzustellende Geldsumme angewiesen werden.

Der Beschuldigte und die zivilrechtlich verantwortliche Person werden in jedem Falle gesamtschuldnerisch zu den Kosten zugunsten der Zivilpartei verurteilt. Der Richter entscheidet ferner über die im Artikel 10 Absatz II bezeichneten Kosten.

431. In dem freisprechenden Urteile verurteilt der Richter, wenn eine im Wege der Parteiklage zu verfolgende strafbare Handlung vorliegt, den Kläger zur Erstattung der Kosten zugunsten des Beschuldigten und, falls der Kläger sich als Zivilpartei angeschlossen hat, auch zugunsten der zivilrechtlich verantwortlichen Person — sei es, daß diese geladen worden ist oder sich angeschlossen hat —, ausgenommen die Fälle, daß gerechte Gründe für eine gänzliche oder teilweise Kompensierung vorliegen oder die Freisprechung wegen Verjährung ausgesprochen wird, die am Tage der Klageerhebung noch nicht vollendet war; er kann ferner den Kläger zum Ersatz des Schadens an den Beschuldigten und gegebenenfalls an die zivilrechtlich verantwortliche Person verurteilen, wenn diejenigen, die es angeht (gli interessati), es beantragen.

Liegt eine von Amts wegen zu verfolgende strafbare Handlung vor, so kann der Richter auf entsprechenden Antrag die Zivilpartei zu den Kosten und zum Schadensersatz zugunsten des Beschuldigten und der zivilrechtlich verantwortlichen Person, die geladen worden ist oder sich angeschlossen hat, verurteilen; er entscheidet ferner über die im Artikel 10 Absatz II bezeichneten Kosten.

432. Über die im vorhergehenden Artikel besprochenen Kosten- und Schadensersatzanträge kann nur der Strafrichter in dem freisprechenden Urteile entscheiden.

Das Berechnungsverfahren wird vor dem in erster Instanz in Gemäßheit des Artikels 430 Absatz II zuständigen Zivilrichter anhängig gemacht.

433. Das gebührend abgefaßte und unterschriebene Urteil des Tribunals muß in der Gerichtsschreiberei nicht länger als fünfzehn Tage von seiner in Gemäßheit des Artikels 412 geschehenen Verkündung in der Sitzung ab und das des Einzelrichters nicht länger als zehn Tage niedergelegt werden.

Das Urteil gilt den Parteien, die der Hauptverhandlung persönlich beigewohnt haben, als zugestellt, auch wenn sie bei der Verkündung nicht zugegen waren.

434. Die Berichtigung der sachlichen Irrtümer der Urteile, Beschlüsse und Verfügungen wird, wenn solche Irrtümer nicht Nichtigkeit bewirken, von dem Richter, der die Entscheidung gefällt hat, nach Anhörung der Staatsanwaltschaft und nach vorheriger Ladung der Parteien in der Ratskammer beschlossen; deren Ausführungen werden im Protokolle erwähnt.

In der Urschrift des Urteils, des Beschlusses oder der Verfügung wird der Berichtigungsbeschluß vermerkt.

In gleicher Weise wird verfahren, wenn es nötig wird, in einem Urteil den Vor- oder Zunamen des Beschuldigten zu berichtigen.

435. Der freigesprochene Beschuldigte — auch wenn es sich um ein Abwesenheitsverfahren (in contumacia) handelt — kann, wenn die Entscheidung rechtskräftig geworden ist, nicht von neuem wegen derselben Tat einem Verfahren unterworfen werden, und zwar auch dann nicht, wenn die Tat verschieden aufgefaßt wird in bezug auf die Bezeichnung (titolo), den Grad (grado) oder die Vielheit (quantità) der strafbaren Handlung. Dagegen kann in jedem Falle gegen den mangels Klage oder Antrags freigesprochenen Beschuldigten vorgegangen werden, wenn die eine oder der andere demnächst erhoben beziehungsweise gestellt wird.

Kapitel III.

Vom Protokoll. (Del processo verbale.)

436. Über jede Hauptverhandlung verfaßt der Gerichtsschreiber ein Protokoll, in dem er aufführt:

1. den Ort, das Jahr, den Monat und den Tag, an dem die Sitzung abgehalten wurde, sowie die Stunde ihrer Eröffnung und Schließung;
2. den Vor- und Zunamen, das Alter und andere persönliche Eigenschaften des Beschuldigten;
3. den Vor- und Zunamen der Richter, des Vertreters der Staatsanwaltschaft, der Parteien, die der Hauptverhandlung beiwohnen, ihrer Vertreter und Verteidiger;
4. Vor- und Zunamen, Alter und andere persönliche Eigenschaften der Zeugen, Sachverständigen, Dolmetscher, sowie die Angabe, daß sie einen Eid geleistet haben;

5. die Anträge und Schlußfolgerungen des Staatsanwalts und der Parteien und alles das, dessen Aufnahme der Richter von Amts wegen oder auf Antrag des Staatsanwalts oder einer der Parteien anordnet.

Das Protokoll wird vom Vorsitzenden oder Einzelrichter und vom Gerichtsschreiber unterschrieben und wird den Gerichtsakten einverleibt.

Ist der Vorsitzende des Tribunals verhindert, so unterschreibt für ihn der rangälteste Beisitzer; im Falle der Verhinderung des Vorsitzenden des Assisengerichts oder des Einzelrichters genügt es, wenn der Gerichtsschreiber unterschreibt. Die Verhinderung und ihre Gründe muß vor der Unterschrift erwähnt werden.

Die während der Hauptverhandlung verkündeten Beschlüsse werden bei Strafe der Nichtigkeit in das Protokoll aufgenommen.

437. Bei der Hauptverhandlung vor dem Assisengericht ist der Gerichtsschreiber nicht verpflichtet, im Protokoll die Aussagen der Zeugen und die Erklärungen der Sachverständigen aufzuführen. Die Bestimmung der Nummer 5 des vorhergehenden Artikels wird hierdurch nicht berührt.

Bei der Hauptverhandlung vor dem Tribunal oder Einzelrichter und beim Abwesenheitsverfahren vor dem Assisengericht muß der Gerichtsschreiber die Aussagen der Zeugen, die Erklärungen der Sachverständigen, die Übereinstimmungen, Abänderungen oder Zusätze in bezug auf die früheren Aussagen oder Erklärungen und jeden andern sich aus dem betreffenden Verhör ergebenden Umstand kurz zusammenfassen (riassumere). Ist der Beschuldigte anwesend, so soll der Gerichtsschreiber die Antworten nur kurz zusammenfassen.

Der Vorsitzende oder Einzelrichter kann die Zeugenaussagen und Sachverständigenerklärungen diktieren und kann die Sachverständigen auffordern, sie zu diktieren. Diese Umstände werden durch Aufnahme ins Protokoll daselbst erwähnt.

Kapitel IV.

Besondere Bestimmungen für das Verfahren vor dem Assisengericht.

438. Der Vorsitzende bildet die Geschworenenbank in Gemäßheit des Gesetzes, läßt das Publikum in den Sitzungssaal, setzt den Geschworenen in gedrängter Weise die Taten auseinander und verliest die Beschuldigung, ohne die Beweise zu berühren. Dann gemahnt er sie ernsthaft an die Pflicht, mit niemand über die Anklage zu sprechen und in keiner Weise die eigene Meinung darüber vor dem Verdikt kund zu tun; auch weist er sie auf die im Artikel 441 festgesetzten Strafbestimmungen hin.

439. Ist die Strafklage erloschen oder aber kann sie nicht erhoben oder verfolgt werden, so spricht der Vorsitzende, auch von Amts wegen, nach Anhörung der Staatsanwaltschaft, des Beschuldigten und der Verteidiger aus, daß aus einem Grunde nicht eingeschritten werden dürfe, den er besonders im Tenor des Urteils bezeichnet. Dieses wird ohne Zuziehung der Geschworenen gefällt, und zwar auch nach Schluß der Hauptverhandlung.

In dem Verfahren mittels unmittelbarer Ladung entscheidet der Vorsitzende in derselben Form über den Einwand der Unzuständigkeit des Assisengerichts. Erkennt er den Einwand als begründet an, so fällt er ein Zurückverweisungsurteil an das Tribunal oder den Einzelrichter.

440. Der Vorsitzende befragt den Beschuldigten nach seinem Vor- und Zunamen, sowie nach den andern persönlichen Eigenschaften; sodann fordert er die Geschworenen auf, sich zu erheben und verliest, während auch er selbst steht, die folgende Eidesformel:

> „Mit dem festen Willen, Ihre volle Pflicht als Ehrenmänner zu erfüllen und im Bewußtsein der höchsten sittlichen und bürgerlichen Bedeutung des Amtes, das das Gesetz Ihnen anvertraut,
>
> schwören und versprechen Sie, in diesem Prozesse die Beweise und die Gründe der Anklage und der Verteidigung mit Fleiß zu untersuchen und mit Ernst zu prüfen, sich durch deren gerechte und unparteiische Wertung Ihre innerliche Überzeugung zu bilden und von Ihrem Sinne jedes Gefühl der Ab- oder Zuneigung entfernt zu halten, damit das Verdikt so ausfällt, wie es die Gesellschaft von Ihnen erwartet, als eine aufrichtige Bekräftigung der Wahrheit und Gerechtigkeit.“
>
> („Con la ferma volontà di compiere, da uomini d'onore, tutto il vostro dovere, e coscienti della suprema importanza morale e civile dell' ufficio che la Legge vi affida,
>
> giurate e promettete di ascoltare con diligenza ed esaminare con serenità, in questo procedimento, le prove e le ragioni dell' accusa e della difesa, di formare la vostra intima convinzione valutandole con rettitudine ed imparzialità, e di tenere lontano dall' animo vostro ogni sentimento di avversione o di favore, perchè il verdetto riesca quale la società lo attende da voi, affermazione sincera di verità e di giustizia.“)

Die Geschworenen werden einer nach dem andern aufgerufen, und jeder von ihnen antwortet mit der Bekräftigung: „Ich schwöre es“. („Lo giuro“.)

441. Der Geschworene, welcher vor Fällung des Verdikts mit andern in Verbindung tritt oder auf andere Weise seine eigene Meinung über die Anklage kund gibt, wird von dem Schwurgericht ausgeschlossen und vom Vorsitzenden zur Zahlung einer Geldstrafe von wenigstens 300 — dreihundert — und höchstens 1000 — tausend — Lire, sowie zu den Kosten der durch seinen Ausschluß notwendig werdenden Aussetzung verurteilt.

442. Nach dem Verhör des Beschuldigten weist der Vorsitzende die Geschworenen auf ihr Recht hin, während der Hauptverhandlung durch seine Vermittlung an den Beschuldigten, Verletzten, die Zeugen oder Sachverständigen die ihnen zur Feststellung der Wahrheit notwendig erscheinenden Fragen zu stellen.

443. Nach Schluß der Beweisaufnahme fordert der Vorsitzende den Staatsanwalt und die Parteien auf, ihre auf die den Geschworenen vorzulegenden Fragen bezüglichen Anträge zu stellen; sodann entwirft er die Fragen und verliest sie.

444. Die Fragen über die Haupttat und über die erschwerenden Umstände werden in Übereinstimmung (in conformità) mit dem Eröffnungsurteil oder der Anklageschrift gestellt. Auch bei dem Verfahren vor dem Assisengerichtshofe findet die Bestimmung des Artikels 416 Anwendung, und die Fragen werden in Übereinstimmung mit dem in Gemäßheit desselben Artikels geschehenen Hinweise des Vorsitzenden gestellt.

445. Der Staatsanwalt und der Beschuldigte können beantragen, daß Fragen über die Gründe, die nach dem Gesetz die Schuld oder die Strafe ausschließen oder vermindern oder aus denen die Straffreiheit ausgesprochen werden muß[44]), sowie Unterfragen [domande subordinate[45])], die die Hauptfrage verändern und zu andern Rechtsfolgen zugunsten des Beschuldigten Veranlassung geben, gestellt werden. Der Vorsitzende muß die besagten Fragen vorlegen, falls nicht Rechtsgründe entgegenstehen, und kann sie auch von Amts wegen stellen.

446. Die Frage über die Haupttat, wie sie in dem eröffnenden Urteile oder in der Anklageschrift bezeichnet wurde, und zwar mit der Aufzählung der Grundlagen, die die strafbare Handlung begründen (elementi costitutivi del reato), ohne ihnen eine juristische Bezeichnung dabei zu geben und mit der Bezugnahme auf die Verschuldung des Beschuldigten, muß in die folgenden Teilfragen geteilt werden:

1. ob die Tat wirklich geschehen ist (se sussista il fatto materiale);
2. ob der Beschuldigte sie begangen oder an ihrer Begehung teilgenommen hat;
3. ob der Beschuldigte schuldig (colpevole) ist. Bei der Frage über die Verschuldung wird auch, falls es im Gesetz bezeichnet ist, der besondere Zweck (il fine specifico) aufgeführt.

447. Die Unterfrage enthält die Bestandteile, die sie als Veränderung der Hauptfrage begründen. Sollen in ihr die Grundlagen einer sachlich verschiedenen Tat oder die eine andere strafbare Handlung begründenden Merkmale nicht aufgeführt werden, so wird sie in die Hauptfrage als Unterfrage auf die auf die zweite oder dritte Teilfrage derselben Frage gegebene Antwort eingeschoben.

Sollen in der Unterfrage die Grundlagen einer sachlich verschiedenen Tat oder die eine andere strafbare Handlung begründenden

Merkmale aufgeführt werden, so wird eine solche Frage als Unterfrage zu der Hauptfrage gestellt und auf die im vorhergehenden Artikel bezeichnete Art und Weise geteilt.

448. Die Teilfragen (domande) beziehungsweise Fragen (questioni) über die Gründe, die die Schuld oder die Strafbarkeit ausschließen oder vermindern, sowie über die, aus denen die Straffreiheit erklärt werden muß, und über die erschwerenden Umstände enthalten die Aufführung der Merkmale, die sie begründen, mit Ausnahme derjenigen, die sich auf die im Artikel 59 des Strafgesetzbuchs[46]) vorgesehenen mildernden Umstände bezieht.

449. Die Frage über einen Schuldausschließungsgrund bildet einen Teil der Frage über die Haupttat. Eine solche Frage geht der in Nummer 3 des Artikels 446 bezeichneten voran; und diese letztere muß als Unterfrage auf die verneinende Antwort in bezug auf den Grund, aus dem die Zurechenbarkeit ausgeschlossen ist, gestellt werden.

Die Frage über einen Schuld- oder Strafminderungsgrund wird im Verfolg der Frage über die Haupttat gestellt und als Unterfrage in bezug auf die bejahende Antwort auf die drei im Artikel 446 bezeichneten Fragen.

450. Ist der Beschuldigte taubstumm oder war er im Augenblicke, als die Tat begangen wurde, weniger als vierzehn Jahre alt, oder aber war er, falls eine strafbare Handlung in bezug auf die Presse, wie sie im Artikel 14 Nummer 4 vorgesehen ist, vorliegt, weniger als sechzehn Jahre alt, so stellt der Vorsitzende an die Geschworenen die besondere Frage, ob er mit Urteilsfähigkeit (discernimento) gehandelt hat.

451. Die Frage über die Haupttat wird vor jeder andern gestellt, die Frage über die mildernden Umstände zuletzt; die übrigen werden in der Reihenfolge, die der Vorsitzende für logisch und der Abstimmung angemessen hält, gestellt, unbeschadet der Bestimmung des Artikels 449 Absatz II.

Die Fragen über die Haupttat und die Unterfragen werden mit folgender Formel gestellt:

1. „Besteht die Tat ...... (diese wird in Gemäßheit der Artikel 444 und 446 aufgeführt)?"
2. „Hat der Beschuldigte ..... die Tat begangen (oder „hat er an der Tat teilgenommen", unter Angabe der Merkmale der Teilnahme)?"
3. „Ist der Beschuldigte schuldig wegen der freiwilligen Begehung (oder Teilnahme an) der Tat?" (und wenn das Gesetz einen besonderen Zweck bezeichnet, so heißt es z. B.: „zum Zwecke der Tötung, um Vorteil daraus zu ziehen, zum Zwecke des Gewinnes, aus Begierde [libidine], um zu beeinflussen ......?"); oder aber: „Ist der Beschuldigte schuldig, die Tat aus Unbedachtsamkeit (imprudenza) oder

Fahrlässigkeit (negligenza) verursacht zu haben . . . . . .?" (wie in den verschiedenen vom Gesetz bezeichneten Voraussetzungen).

Die Fragen oder Teilfragen über die Schuld- oder Strafausschließungs- oder -minderungsgründe, die über erschwerende Umstände und die über die Gründe, die von Strafe befreien, werden mit folgender Formel gestellt:

„Steht zugunsten (oder zu Lasten) des Beschuldigten fest, daß er die Tat begangen hat, während er sich in einem Zustande befand . . . . . oder unter folgenden Umständen . . . . . oder indem er dazu genötigt wurde . . . . . oder in dem Augenblicke als . . . . . unter Gebrauch von . . . . . unter Mißbrauch von . . . . . vermittels . . . . . mit Gewalt, mit Waffen . . . . .?" (wie in den verschiedenen vom Gesetz bezeichneten Fällen).

Die Frage über die mildernden Umstände wird mit der Formel gestell:

„Liegen zugunsten des Beschuldigten mildernde Umstände vor?"

452. Die Fragen und Teilfragen werden getrennt für jeden Beschuldigten, jede Haupt- oder Untertat, und für jeden der vorberegten Gründe oder Umstände entworfen.

Jede Frage und Teilfrage ist so zu stellen, daß sie mit Ja (si) oder mit Nein (no) beantwortet werden kann; es wird auch, falls nötig, erwähnt, in welcher Weise eine von der andern abhängt.

Sind mehrere Beschuldigte in bezug auf eine Tat vorhanden, so wird die in Nummer 1 des Artikels 446 näher bezeichnete Frage über das wirkliche Bestehen der Tat nur einmal gestellt.

453. Der Staatsanwalt und die Parteien haben das Recht, zu beantragen, daß die Fragen in anderer Weise formuliert oder in einer andern Reihenfolge gestellt werden.

Der Vorsitzende entscheidet über die vorbezeichneten Anträge.

454. Sind die Fragen endgültig in Gemäßheit der Bestimmungen der vorhergehenden Artikel festgesetzt und vom Vorsitzenden und Gerichtsschreiber unterschrieben worden, so wird in Gemäßheit des Artikels 411 zu den Plaidoyers geschritten.

Eine Veränderung oder ein Zusatz in bezug auf die Fragen kann nur dann gemacht werden, wenn neue Beweise, die deren Notwendigkeit ergeben, erbracht werden. Die Entscheidung des Vorsitzenden über diesen Gegenstand kann in keiner Weise angefochten werden.

455. Nach Schluß der Plaidoyers erklärt der Vorsitzende die Hauptverhandlung für geschlossen. Diese kann nicht wieder eröffnet werden; und es wird im Sitzungssaal zur Beratung über das Verdikt geschritten in Gegenwart — zusammen mit den Geschworenen — des Vorsitzenden, des Staatsanwalts, des Gerichtsschreibers und eines Verteidigers für jeden Beschuldigten.

Für die Beschuldigten, bei denen nach Erklärung des Vorsitzenden keine Unvereinbarkeit (incompatibilità) in bezug auf die Verteidigung besteht, bleibt ein Verteidiger zurück, der von ihnen oder, falls sie uneins sind, vom Vorsitzenden bezeichnet wird. Die Hilfsgeschworenen werden entlassen; jede andere Person, der Verteidiger der zivilrechtlich verantwortlichen Person mit einbegriffen, wird aus dem Sitzungssaal entfernt. Der Vorsitzende sorgt vermittels der Agenten der öffentlichen Gewalt für die Bewachung der Eingänge.

Es ist unbedingte Pflicht des Staatsanwalts und des Verteidigers, sich ruhig zu verhalten und sich jeder Handlungsweise zu enthalten, die die Freiheit und Ruhe der Stimmabgabe bezüglich des Verdikts und das Abzählen der abgegebenen Stimmen stören könnte. Wer hiergegen verstößt, den läßt der Vorsitzende aus dem Sitzungssaale entfernen; auch zeigt er ihn zum Zwecke der Disziplinarverfolgung an, unbeschadet der eventuell gegebenen Strafklage und der Pflicht, sich nach der Beratung der Geschworenen in der Sitzung vertreten zu lassen.

Die Beratung wird in Abwesenheit des Zuwiderhandelnden und ohne seine Ersetzung fortgesetzt.

Die Anordnungen, die der Vorsitzende in Ausübung der ihm in diesem Artikel eingeräumten Rechte erläßt, sind keiner Anfechtung unterworfen.

456. Bis zur Beendigung der Beratung, die in keinem Falle unterbrochen werden darf, kann niemand das Wort ergreifen, es sei denn auf Grund besonderer ihm vom Vorsitzenden gewährter Erlaubnis; und niemand kann in den Sitzungssaal eintreten oder ihn verlassen, es sei denn auf schriftliche Anordnung des Vorsitzenden.

457. Wer die Bestimmungen der beiden vorhergehenden Artikel übertritt oder aber trotz seiner Pflicht, sie auszuführen, sie nicht beachtet, wird vom Vorsitzenden zur Zahlung einer Geldsumme von 300 — dreihundert — bis 500 — fünfhundert — Lire an die Staatskasse verurteilt, unbeschadet der Strafklage, die aus der Tat entspringen kann.

458. Der Vorsitzende mahnt die Geschworenen an die Bedeutung des von ihnen geleisteten Eides und über die Wichtigkeit des Amtes, das zu erfüllen sie sich anschicken; er verliest die Fragen in der Reihenfolge, in der sie gestellt worden sind; er erklärt im einzelnen ihre Bedeutung und ihre Beziehung zueinander und bezeichnet ihnen die strafrechtlichen Folgen der Antworten, ohne dabei die Ergebnisse der Hauptverhandlung zusammenzufassen oder die Beweise oder die von der Anklage oder der Verteidigung angeführten Gründe zu wiederholen oder zu werten. Jeder Geschworene hat das Recht, auch vor Abstimmung über eine einzelne Frage oder Teilfrage Aufklärungen zu fordern.

459. Der Vorsitzende erklärt den Geschworenen die Wirkung der keine Stimme enthaltenden Zettel oder derjenigen, die für unleserlich erklärt werden.

Vor Vornahme der Abstimmung erinnert der Vorsitzende alle Anwesenden an die Bestimmungen der Artikel 455, 456 und 457 und fordert sie auf, diese peinlichst zu befolgen.

Im Protokoll wird die Beobachtung dieses und des vorhergehenden Artikels erwähnt.

460. Über die vom Vorsitzenden gegebenen Erklärungen ist den Geschworenen jegliche Unterhaltung verboten.

Ein in den Erklärungen hervorgehobener Rechtsirrtum kann als Nichtigkeitsgrund in Gemäßheit des Artikels 500 vermittels der Revision benutzt werden, wenn der Vorsitzende ihn nicht auf Antrag des Staatsanwalts oder des Verteidigers richtig stellt. Im Protokoll wird der Antrag auf Richtigstellung und die Erklärung des Vorsitzenden erwähnt.

461. Der Vorsitzende läßt durch den Gerichtsschreiber an jeden Geschworenen für jede Frage oder Teilfrage einen Zettel mit dem Stempel (bollo) des Assisengerichts überreichen. Der Zettel wird bedruckt oder beschrieben mit der Formel der Frage oder Teilfrage; und seitlich davon werden die Worte gedruckt: Auf Ehre und Gewissen ist meine Stimme .... (sul mio onore e sulla mia coscienza il mio voto è .....).

Der Geschworene schreibt unter die besagten Worte das Wort Ja oder Nein; sodann faltet er den Stimmzettel zusammen.

Über jede einzelne Frage und Teilfrage müssen alle Geschworenen zugleich abstimmen. Die zusammengefalteten und auf die zur Abstimmung stehende Frage oder Teilfrage bezüglichen Stimmzettel werden vom Gerichtsschreiber gesammelt.

Die Abstimmung muß so geschehen, daß niemand von der besonderen Abstimmung jedes Geschworenen Kenntnis nehmen kann.

462. Der Vorsitzende nimmt mit Hilfe ausschließlich des Gerichtsschreibers die Sammlung der Stimmen vor, verkündet das Ergebnis für jede einzelne Frage oder Teilfrage und schreibt es sofort an den Rand der Frage oder Teilfrage. Er gibt auch die Anzahl der Stimmen an, aber nur, wenn die bejahende Antwort über die Haupttat oder den erschwerenden Umstand mit einer einfachen Majorität von sechs Stimmen abgegeben worden ist.

Wenn ein Stimmzettel keine Stimme enthält oder auf einen vom Vorsitzenden angeregten Zweifel hin von mindestens fünf Geschworenen für unleserlich erklärt wird, so wird er als dem Beschuldigten günstig angesehen.

Alle Stimmzettel werden sofort nach der Abstimmung verbrannt.

463. Die Entscheidung der Geschworenen muß das Ergebnis einer Majorität von wenigstens sechs Stimmen sein. Bei Stimmengleichheit gilt die dem Beschuldigten günstige Entscheidung.

464. Nach Beratung über das Verdikt unterschreibt es der Vorsitzende zusammen mit dem Gerichtsschreiber, und zwar stets in Gegenwart der Geschworenen, des Staatsanwalts und des Verteidigers.

465. Die Bestimmungen des Artikels 440 und der Artikel 442 bis 452, 454 bis 456, 458, 459 Absatz I, 461 bis 464 müssen bei Strafe der Nichtigkeit beobachtet werden.

466. Wenn das Verdikt über irgendeine der auf die Haupttat bezüglichen Fragen mit einer einfachen Mehrheit von sechs Stimmen bejahend ausgefallen ist, so kann der Vorsitzende den Prozeß auf eine andere Sitzungsperiode mit andern Geschworenen übertragen. Die Entscheidung des Vorsitzenden geschieht ohne Begründung und niemand hat das Recht, sie hervorzurufen (provocare).

Betrifft das bejahende Verdikt mehrere strafbare Handlungen, so findet die vorgesagte Bestimmung auf diejenige strafbare Handlung Anwendung, in bezug auf welche die Entscheidung des Vorsitzenden gefällt ist. Wenn in bezug auf andere derselben strafbaren Handlung Beschuldigte das Verdikt bejahend mit einer Majorität von mehr als sechs Stimmen ausgefallen ist, so hat der Vorsitzende das Recht, die Wirkung seiner Entscheidung auch auf diese Beschuldigte auszudehnen.

467. Der Vorsitzende unterschreibt das Verdikt, eröffnet die Verhandlung wieder und ordnet an, daß der Beschuldigte in den Saal zurückgeführt wird.

Der Gerichtsschreiber verliest das Verdikt.

Der Staatsanwalt und die Verteidiger der Parteien richten an das Gericht die entsprechenden Ersuchen, Schlußfolgerungen oder Anträge; unmittelbar hinterher verfaßt der Vorsitzende bei Strafe der Nichtigkeit das Urteil und verkündet es durch Verlesung in der Sitzung.

468 Wenn die Geschworenen verneint haben, daß die Tat wirklich geschehen ist, oder daß der Beschuldigte sie begangen oder daran teilgenommen hat, oder daß ihn ein Verschulden daran treffe, oder aber, wenn sie die Frage über den Schuldausschließungsgrund oder über den Grund, aus welchem das Strafgesetz bestimmt, daß der Beschuldigte nicht strafbar sein oder einer Strafe nicht unterliegen solle, bejahend beantwortet haben, so spricht der Vorsitzende ihn frei.

Wenn die Tat, derer der Beschuldigte für schuldig erklärt wird, eine strafbare Handlung nicht begründet, so spricht ihn der Vorsitzende frei, indem er dabei ausdrücklich den Grund dafür angibt.

In den Fällen, in denen das Strafgesetz bestimmt, daß der Beschuldigte straffrei sein soll, erklärt dies der Vorsitzende ausdrücklich im Tenor.

In jedem der vorgenannten Fälle ordnet der Vorsitzende, falls der Freigesprochene sich in Haft befindet oder den Beschränkungen der vorläufigen Freiheit unterworfen ist, seine Freilassung an, es sei denn, daß er in einer andern Sache in Haft zu verbleiben hat.

Finden die Bestimmungen der Artikel 46 Absatz II, 54 Absatz I oder 58 Absatz I des Strafgesetzbuchs Anwendung, so wird in Gemäßheit des Artikels 594 verfahren.

469. Wenn die Tat, derer der Beschuldigte nach dem Verdikt für schuldig erkannt wurde, eine strafbare Handlung begründet, so spricht der Vorsitzende die Verurteilung aus und setzt die Strafe fest.

470. Der Vorsitzende entscheidet in den verurteilenden oder freisprechenden Urteilen über die Kosten, die Wiederherstellungen, den Schaden und die Anträge auf Zuerkennung einer Buße in Gemäßheit der Artikel 429, 430 und 431.

Kapitel V.

Von dem Abwesenheitsprozess (del giudizio in contumacia).

471. Erscheint der Beschludigte — auch wenn er in Haft ist — nicht in der Sitzung, und wird bewiesen, daß es ihm aus rechtmäßigen und schwerwiegenden Hinderungsgründen unmöglich ist, zu erscheinen, oder aber, wenn es ihm infolge Geistesschwäche unmöglich ist, für seine eigene Verteidigung zu sorgen, so ordnet der Vorsitzende des Assisengerichts, das Tribunal oder der Einzelrichter — auch von Amts wegen — die Aussetzung oder Vertagung der Hauptverhandlung je nach den Umständen an, schreibt nötigenfalls vor, daß die Entscheidung dem Beschuldigten zugestellt wird und kann ferner den Geschädigten, der einen dahingehenden Antrag stellt, ermächtigen, die Schadensersatzklage vor dem Zivilrichter, unabhängig von dem Strafverfahren, zu erheben oder fortzuführen, und zwar auch dann, wenn er sich als Zivilpartei angeschlossen hat. Der Antrag kann vom Staatsanwalt in dem im Artikel 64 vorgesehenen Falle gestellt werden. Wird die Hauptverhandlung demnächst abgehalten, so kann sich die Zivilpartei des im Artikel 10 festgesetzten Rechtes bedienen.

472. Mit Ausnahme der im vorhergehenden Artikel und im Artikel 376 Absatz II bezeichneten Fälle beauftragt der Vorsitzende oder Einzelrichter, falls der Beschuldigte in der Sitzung nicht erscheint, den Gerichtsschreiber, die Zustellungsurkunde des eröffnenden Urteils gegebenenfalls zu verlesen, ferner auch die Zustellungsurkunde der Ladungsverfügung oder die im Artikel 360 bezeichnete Verfügung.

Hiernach ordnet er nach Anhörung des Staatsanwalts und der Verteidiger, falls die Zustellungen gesetzmäßig ausgeführt und die Fristen gewahrt sind, durch Beschluß an, daß der Prozeß in Abwesenheit verhandelt wird; sonst beschließt er die Erneuerung derjenigen Rechtsakte, deren Nichtigkeit er festgestellt hat.

473. Der Abwesenheitsprozeß geschieht in erster und zweiter Instanz in gewöhnlicher Form; das Assisengericht verfährt ohne Geschworene. Die Verteidigung kann keine Entlastungsbeweise vorbringen; der Richter kann sich der in den Artikeln 399, 400 und 493 festgesetzten Rechte bedienen; eine Vernehmung von Zeugen findet indes nicht statt.

Unbeschadet der Vorschrift des Artikels 476 enthält das Urteil die Entscheidungen über die Kosten, sowie die übrigen in den Artikeln 429, 430 und 431 erwähnten Entscheidungen.

Das Assisengericht erläßt bei Verkündung der zu einer Freiheitsstrafe verurteilenden Entscheidung gegen den Abwesenden in Gemäßheit des Artikels 330 Absatz II einen Haftbefehl, der vom Vorsitzenden und vom Gerichtsschreiber unterschrieben ist.

474. Vor dem Berufungsgericht, dem Tribunal oder Einzelrichter kann der Abwesende im Laufe der Hauptverhandlung erscheinen. Der Vorsitzende oder Einzelrichter unterrichtet ihn zusammenfassend über das, was vor seinem Erscheinen verhandelt wurde und fordert ihn auf, sich zu rechtfertigen.

Erscheint der Beschuldigte vor Beginn der Plaidoyers, so kann er Schriftstücke überreichen und andere Beweise zu seiner Verteidigung bezeichnen. Der Richter kann sich nach Anhörung des Staatsanwalts und der übrigen anwesenden Parteien in bezug auf den Zeugen- und Sachverständigenbeweis der im Artikel 400 festgesetzten Rechte bedienen.

Vor dem Assisengerichte veranlaßt das Erscheinen des abwesenden Beschuldigten — in welchem Augenblicke des in Gemäßheit des Artikels 473 Absatz I verhandelten Prozesses es auch geschehen mag —, vorausgesetzt, daß es vor Schluß der Hauptverhandlung geschieht, die Erneuerung der Hauptverhandlung in den gewöhnlichen Formen.

Dessenungeachtet finden, falls der Beschuldigte freiwillig in der vor den Geschworenen gegen andere Mitbeschuldigte im Lauf befindlichen Hauptverhandlung erscheint, die Regeln des ersten und zweiten Absatzes dieses Artikels Anwendung, vorausgesetzt, daß der Erscheinende von einem Verteidiger seines Vertrauens unterstützt wird und nicht beantragt, daß die Hauptverhandlung ausgesetzt oder vertagt werde.

475. Wird jemand in Abwesenheit vom Assisengericht zur Zuchthausstrafe oder einer andern Freiheitsstrafe von mehr als fünf Jahren oder aber zur dauernden Unfähigkeit zur Bekleidung öffentlicher Ämter verurteilt und erscheint er freiwillig oder gestellt sich im Gefängnis oder gelangt in die Gewalt des Gerichts, bevor die Strafklage verjährt ist, so wird er einem neuen Verfahren unter den gewöhnlichen Formen unterworfen, und das Urteil gilt als nicht gesprochen.

Wenn das eröffnende Urteil oder die Anklageschrift nicht dem Beschuldigten in Person zugestellt worden war, so muß die Zustellung von neuem zugleich mit der der im Artikel 360 bezeichneten Verfügung ausgeführt werden.

Gestellt sich der Verurteilte freiwillig und wird er nicht festgenommen, erscheint aber in der Hauptverhandlung nicht und führt er auch nicht einen der im Artikel 471 bezeichneten Gründe zu seiner Rechtfertigung an, so ordnet der Gerichtshof ohne Geschworene die Vollstreckung des Urteils durch ein nur der Revision unterliegendes Urteil an.

476. In den im Absatz I und im letzten Absatze des vorhergehenden Artikels erwähnten Urteilen entscheidet das Assisengericht nicht über die Anträge auf Wiederherstellung, Schadensersatz oder Zuerkennung einer Buße, die in Gemäßheit des Artikels 7 gestellt worden sind; deren Entscheidung liegt dem Zivilrichter ob.

Die Klage vor dem Zivilrichter kann sofort nach der Verurteilung in Abwesenheit erhoben oder fortgeführt werden. Die Bestimmung des Artikels 10 findet Anwendung, wenn nach Erhebung der besagten Klage der Beschuldigte dem im Absatz I des vorhergehenden Artikels bezeichneten neuen Prozeß unterworfen wird.

Titel III.

Vom Rechtsmittelverfahren. (Del giudizio sulle impugnazioni.)

Kapitel I.

Von der Berufung. (Dell' appello.)

477. Gegen das Urteil des Einzelrichters können beim Tribunal Berufung einlegen:

1. Der Beschuldigte im Falle der Verurteilung oder wenn er aus Mangel an Beweisen freigesprochen worden ist und es sich um ein Verbrechen handelt; ferner, wenn es sich um eine Übertretung handelt für den Fall der Verurteilung zu Haft (arresto) oder aber zu einer Geldstrafe von mehr als 150 — hundertfünfzig — Lire oder zu der Suspension von der Ausübung eines Berufes oder einer Kunst für mehr als einen Monat;
2. der Amtsanwalt (il pubblico ministero presso il pretore) oder der Staatsanwalt, wenn es sich um ein Verbrechen handelt oder aber wenn eine Übertretung vorliegt und eine der in der vorhergehenden Nummer bezeichneten Strafen festgesetzt (im Falle der Verurteilung) oder angedroht (im Falle der Freisprechung) war.

478. Gegen die Urteile des Tribunals können, unbeschadet der Bestimmung des letzten Absatzes des Artikels 418, bei dem Berufungsgerichtshof (corte d' appello) Berufung einlegen:

1. Der eines Verbrechens Beschuldigte im Falle der Verurteilung oder falls er aus Mangel an Beweisen freigesprochen wurde, es sei denn, daß das Gesetz eine nicht mit einer andern Strafe verbundene Geldstrafe von nicht mehr als 1000 — tausend — Lire androht, und das Urteil die Strafe innerhalb dieses Rahmens festgesetzt hat;
2. der einer Übertretung Beschuldigte im Falle der Verurteilung zu Haft oder einer Geldstrafe von mehr als 1000 — tausend —

Lire oder zu der Suspension von der Ausübung eines Berufes oder einer Kunst auf die Dauer von mehr als drei Monaten;

3. der Staatsanwalt und der Generalstaatsanwalt im Falle der Verurteilung wegen eines Verbrechens oder einer Freisprechung davon, wenn das Gesetz eine Freiheitsstrafe oder eine Geldstrafe von mehr als 1000 — tausend — Lire androht und, im Falle der Verurteilung wegen einer Übertretung oder einer Freisprechung davon, wenn das Gesetz eine der in Nummer 2 bezeichneten Strafen androht.

Der Staatsanwalt und der Generalstaatsanwalt können Berufung einlegen, welches auch immer der Antrag des Vertreters der Staatsanwaltschaft in der Sitzung gewesen sein mag, auch wenn ein Staatsanwalt niederen Grades Berufung eingelegt oder sich bei der Vollstreckung des Urteils beruhigt hat.

479. Das über mehrere strafbare Handlungen gefällte Urteil ist in bezug auf alle mit der Berufung anfechtbar, wenn die Berufung für eine der strafbaren Handlungen zulässig ist.

480. Die Berufung der Staatsanwaltschaft gewährt dem höheren Richter die volle Entscheidung des Prozesses, und der Beschuldigte kann alle seine Verteidigungsmittel anführen.

Auf die Berufung des Beschuldigten oder einer der im Artikel 128 bezeichneten Personen kann, falls die Staatsanwaltschaft keine Berufung eingelegt hat, das Urteil nach Art und Maß der Strafe nicht zum Nachteile des Beschuldigten abgeändert werden. Übrigens kann der Berufungsrichter, der da meint, die strafbare Handlung verdiene eine — wenn auch schwerere — Bezeichnung innerhalb der Grenzen der Zuständigkeit des Richters erster Instanz, die neue Qualifizierung feststellen und demgemäß den Tenor des Urteils verkünden.

481. Der freigesprochene Beschuldigte kann gegen die Bestimmungen des Urteils, die sich auf seine Anträge bezüglich Ersatz des Schadens und Rückerstattung der Kosten beziehen, die Berufung einlegen.

Der verurteilte Beschuldigte kann auch nur gegen die Bestimmungen des Urteils, die sich auf den Ersatz des Schadens oder die Buße beziehen, die Berufung einlegen, vorausgesetzt, daß es sich um ein in Gemäßheit der Vorschriften der Artikel 477 und 478 mit der Berufung anfechtbares Urteil handelt.

482. Die zivilrechtlich verantwortliche Person kann gegen die Teile oder Bestimmungen, die ihre zivilrechtlichen Interessen betreffen, in den Fällen Berufung einlegen, in denen sie dem Beschuldigten zusteht, und zwar ohne Rücksicht darauf, daß dieser sich bei dem Urteile beruhigt oder auf die Berufung verzichtet hat.

483. Die Zivilpartei kann im Falle der Verurteilung des Beschuldigten gegen die Teile oder Bestimmungen, die ihre zivilrechtlichen Interessen betreffen, Berufung einlegen und, im Falle der

Freisprechung, gegen die Verurteilung zu den Kosten und zum Schadensersatz.

484. In den in den drei vorhergehenden Artikeln vorgesehenen Fällen muß derjenige, der die Berufung einlegt, bei Strafe des Verlustes binnen einer Frist von 3 — drei — Tagen dem Staatsanwalt und den andern Parteien die Berufungserklärung zustellen.

Die nur bezüglich der zivilrechtlichen Interessen eingelegte Berufung wird in der gewöhnlichen Form des Strafverfahrens eingelegt, verhandelt und entschieden.

485. Die Berufung gegen die Beschlüsse wird zusammen mit der Berufung gegen das Urteil eingelegt.

Sie kann sofort, aber ohne Suspensiveffekt bezüglich des Prozesses, gegen die die persönliche Freiheit des Beschuldigten betreffenden Beschlüsse, die im Laufe der einleitenden Verfahrenshandlungen verkündet werden, eingelegt werden.

486. Werden die Berufungsgründe nicht in Gemäßheit des Artikels 131 vorgebracht, so können sie vom Verteidiger innerhalb einer Ausschlußfrist von drei Tagen, falls es sich um die Berufung gegen ein Urteil des Einzelrichters handelt, und von fünf Tagen, falls eine Berufung gegen ein Urteil des Tribunals in Frage steht, überreicht werden. Diese Fristen beginnen mit der Zustellung der Ladung zur Berufungshauptverhandlung zu laufen. Diese Vorschrift gilt auch für den Staatsanwalt.

Werden die Gründe in Gemäßheit des Artikels 131 überreicht, so können bis fünf Tage vor der Sitzung, in der die Berufung verhandelt wird, weitere Gründe hinzugefügt werden.

487. Wird die Berufung nach Ablauf der Frist eingelegt oder ist auf sie Verzicht geleistet worden, so beschließt der Richter, der das Urteil gefällt hat, dessen Vollstreckung in der Ratskammer.

Der Beschluß wird demjenigen zugestellt, der die Berufung eingelegt hat. Dieser kann ihn mit der Revision anfechten.

488. Mit Ausnahme der im vorhergehenden Artikel vorgesehenen Fälle übersendet der Gerichtsschreiber des Einzelgerichts oder des Tribunals alle Prozeßakten zusammen mit einer Abschrift des Urteils, der Berufungseinlegung und den überreichten Berufungsgründen an die Gerichtsschreiberei des Tribunals oder der Corte.

489. Der Vorsitzende beschließt die Ladung des Beschuldigten und der Zivilpartei; er beschließt ferner die des Beschuldigten, der nicht Berufung eingelegt hat, in den in den Absätzen II bis IV des Artikels 131 betrachteten Fällen.

Die Ladung wird den vorbenannten Parteien bei Strafe der Nichtigkeit zugestellt.

Die Mindestladungsfrist beträgt vor dem Tribunal zehn Tage, vor der Corte fünfzehn Tage.

490. In der Berufungsinstanz muß die Bestimmung des Artikels 362 mit den in der Nummer 4 des Artikels 358 bezeichneten Wirkungen beobachtet werden.

491. In der Berufungsinstanz werden die Verfahrensvorschriften erster Instanz vor dem Tribunal beobachtet, und zwar auch bezüglich der Sitzungsöffentlichkeit und -polizei und der Verhandlungsleitung, insoweit diese Bestimmungen anwendbar sind und nichts anderes vorgeschrieben ist.

Der Vorsitzende oder ein von ihm beauftragter Beisitzer erstatten vor Vernehmung des Beschuldigten Bericht über den Prozeß und die Tatsachen, die ihn zur Folge hatten.

Die Verlesung der Verhandlungen wird auf die als notwendig erkannten beschränkt. Sie wird vom Vorsitzenden von Amts wegen oder auf Ersuchen der Beisitzer oder des Staatsanwalts oder auf Antrag der Parteien beschlossen.

Zur Vernehmung der Sachverständigen oder Zeugen wird nicht geschritten.

Bei den Plaidoyers hat derjenige das erste Wort, der die Berufung eingelegt hat; die Zivilpartei wird zu den Plaidoyers zugelassen und kann ihre Schlußfolgerungen vortragen, auch wenn sie keine Berufung eingelegt hat.

In dem in Gemäßheit des Artikels 436 abgefaßten Protokoll wird die Erfüllung der vorbezeichneten Formen erwähnt.

Die auf das Urteil des Tribunals bezüglichen Bestimmungen der Artikel 412, 413, 414, 433 finden auch bezüglich des Urteils des Berufungsgerichts Anwendung; in bezug auf die Verbesserung oder Berichtigung findet die Vorschrift des Artikels 434 Anwendung.

492. Wird die Berufung von einer Person eingelegt, die kein Recht dazu hatte oder richtete sie sich gegen ein unanfechtbares Urteil, oder werden die Gründe nicht innerhalb der Frist überreicht oder aber wird in einem der im Artikel 487 betrachteten Fälle nicht die ebenda angegebene Entscheidung getroffen, so beschließt der Berufungsrichter die Vollstreckung des Urteils und verurteilt denjenigen, der die Berufung eingelegt hat, zu den Kosten.

493. Der Staatsanwalt und die Parteien können neue Ausführungen, Anträge und Schlußfolgerungen in bezug auf die schon überreichten Gründe der Berufung vorbringen. Glaubt der Richter nicht imstande zu sein, nach Lage der Akten entscheiden zu können (di pronunciare allo stato degli atti), so kann er auch von Amts wegen die Überreichung neuer Schriftstücke, die gänzliche oder teilweise Erneuerung der Hauptverhandlung, die Vernehmung von Zeugen und Sachverständigen erster Instanz auch über neue Umstände oder andere neue Beweisaufnahmen beschließen. In solchen Fällen finden die auf die Beweisaufnahme bezüglichen Vorschriften des Verfahrens erster Instanz vor dem Tribunal Beobachtung; das Protokoll der Hauptverhandlung wird unter Beobachtung des zweiten und dritten Absatzes des Artikels 437 verfaßt.

494. Erkennt der Berufungsrichter die in erster Instanz verkündete Unzuständigkeitserklärung als irrtümlich, so hebt er das

Urteil auf und schickt die Akten zwecks Verhandlung zur Hauptsache (in merito) zurück.

Erkennt das Tribunal, daß der Einzelrichter sich zu Recht für unzuständig erklärt oder daß er trotz seiner Unzuständigkeit zur Hauptsache entschieden hat, so behält es die Sache und entscheidet zur Hauptsache, falls die Tat seiner erstinstanzlichen Zuständigkeit unterfällt; sonst beschließt es die Übersendung der Akten an den zuständigen Richter.

Wenn das Tribunal bei der Entscheidung über die im letzten Absatz des Artikels 418 erwähnte Frage der Zuständigkeit sich für zuständig erklärt und zur Hauptsache entschieden hat, so kann das Berufungsgericht das Urteil des Tribunals nicht wegen Unzuständigkeit aufheben; es entscheidet vielmehr in zweiter Instanz zur Hauptsache, es sei denn, daß es sich um eine Entscheidung handelt, gegen die die Berufung in Gemäßheit des Artikels 477 nicht zugelassen ist.

Erkennt der Berufungsrichter, daß der erste Richter infolge anderer Qualifizierung der strafbaren Handlung oder infolge Feststellung einer andern Tatsache oder weil die Tat zur Zuständigkeit einer andern Behörde gehört, unzuständig war, so entscheidet er in den verschiedenen Fällen in Gemäßheit der Artikel 418 bis 420. Stellt sich heraus, daß der erste Richter örtlich unzuständig war, so wird die Übersendung der Akten an den zuständigen Richter zwecks Erneuerung der Hauptverhandlung beschlossen.

495. Ergibt sich vor dem Berufungsrichter, daß in erster Instanz eine der im Artikel 136 bezeichneten Nichtigkeiten eingetreten ist, so hält der Berufungsrichter den Prozeß an und beschließt die Erneuerung der Hauptverhandlung.

Handelt es sich um andere Nichtigkeiten, die nicht auf die im Gesetz bestimmte Art und Weise geheilt worden sind, so kann er die Erneuerung der nichtigen Rechtsakte beschließen, oder auch nach erklärter Nichtigkeit zur Hauptsache entscheiden, wenn er erkennt, daß der nichtige Rechtsakt der Entscheidung nicht zugrunde liegt (non presta elementi concludenti al giudizio).

496. Mit Ausnahme der in den beiden vorhergehenden Artikeln betrachteten Fälle entscheidet der Richter zur Hauptsache, indem er das angefochtene Urteil entweder bestätigt oder abändert. Bestätigt er es oder ändert er es nur in bezug auf die Strafart oder das Strafmaß ab, so schickt er die Akten dem ersten Richter zwecks Vollstreckung zurück.

Kapitel II.

Von dem Widerspruch. (Dell' opposizione.)

497. Der in Abwesenheit durch ein mit der Berufung nicht anfechtbares Urteil Verurteilte kann vor dem Tribunal oder dem Einzelrichter, der es gesprochen hat, Widerspruch einlegen.

Es kann vor dem Assisengericht Widerspruch erhoben werden von dem Verurteilten, gegen den in Abwesenheit eine andere als die im Artikel 475 bezeichnete Strafe festgesetzt worden ist.

498. Der Vorsitzende oder der Einzelrichter setzt durch eine bei Strafe der Nichtigkeit dem Verurteilten zuzustellende Verfügung den Tag der Hauptverhandlung fest.

Wenn der Verurteilte in der Hauptverhandlung nicht erscheint und auch nicht nachgewiesen wird, daß eine der im Artikel 471 vorgesehenen Bedingungen vorliegt, oder aber wenn der Verurteilte zwar erscheint, sich sodann aber vor seinem Verhöre wieder entfernt, oder wenn sich ergibt, daß der Widerspruch nicht innerhalb der Frist erhoben worden ist, so beschließt der Richter die Vollstreckung des Urteils. Dieses zweite Urteil ist einem Widerspruche nicht unterworfen. Bei den Assisengerichtssachen wird es ohne Hinzuziehung von Geschworenen gesprochen.

In jedem andern Falle gilt die Verurteilung infolge des Widerspruches als nicht geschehen, und es wird von neuem verhandelt.

499. Das in Abwesenheit gefällte Urteil kann nach Art und Maß der Strafe nicht zuungunsten des Verurteilten abgeändert werden; aber der Widerspruchsrichter kann das im Artikel 480 Absatz II festgesetzte Recht ausüben.

Erkennt der Richter im Laufe der neuen Hauptverhandlung seine eigene Unzuständigkeit, so entscheidet er in den verschiedenen Fällen in Gemäßheit der Artikel 418 bis 420.

Kapitel III.

Von der Revision[47]. (Del ricorso per cassazione.)

Abschnitt I.

Von den Fällen, in denen Revision eingelegt werden kann.

500. Die Revision kann mit Ausnahme der durch besondere Gesetzesbestimmungen bezeichneten Fälle und mit den ebenda festgesetzten Rechtswirkungen gegen jedes mit der Berufung nicht anfechtbare oder in der Berufungsinstanz erlassene von der gewöhnlichen Gerichtsbehörde gefällte Urteil wegen Verletzung oder irrtümlicher Anwendung des Gesetzes, wegen Überschreitung der Machtbefugnisse oder sachlicher Unzuständigkeit oder aber wegen Nichtbeachtung oder Verletzung von Förmlichkeiten in dem Urteile, dem Verdikt oder den vorangehenden Rechtsakten, falls diese Nichtigkeit hervorrufen und diese nicht auf die vom Gesetz festgesetzte Art und Weise geheilt worden ist, eingelegt werden.

Gegen die verurteilenden Strafentscheidungen irgend einer andern Behörde, mit Ausnahme der vom Senat als Höchstem Gerichtshofe (alta corte di giustizia) gefällten, kann zu jeder Zeit die Revision wegen Fehlens rechtmäßiger Besetzung, Unzuständigkeit oder Überschreitens der Machtbefugnisse eingelegt werden, wenn sie nicht auf andere Art und Weise angegriffen werden können. Die Revision hat keine aufschiebende Wirkung.

501. Die Revision gegen das in der Berufungsinstanz gefällte Urteil kann weder auf die Nichtigkeit der Förmlichkeiten der prozessualen Rechtsakte oder des Urteils erster Instanz, noch auf den Grund der örtlichen Unzuständigkeit gestützt werden, wenn diese Fragen nicht in der Berufungsinstanz aufgeworfen worden sind.

Diese Bestimmung findet auf die im Artikel 136 bezeichneten Nichtigkeitsgründe keine Anwendung.

502. Der Beschuldigte kann die Revision sowohl gegen verurteilende Entscheidungen, als auch gegen einen Freispruch aus Mangel an Beweisen einlegen.

Er kann auch nur gegen die Bestimmungen des verurteilenden Erkenntnisses Revision einlegen, die sich auf den Ersatz des Schadens, die Buße und die Kosten beziehen; er kann ferner Revision einlegen gegen die Bestimmungen des freisprechenden Urteils, welche die von ihm gestellten Anträge auf Ersatz des Schadens oder Rückerstattung der Kosten zurückgewiesen haben.

Das Schweigen des Beschuldigten, seine Erklärung, keine Revision einlegen zu wollen oder sein Verzicht auf die Revision schließen das Anfechtungsrecht der zivilrechtlich verantwortlichen Person nicht aus.

503. Der Generalstaatsanwalt bei dem Berufungsgericht kann in Gemäßheit des Artikels 500 gegen das verurteilende, vom Assisengericht gefällte Erkenntnis Revision einlegen und dessen Vernichtung zugunsten des Beschuldigten beantragen. Er kann dessen Vernichtung zuungunsten des Beschuldigten nur dann beantragen, wenn eine Strafe festgesetzt worden ist, welche derjenigen nicht entspricht, die vom Gesetz gegen die strafbare Handlung, welche in dem Urteile auf Grund des Verdiktes festgestellt worden ist, angedroht wird, oder wenn die Aussetzung der Vollstreckung des Urteils in einem Falle gewährt worden ist, wo sie vom Gesetze nicht zugelassen ist.

Derselbe Generalstaatsanwalt kann aus den im Artikel 500 bezeichneten Gründen gegen das in Gemäßheit des Artikels 439 gefällte freisprechende Urteil die Revision einlegen.

Gegen das nach dem Verdikt gefällte freisprechende Urteil kann der Generalstaatsanwalt Revision einlegen:

1. wenn das Urteil die Freisprechung oder die Straffreiheit infolge irrtümlicher Gesetzesauslegung ausgesprochen hat;
2. wenn auf Grund des Verdiktes ein verurteilendes Erkenntnis hätte gefällt werden müssen;
3. wenn das Urteil gefällt worden ist, ohne daß über alle vom Gesetz vorgesehenen Fragen und Teilfragen abgestimmt worden ist.

In den in den beiden vorhergehenden Absätzen bezeichneten Fällen wird die Entlassung aus der Haft aufgeschoben, wenn das Gesetz gegen das im eröffnenden Urteile oder in der Anklageschrift bezeichnete Verbrechen die Zuchthausstrafe oder eine andere Freiheitsstrafe von im Mindestmaße nicht weniger als fünf Jahren androht, und die Erklärung Revision einlegen zu wollen, unmittelbar nach der Verkündung des Urteils abgegeben wird.

504. Gegen das in Abwesenheit gefällte Urteil des Assisengerichts, das gemäß Artikel 475 anfechtbar ist, kann nur der Generalstaatsanwalt beim Berufungsgericht Revision einlegen.

505. Der Generalstaatsanwalt beim Berufungsgericht kann auch Revision einlegen gegen verurteilende oder freisprechende Erkenntnisse des Tribunals, die einer Berufung nicht unterliegen, und gegen solche der Corte oder des Tribunals in der Berufungsinstanz.

506. Der Staatsanwalt kann Revision einlegen gegen verurteilende oder freisprechende Erkenntnisse, die vom Tribunal oder Einzelrichter — durch die Berufung nicht anfechtbar — und vom Tribunal in der Berufungsinstanz gefällt worden sind.

507. Die Zivilpartei kann im Falle der Verurteilung des Beschuldigten gegen die Bestimmungen des Urteils, die die in Gemäßheit des Artikels 7 erhobene Zivilklage betreffen, Revision einlegen, und, im Falle des Freispruches, gegen die Verurteilung zu den Kosten und zum Schadensersatz. Die Revision wird in den Formen des Strafprozesses eingelegt, verhandelt und entschieden, unbeschadet der Vorschrift des Artikels 511.

508. Die Revision gegen die im Laufe des Prozesses verkündeten Beschlüsse wird zusammen mit der Revision gegen das Urteil eingelegt.

Sie kann — allerdings ohne aufschiebende Wirkung — gegen die die persönliche Freiheit des Beschuldigten betreffenden Beschlüsse, die im Laufe der einleitenden Verfahrenshandlungen verkündet worden sind, sofort eingelegt werden.

509. Der Generalstaatsanwalt beim Kassationshofe kann jederzeit im Interesse des Gesetzes gegen jedes Urteil und jeden Beschluß, der wegen nicht eingelegter Revision oder wegen Verzichts darauf oder weil die eingelegte Revision für unzulässig erklärt worden ist, unanfechtbar ist, die Revision einlegen.

Abschnitt II.

Von der Revision und dem diesbezüglichen Verfahren.

510. In der Revisionseinlegungserklärung muß das Urteil oder der Beschluß bezeichnet sein, gegen den sie eingelegt wird; ferner auch, mit Ausnahme der im Artikel 136 vorgesehenen Fälle, jeder Beschluß, dessen Aufhebung gemeinsam mit dem Urteile beantragt wird.

Sind in der Erklärung keine Gründe angegeben, so muß derjenige, der die Revision eingelegt hat, sie innerhalb der folgenden zwanzig Tage beibringen.

Werden sie innerhalb der Frist beigebracht, so können auch noch andere bis acht Tage vor der Sitzung, in der die Revision verhandelt wird, hinzugefügt werden.

Die in den beiden vorhergehenden Absätzen bezeichneten Fristen sind Ausschlußfristen.

Die Gründe müssen im einzelnen (specificatamente) aufgeführt und von dem Rechtsanwalt, der denjenigen, der die Revision eingelegt hat, verteidigt, oder von dem Rechtsanwalt, dem in der Revisionseinlegungserklärung oder durch einen vom Notar aufgenommenen oder beglaubigten Rechtsakt oder durch Entgegennahme seitens des Gerichtsschreibers des Gerichts, das das Urteil gefällt hat, eine ordnungsmäßige Vollmacht ausgestelllt worden ist, unterschrieben werden.

511. Wer die Aufhebung des Urteils nur aus zivilrechtlichen Interessen beantragt, muß die Revisionseinlegungserklärung bei Strafe des Verlustes binnen drei Tagen dem Staatsanwalt und den andern Parteien zustellen.

Die Verhandlung findet nach den gewöhnlichen Vorschriften vor dem Strafsenat (sezione penale) statt; die Revisionseinlegungserklärung und ihre Zustellung, die Überreichung der Gründe und alle andern Rechtsakte dessen, der die Revision eingelegt hat, müssen auf dessen Kosten ausgeführt werden. Die Bestimmungen über das Armenrecht werden hierdurch nicht berührt.

512. Die Revision gegen ein — auch in Abwesenheit ergangenes — Erkenntnis, das eine Verurteilung zu einer Freiheitsstrafe von nicht weniger als einem Jahre Einschließung oder Gefängnis ausspricht, muß für unzulässig erklärt werden, wenn der Verurteilte nicht in die Haft überführt worden ist, es sei denn, daß er in den Fällen, in denen das Gesetz es zuläßt, in Gemäßheit des letzten Absatzes des Artikels 334 und der folgenden Artikel die vorläufige Freiheit erhalten hat.

513. In den im vorhergehenden Artikel bezeichneten Fällen verbleibt derjenige, der die Revision eingelegt hat, wenn er sich in einer andern Sache in Haft befunden hat und in dieser entlassen werden muß, bis zum Urteile des Kassationshofes in Haft, falls er nicht die vorläufige Freiheit erlangt.

514. Der Richter, der das angefochtene Urteil gefällt hat, beschließt in der Ratskammer seine Vollstreckung. wenn der Antrag und die Begründung nicht innerhalb der vorgeschriebenen Fristen und unter Beobachtung des letzten Absatzes des Artikels 510 eingereicht werden, oder die bei Strafe des Verlustes vorgeschriebenen Zustellungen nicht bewirkt worden sind, oder der Verzicht auf die Revision ausgesprochen worden ist.

Dieser Beschluß muß demjenigen, der die Revision eingelegt hat, zugestellt werden; dieser kann dagegen Revision einlegen.

515. Tritt der im vorhergehenden Artikel vorgesehene Fall nicht ein, und sind die zur Erfüllung aller vorberegten Förmlichkeiten festgesetzten Fristen abgelaufen, so übersendet der Gerichtsschreiber der Corte, des Tribunals oder des Einzelgerichts alle Prozeßakten, die Revisionseinlegungserklärung nebst Begründung, die Schriftstücke, die derjenige, der die Revision eingelegt hat, niedergelegt hat und die Abschrift des angefochtenen Urteils an die Gerichtsschreiberei des Kassationshofes.

516. Die Revisionen gegen die Urteile und Beschlüsse des Berufungsgerichtshofs, der Tribunale und der Einzelrichter, die über solche strafbare Handlungen, die in besonderen Gesetzen vorgesehen sind, ein Urteil gefällt haben, werden, auch wenn sie nur insoweit angefochten werden, als sie über strafbare Handlungen, die im Strafgesetzbuch vorgesehen sind, ein Urteil fällen, dem ersten Strafsenat des Kassationshofes übertragen. Das gleiche gilt in bezug auf die Rechtsmittel gegen die Urteile und Beschlüsse der Anklagekammer und Assisengerichte, auch wenn sie zum Zwecke der Wiederaufnahme des Verfahrens (revisione) eingelegt werden. Derselbe Senat entscheidet über die Kompetenzkonflikte, über das Sichenthalten (astensione) oder die Ablehnung von Richtern, über die Verweisung aus Gründen der öffentlichen Sicherheit oder des rechtmäßigen Argwohns (legittimo sospetto) und über die im vierten Buche behandelten Revisionen in Vollstreckungs- und Auslieferungssachen.

Der zweite Strafsenat des genannten Gerichtshofes entscheidet über jede andere Revision, Angelegenheit oder jeden andern Antrag in Strafsachen.

Die Kompetenzkonflikte, die Revisionen gegen Beschlüsse, diejenigen in Sichenthaltens- oder Ablehnungssachen, in Verweisungen und solchen gegen Urteile der Anklagekammer oder Ratskammer werden von dem Kassationshofe in der Ratskammer ohne die Förmlichkeit einer Hauptverhandlung entschieden.

517. Die Benennung eines Verteidigers vor dem Kassationshofe geschieht durch die Partei, die die Revision einlegt, in der Revisionseinlegungserklärung. Dessenungeachtet kann der Beschuldigte sich in der Sitzung stets durch einen Verteidiger seines Vertrauens vertreten lassen, den er später mittels Vollmacht oder durch eine in der Gerichtsschreiberei des Richters, der das Urteil gefällt hat, aufgenommene Erklärung ernannt hat.

518. Dem Beschuldigten oder Verurteilten, der keinen Verteidiger benannt hat, ernennt der Vorsitzende des Kassationshofes einen solchen von Amts wegen in derselben Verfügung, die den Termin für die Verhandlung festsetzt.

Hat der Beschuldigte die Revision nur wegen der zivilrechtlichen Interessen eingelegt, oder aber wurde die Revision von der zivilrechtlich verantwortlichen Person oder der Zivilpartei eingelegt, so ernennt der Vorsitzende demjenigen, der die Revision eingelegt hat und der es beantragt und die für die Gewährung des Armenrechts erforderlichen Schriftstücke überreicht, einen Verteidiger.

Die Verteidiger vertreten die Parteien in allen Rechtshandlungen, die vor dem Gerichtshofe vorkommen. Für solche Handlungen gilt der Wohnsitz der Parteien als bei den betreffenden Verteidigern gewählt.

519. Der Gerichtsschreiber des Kassationshofes benachrichtigt, sobald als die Akten in der Gerichtsschreiberei eingetroffen sind, davon den Verteidiger, dessen Ernennung sich aus diesen ergibt.

Der Verteidiger kann innerhalb einer Frist von zehn Tagen von der Zustellung der Benachrichtigung ab in der Gerichtsschreiberei die Akten einsehen und neue Schriftstücke überreichen.

520. Wird eine der Revision nicht unterliegende Entscheidung angefochten, so erklärt der Kassationshof in der Ratskammer nach Anhörung der Staatsanwaltschaft ohne Hauptverhandlung und Gegenwart von Verteidigern, wenn nicht in Gemäßheit des Artikels 514 in den ebenda vorgesehenen Fällen eine Entscheidung getroffen worden ist oder wenn derjenige, der die Revision eingelegt hat, der Bestimmung des Artikels 512 nicht gefolgt ist, die Revision mittels in das Protokoll aufzunehmenden Beschlusses für unzulässig.

Über die Revision gegen den im Absatz II des vorbenannten Artikels 514 betrachteten Beschluß entscheidet der Kassationshof in der vorbezeichneten Form; hebt er den Beschluß auf, so ordnet er an, daß auf die gewöhnliche Art und Weise über die Revision gegen das Urteil verhandelt wird.

521. Bezüglich der in öffentlicher Sitzung zu verhandelnden Revisionen setzt der Vorsitzende nach Ablauf der im Absatz II des Artikels 519 festgesetzten Frist den Termin an und ernennt den Berichterstatter. Der Gerichtsschreiber teilt die Akten sofort dem Generalstaatsanwalt mit, der sie spätestens fünf Tage vor der Sitzung zurückschicken muß.

Der Gerichtsschreiber benachrichtigt spätestens zehn Tage vorher die Verteidiger der Parteien von dem für die Sitzung festgesetzten Tage.

522. Die für die Sitzungsöffentlichkeit und -polizei und die Verhandlungsleitung für die Richter erster und zweiter Instanz festgesetzten Regeln müssen auch vor dem Kassationshofe, insoweit sie anwendbar sind, beobachtet werden.

Die Parteien erscheinen nur mittels ihrer Verteidiger; sie können spätestens drei Tage vor der Sitzung, in der die Revision verhandelt wird, Ausführungen, die von einem Anwalt unterzeichnet sind, niederlegen und sich mitteilen. Solche Ausführungen müssen innerhalb derselben Frist auch dem Generalstaatsanwalt mitgeteilt werden.

In der festgesetzten Sitzung erstattet der Vorsitzende oder ein von ihm beauftragter Beisitzer den Sachbericht. Nach dem Bericht spricht der Verteidiger oder der Anwalt, der die Ausführungen unterschrieben hat, falls einer oder der andere zugegen ist, und der Staatsanwalt.

Der Verteidiger der Partei, die die Revision eingelegt hat, hat, falls er zugegen ist, zuerst das Wort; der Staatsanwalt hält sein Plaidoyer zuletzt, wenn er nicht derjenige ist, der die Revision eingelegt hat.

Abschnitt III.

Vom Urteile.

523. Der Kassationshof tritt nach den Plaidoyers in die Beratung des Urteils ein. Dieses wird vom Vorsitzenden mittels Verlesung des Tenors in derselben Sitzung, in der über die Revision verhandelt worden ist, verkündet.

Das nach Vorschrift des Gesetzes abgefaßte und unterschriebene Urteil muß binnen einer Frist von fünfzehn Tagen nach der Verkündung in der Gerichtsschreiberei niedergelegt werden.

Die Bestimmungen der Artikel 413 und 414 müssen, insoweit sie anwendbar sind, beobachtet werden.

524. Die teilweise oder gänzliche Aufhebung ohne Zurückverweisung zwecks neuer Verhandlung oder Entscheidung wird in den folgenden Fällen ausgesprochen:

1. wenn die Tat nicht die Merkmale einer strafbaren Handlung aufweist, oder aufgehört hat, strafbar zu sein, oder wenn die Strafklage nicht erhoben oder fortgeführt worden ist oder werden konnte, oder wenn sie erloschen war;
2. wenn die strafbare Handlung nicht zur Zuständigkeit der gewöhnlichen Gerichtsbarkeit gehört;
3. wenn das Urteil oder der Beschluß Bestimmungen enthält, welche die Machtbefugnisse der gewöhnlichen Gerichtsbarkeit überschreiten;
4. wenn ein Widerspruch zwischen dem aufgehobenen Urteile oder Beschlusse und einem andern, früheren Urteile oder Beschlusse, die dieselbe Person und denselben Gegenstand betrafen und von demselben oder einem andern Strafrichter gefällt worden waren, besteht;
5. wenn das aufgehobene Urteil in zweiter Instanz in einer Sache entschieden hat, für die die Berufung nicht zulässig war;
6. wenn die Aufhebung ohne Zurückverweisung infolge einer besonderen Gesetzesbestimmung ausgesprochen werden muß;
7. wenn das Urteil die Aussetzung der Vollstreckung der Verurteilung in einem Falle gewährt hat, in dem diese vom Gesetze nicht gestattet ist.

Liegt der in der Nummer 4 vorgesehene Umstand vor, so hebt der Kassationshof das zweite Urteil oder den zweiten Beschluß auf und beschließt die Vollstreckung der ersten; im Falle der Nummer 5 beschließt er die Vollstreckung des Urteils erster Instanz; im Falle der Nummer 6 gibt er die von der Sondergesetzesbestimmung geforderte Entscheidung und im Falle der Nummer 7 beschließt er die Vollstreckung des Urteils.

Ist die Bestimmung des Absatzes II des Artikels 417 verletzt worden, indem über eine andere Tat entschieden wurde, als die in dem Ersuchen, oder dem Antrage, oder der Ladungsverfügung, oder der Anklageschrift oder im eröffnenden Urteile bezeichnete, so ordnet das aufhebende Urteil die Zurücksendung der Akten an die zuständige Staatsanwaltschaftsbehörde an.

In jedem andern Falle der Aufhebung muß die Zurückverweisung in Gemäßheit der folgenden Artikel angeordnet werden.

525. Wenn der Kassationshof nur die Bestimmungen oder Teile des Urteils, die die in Gemäßheit des Artikels 7 erhobene Zivilklage betreffen, aufhebt, so verweist er die Sache an den nach dem Objekte in der Berufungsinstanz zuständigen Zivilrichter, und zwar auch dann, wenn die Aufhebung ein Urteil des Assisengerichts zum Gegenstande hat.

526. Wenn die Aufhebung des Urteils oder des Beschlusses aus dem Grunde der Unzuständigkeit des Richters, der entschieden hat, oder an den mittels unanfechtbaren Urteils der Prozeß verwiesen wurde, ausgesprochen wird, so verweist der Kassationshof den Prozeß oder die Akten an den von ihm bezeichneten zuständigen Richter.

Die Entscheidung über die Zuständigkeit hat die Kraft der unanfechtbar entschiedenen Sache — auch insoweit als sie sich auf die Bezeichnung der strafbaren Handlung bezieht — in bezug auf die mittels unanfechtbaren Urteils festgestellte Tat.

Die Aufhebung wird nicht aus dem Grunde der Unzuständigkeit, der in den vorhergehenden Instanzen nicht geltend gemacht worden ist, ausgesprochen, wenn der Kassationshof erkennt, daß das Tribunal über eine strafbare Handlung entschieden hat, die zur Zuständigkeit des Einzelrichters gehört hätte, oder daß das Assisengericht über eine strafbare Handlung entschieden hat, die zur Zuständigkeit des Tribunals oder des Einzelrichters gehört hätten. Dessenungeachtet verweist der Kassationshof, wenn das Urteil aus andern Gründen aufgehoben werden muß, den Prozeß vor die zuständige Behörde zwecks gesetzmäßiger Aburteilung.

527. In jedem andern Falle der Aufhebung eines von einem Berufungsgerichte, einem Tribunal, einem Einzelrichter oder einer Anklagekammer gefällten Urteiles oder Beschlusses:

1. verweist der Kassationshof, wenn ein Beschluß aufgehoben wird, die Akten an den Richter, der ihn erlassen hat; dieser entscheidet sodann und ist dabei an das aufhebende Urteil gebunden;
2. wird der Prozeß, falls das Urteil eines Berufungsgerichtes aufgehoben wird, an eine andere Kammer desselben Berufungsgerichts oder an ein anderes unter den benachbarten Berufungsgerichten verwiesen;
3. wird der Prozeß, falls das Urteil eines Tribunals oder eines Einzelrichters aufgehoben wird, an eine andere Kammer desselben Tribunals oder an ein anderes Tribunal oder be-

ziehungsweise an einen andern Einzelrichter im Bezirke desselben Berufungsgerichtes verwiesen;

4. werden die Akten, wenn das Urteil einer Anklagekammer aufgehoben wird, zwecks neuer Entscheidung an dieselbe Anklagekammer, die mit andern Richtern, als mit denen, die das aufgehobene Urteil gefällt haben, besetzt sein muß, zurückgesandt. Wenn im übrigen ein Urteil aufgehoben wird, welches erklärte, daß ein Grund zum Einschreiten nicht vorläge, und wenn die Entscheidung der Tat dem Tribunal oder dem Einzelrichter zusteht, so verweist der Kassationshof die Sache an das zuständige Tribunal oder den zuständigen Einzelrichter;
5. werden die Akten, wenn das im Absatz II des Artikels 347 erwähnte Urteil des Untersuchungsrichters aufgehoben wird, an den für den Prozeß zuständigen Richter zurückgesandt. Gehört dagegen der Prozeß zur Zuständigkeit des Assisengerichtes, so werden die Akten an die Anklagekammer zurückgesandt.

528. Wenn der Kassationshof ein Urteil des Assisengerichts aufhebt, so verweist er den Prozeß an ein anderes Assisengericht desselben Bezirks oder an eins unter den benachbarten.

Wird das Urteil aufgehoben, weil darin irrtümlich erklärt wird, daß die Tat, derer der Beschuldigte für schuldig erkannt worden ist, keine strafbare Handlung begründet, oder daß die Strafklage erloschen ist, oder aber weil eine nach Art und Maß von der im Gesetz festgesetzten Strafe verschiedene Strafe ausgeworfen worden ist, oder weil das Gesetz betreffend die Straffreiheit irrtümlich angewendet worden ist, so spricht der Kassationshof ohne Hinzuziehung von Geschworenen das neue Urteil auf Grund des schon gefällten Verdikts.

Wird das Urteil aus andern Gründen aufgehoben, so wird in den gewöhnlichen Formen erneut verhandelt.

Nicht zulässig ist ein Streit über die Zuständigkeit, die durch das aufhebende Urteil dem Richter gewährt wird, an den die Sache zurückverwiesen wird.

529. Die auf die Revision der Staatsanwaltschaft geschehene Aufhebung kommt von Amts wegen auch dem Verurteilten zustatten. Dieser kann in dem zurückverwiesenen Prozesse neue Verteidigungsmittel geltend machen.

Der Richter, an den zurückverwiesen wurde, kann stets das im Absatz II des Artikels 480 festgesetzte Recht ausüben. Er kann indes nur dann zu einer schwereren, als der vorher festgesetzten Strafe verurteilen, wenn die Aufhebung auf die Revision der Staatsanwaltschaft geschehen ist.

530. Wird die Aufhebung nicht für alle Bestimmungen des Urteils ausgesprochen, so bleibt dies in dem Teile oder in den Abschnitten, die nicht in notwendigem Kausalzusammenhange mit dem aufgehobenen Teile stehen oder von ihm abhängen, in Kraft.

Der Kassationshof erklärt, falls nötig, im Tenor, welcher Teil oder welche Abschnitte des Urteils in Kraft bleiben. Die Auslassung dieser Erklärung wird auf Antrag der Staatsanwaltschaft oder der Partei, die es angeht, durch eine Entscheidung in der Ratskammer geheilt. Diese wird an den Rand des Urteils und jeder später gefertigten Abschrift geschrieben. Die besagte Entscheidung kann auch von Amts wegen durch Beschluß des Richters, an den zurückverwiesen wurde, gefällt werden; dieser Beschluß ist unanfechtbar.

Wenn unter mehreren wegen derselben strafbaren Handlung Verurteilten einer oder der andere keine Revision eingelegt hat, so kommt die in bezug auf einen geschehene Aufhebung von Rechts wegen auch den andern zustatten, es sei denn, daß der Grund der Aufhebung ausschließlich die Person des Antragstellers betrifft.

531. Die Rechtsirrtümer in der Begründung und die irrtümlichen Bezeichnungen der Gesetzestexte geben keinen Grund zur Aufhebung des Urteils, wenn sie ohne Einfluß auf die Entscheidung gewesen sind. Im übrigen müssen die notwendigen Rügen und Berichtigungen im einzelnen im Urteile des Kassationshofes angegeben werden. Der Vorsitzende teilt sie dem Richter mit, der das angefochtene Urteil gefällt hat.

Muß einfach nur die Dauer der Strafe wegen eines Rechenfehlers im angefochtenen Urteile berichtigt werden, so kann die Berichtigung durch den Kassationshof ohne Aufhebung des Urteils geschehen.

532. Der Kassationshof entscheidet in vereinigten Senaten, wenn, nach der Aufhebung, das Urteil des Richters, an den zurückverwiesen wurde, aus denselben Gründen, die bei der ersten Revision geltend gemacht wurden, angefochten wird.

Wird das zweite Urteil aus den gleichen Gründen wie das erste aufgehoben, so hat das aufhebende Urteil in bezug auf den entschiedenen Rechtspunkt die Kraft der unanfechtbar entschiedenen Sache.

Der Kassationshof entscheidet ferner in vereinigten Senaten über die gegen die im Artikel 500 Absatz II erwähnten Urteile eingelegten Revisionen.

Die vereinigten Senate werden durch Verfügung des ersten Präsidenten berufen; dieser bestimmt von jedem der beiden Strafsenate eine gleiche Anzahl Richter zur Teilnahme. Der Sitzung sitzt der erste Präsident oder ein von ihm beauftragter Senatspräsident vor.

533. Der Kassationshof entscheidet in vereinigten Senaten als Ratskammer ohne Hauptverhandlung und Beisein von Verteidigern über die im Artikel 27 Absatz II vorgesehenen Kompetenzkonflikte. Er entscheidet ferner bei Zweifeln über die Zuständigkeit des einen oder des andern Strafsenats und über die zwischen einem Senat und den vereinigten Senaten in den folgenden Fällen:

wenn der Zweifel vom Generalstaatsanwalt angeregt wird;

wenn er von Amts wegen von dem mit der Revision befaßten Strafsenat angeregt wird;

wenn er von einer der Parteien angeregt wird, und der Senat ihn für genügend begründet hält.

Dieses Verfahren wird nicht bei den in Gemäßheit des vorhergehenden Artikels zur Entscheidung der vereinigten Senate gebrachten Revisionen beobachtet. Sind die vereinigten Senate der Ansicht, daß die Revision in die Zuständigkeit eines Senats fällt, so wird das Urteil über die Revision im Verfolg des Beschlusses über die Zuständigkeit von den der Sitzung beiwohnenden Richtern des zuständigen Senats gefällt.

534. In dem im Artikel 509 betrachteten Falle gilt folgendes:

Hebt der Kassationshof das Urteil auf, weil die Tat keine strafbare Handlung begründet, oder weil sie aufgehört hat, strafbar zu sein oder weil die Strafklage erloschen ist, so muß diese Entscheidung ohne weiteren Prozeß ausgeführt werden;

wenn er das Urteil aufhebt, weil eine höhere Strafe als die im Gesetz für die strafbare Handlung angedrohte festgesetzt worden ist, und ist die Strafe noch nicht ganz verbüßt, so bezeichnet er den Richter, an den die Sache zwecks Anwendung der nach Art und Maß gesetzlichen Strafe zurückverwiesen wird, ohne daß dadurch die Erklärung der Strafbarkeit zu Lasten des Verurteilten berührt wird;

hebt er das Urteil wegen Nichtbeachtung oder Verletzung von Förmlichkeiten, die Nichtigkeit bewirken, auf, so wird die Entscheidung des Kassationshofes dem Verurteilten auf Betreiben des Generalstaatsanwalts binnen zwanzig Tagen von dem Ablauf der im letzten Absatze des Artikels 536 festgesetzten Frist ab mit dem Bemerken zugestellt, daß er das Recht auf ein neues Verfahren hat, falls er nicht vorzieht, sich der Vollstreckung des aufgehobenen Urteils zu unterwerfen.

Das Ersuchen um einen neuen Prozeß muß binnen einer Frist von zwei Monaten durch einen in der Gerichtsschreiberei des Richters, der das aufgehobene Urteil gefällt hat, aufgenommene oder unmittelbar beim Kassationshof überreichte Erklärung gestellt werden. Wird keine Erklärung abgegeben, so wird das Urteil vollstreckt. Wird die Erklärung abgegeben, so bezeichnet der Kassationshof durch Beschluß den Richter, an den zurückverwiesen wird.

Wird im gesetzlichen Interesse ein auf die persönliche Freiheit bezüglicher Beschluß aufgehoben, und kann die Wirkung dieser Aufhebung eine dem Beschuldigten günstige sein, so wird die Entscheidung des Kassationshofes der zuständigen Behörde zur Entscheidung über die Vollstreckung mitgeteilt.

535. Mit dem Urteile, das die Revision zurückweist oder für unzulässig erklärt, wird die Partei, die die Revision eingelegt hat, zur Zahlung der Kosten des Verfahrens verurteilt. Sie wird ferner in demselben Urteile verurteilt, an die Staatskasse die Summe von 150 — hundertfünfzig — Lire zu zahlen, falls das angefochtene Urteil durch eine Corte gesprochen wurde, von 75 — fünfundsiebzig — Lire, wenn es vom Tribunal gesprochen wurde, und die Hälfte dieser Summe, falls vom Einzelrichter.

Eine solche Zahlung wird nicht angeordnet, wenn das angefochtene Urteil eine Verurteilung zur Zuchthausstrafe, lebenslänglichen Unfähigkeit zur Bekleidung öffentlicher Ämter oder zu einer Einschließungs- oder Gefängnisstrafe von mehr als fünf Jahren ausgesprochen hat.

536. In jedem Falle der Aufhebung, sowie in dem im Absatz II des Artikels 531 vorgesehenen Falle übersendet der Generalstaatsanwalt eine Abschrift des Urteils des Kassationshofes an den Staatsanwalt bei der Corte oder dem Tribunal, das das aufgehobene Urteil oder den aufgehobenen Beschluß erlassen hat, und, falls das Urteil oder der Beschluß vom Einzelrichter erlassen wurde, an den Staatsanwalt bei dem Tribunal, dem er untergeordnet ist. Der Staatsanwalt teilt diese sofort dem ersten Präsidenten der Corte oder dem Vorsitzenden des Tribunals oder dem Einzelrichter mit und fordert ihn auf, über dieses durch den Gerichtsschreiber am Ende oder Rande des angefochtenen Urteils oder Beschlusses eine Anmerkung aufnehmen zu lassen; demnächst überzeugt er sich von der Erfüllung dieser Aufforderung.

Ist die Berechnung der Strafe in Gemäßheit des Absatzes II des Artikels 531 berichtigt worden, so übersendet der Generalstaatsanwalt außerdem eine Abschrift des Urteils des Kassationshofes an die für die Vollstreckung zuständige Behörde.

Wird die Aufhebung unter Zurückverweisung der Sache ausgesprochen, so übersendet der Generalstaatsanwalt außerdem die Akten mit einer Urteilsabschrift an den Staatsanwalt bei dem Gericht, an das zurückverwiesen wurde, oder an den Einzelrichter, der zu dem zurückverwiesenen Verfahren schreiten muß, damit dieser Prozeß ohne Verzögern folgt.

Zwecks Beobachtung der vorhergehenden Bestimmungen muß der Gerichtsschreiber des Kassationshofes die notwendigen Urteilsabschriften an den Generalstaatsanwalt binnen drei Tagen nach Ablauf der im Absatz II des Artikels 523 festgesetzten Frist übersenden; im Falle der Zuwiderhandlung unterliegt er dem Disziplinarverfahren.

537. Wenn infolge des Urteils des Kassationshofes die Haft des Beschuldigten aus irgendeinem Grunde aufhören muß, so teilt der Generalstaatsanwalt beim Kassationshofe am selben Tage, an dem das Urteil gefällt wurde, oder spätestens am folgenden Tage den Tenor mittels Telegramms dem Staatsanwalt bei der Corte oder dem Tribunal, das das angefochtene Urteil gefällt hat, oder dem Staatsanwalt bei dem Tribunal, dem der Einzelrichter, der ein solches Urteil gefällt hat, untersteht, mit, damit dieser für die Entlassung sorgt, falls die Haft nicht wegen einer andern Sache aufrecht erhalten werden muß.

Kapitel IV.

Von der Wiederaufnahme des Verfahrens[46]). (Della revisione.)

538. Die Wiederaufnahme des Verfahrens in bezug auf eine Entscheidung, die wegen eines Verbrechens eine Verurteilung ausspricht, von der ordentlichen Gerichtsbehörde gefällt und rechtskräftig geworden ist, ist jederzeit in folgenden Fällen zugunsten des Verurteilten zulässig:

1. wenn die zur Begründung des Urteils festgestellten Tatsachen nicht mit den in einem andern unanfechtbaren Strafurteile der ordentlichen Gerichtsbehörde oder einer andern Behörde festgestellten in Einklang gebracht werden können, mit Ausnahme der vom Senat als Höchstem Gerichtshofe (alta corte di giustizia) gefällten verurteilenden Erkenntnisse;
2. wenn nach der Verurteilung Tatsachen oder neue Beweismittel unvermutet eintreten bzw. erscheinen oder entdeckt werden, welche allein oder in Verbindung mit den schon im Prozesse nachgeprüften klar ergeben (rendano evidente), daß die Tat nicht geschehen ist oder aber, daß der Verurteilte sie nicht begangen oder nicht an ihr teilgenommen hat;
3. wenn bewiesen wird, daß die Entscheidung über das Bestehen der Tat oder über den Beweis, daß der Verurteilte sie begangen oder an ihr teilgenommen hat, die Folge einer Fälschung in den Akten oder im Urteile oder einer Bestechung (corruzione) des Richters war.

539. Die Wiederaufnahme des Verfahrens können verlangen:

1. der Verurteilte, oder einer seiner nächsten Verwandten, oder aber die Person, welche über den Verurteilten vormundschaftliche Gewalt hat, sowie, falls der Verurteilte gestorben ist, der Erbe oder einer der nächsten Verwandten;
2. der Generalstaatsanwalt beim Berufungsgericht, in dessen Bezirk die Verurteilung ausgesprochen wurde, oder der Generalstaatsanwalt beim Kassationshofe von Amts wegen oder auf Grund Auftrages des Justizministers; die Partei, die es angeht, kann ihren eigenen Antrag dem des Staatsanwalts vereinen.

540. Der Antrag auf Wiederaufnahme wird beim Kassationshofe gestellt; Beobachtung finden die im vorhergehenden Kapitel aufgestellten Verfahrensvorschriften, insoweit sie anwendbar sind.

Vor der Entscheidung kann das Gericht die ihm nützlich erscheinenden Ermittlungen und Rechtsakte anordnen und einen der Beisitzer mit ihrer Vornahme beauftragen. Dem Gerichtshofe und dem beauftragten Richter stehen in diesem Falle die Machtbefugnisse der Anklagekammer beziehungsweise des Untersuchungsrichters zu.

541. Der Kassationshof entscheidet in den wie bei der Revision vereinigten Senaten, wenn der Antrag auf Wiederaufnahme aus dem

Grunde der Unvereinbarkeit des angefochtenen, verurteilenden Erkenntnisses mit einem andern verurteilenden Erkenntnisse einer nicht mit der gewöhnlichen Gerichtsbarkeit betrauten Behörde gestellt worden ist.

542. Sind Fälschung oder Bestechung als Gründe für die Wiederaufnahme angegeben, so ist kein anderer Beweis für diese zulässig, als das wegen Fälschung oder Bestechung verurteilende, rechtskräftige Erkenntnis.

Dessenungeachtet kann der Kassationshof, wenn die Strafklage wegen solcher strafbarer Handlungen verjährt oder sonst erloschen ist und wenn die angezeigten Tatsachen wahrscheinlich und schwerwiegend sind, andere Beweise zulassen und sie in Gemäßheit des Absatzes II des Artikels 540 aufnehmen oder aufnehmen lassen.

543. Wenn der Kassationshof erkennt, daß die Wiederaufnahme des Verfahrens aus den in der Nummer 1 des Artikels 538 bezeichneten Gründen zugelassen werden muß und daß die Unvereinbarkeit zwischen zwei verurteilenden Erkenntnissen besteht, so hebt er sie beide auf und verweist sie zwecks Wiederverhandlung an einen andern Richter, der denselben Grad hat, als die Richter, welche die aufgehobenen Urteile gefällt haben, oder, falls diese einen verschiedenen Grad haben, an einen Richter, welcher den gleichen Grad hat wie der Richter höheren Grades. In dem im Artikel 541 erwähnten Falle verweist er die Sache an einen Richter zurück, welcher denselben Grad hat wie derjenige, welcher das Urteil der gewöhnlichen Gerichtsbehörde gesprochen hat.

Besteht dagegen die Unvereinbarkeit zwischen einem verurteilenden und einem freisprechenden Erkenntnisse, so hebt er das erstere ohne Zurückverweisung auf.

544. Wird der Antrag auf Wiederaufnahme des Verfahrens auf Grund der Nummer 2 des Artikels 538 zugelassen, weil eine Tatsache entdeckt worden oder hinzugekommen ist, aus der klar hervorgeht, daß die Tatsache, welche den Grund zur Verurteilung gab, in Wirklichkeit nicht bestand, und wird die neue Tatsache zweifelsfrei festgestellt, so spricht der Kassationshof die Aufhebung ohne Zurückverweisung aus.

In den andern in der Nummer 2 des angeführten Artikels und in den in der darauf folgenden Nummer 3 erwähnten Fällen hebt der Kassationshof das Urteil auf und verweist die Sache zur Wiederverhandlung an einen andern Richter, der denselben Grad hat wie der, welcher die Verurteilung aussprach.

545. In dem Wiederaufnahmeverfahren werden die Zeugen, Sachverständigen oder Dolmetscher, welche wegen eines in der früheren Verhandlung begangenen Meineides verurteilt worden sind, nicht vernommen.

546. Die Wiederaufnahme ist zulässig, auch wenn die Strafklage oder die Verurteilung erloschen ist, oder wenn die Vollstreckung des Urteiles aufgehört hat.

Ist der Verurteilte gestorben, so ernennt der Kassationshof einen Pfleger, der alle seine Rechte ausübt; der Richter spricht gegebenenfalls seine Unschuld aus und rehabilitiert so sein Andenken. Wird der Antrag bei Lebzeiten des Verurteilten von einem der nächsten Verwandten gestellt, so ist dieser von Rechts wegen Pfleger.

547. Falls der Kassationshof die Wiederaufnahme anordnet, so wird der Verurteilte, der begonnen hat die Freiheitsstrafe abzubüßen, als Untersuchungsgefangener angesehen, und der Kassationshof kann — auch von Amts wegen — seine vorläufige Entlassung anordnen.

548. Der Kassationshof, falls er das Urteil ohne Zurückverweisung aufhebt, oder der Richter des Wiederaufnahmeverfahrens, falls er ein freisprechendes Urteil fällt, entscheidet ferner nötigenfalls über die Rückerstattung der in Ausführung des Urteils als Geldstrafe, als Kosten des Verfahrens, als Schadensersatz oder als Buße gezahlten Geldsumme.

549. Weist der Kassationshof den Antrag zurück oder wird in dem Wiederaufnahmeprozeß kein freisprechendes Urteil gefällt, so wird die Partei, welche die Wiederaufnahme beantragt hat, zu den Kosten des Verfahrens verurteilt. Sie kann auch ferner zur Zahlung einer Geldsumme von nicht weniger als 300 — dreihundert — und nicht mehr als 3000 — dreitausend — Lire an die Staatskasse verurteilt werden.

550. Der Auszug des die Verurteilung ohne Zurückverweisung aufhebenden oder des die Freisprechung im Wiederaufnahmeverfahren aussprechenden Erkenntnisses wird vermittels des Gerichtsschreibers gedruckt und an den dazu bestimmten Orten in der Gemeinde, in der das Urteil gesprochen wurde und in der des gegenwärtigen oder letzten Wohnsitzes der freigesprochenen Person angeheftet. Der Gerichtsdiener hinterlegt in der Gerichtsschreiberei das Zeugnis über die geschehene Anheftung.

551. Hat der im Wiederaufnahmeverfahren freigesprochene Beschuldigte drei Jahre hindurch oder länger eine Freiheitsstrafe erlitten, so kann er zu Lasten des Staates eine Geldentschädigung als Unterstützung erhalten, wenn sich herausstellt, daß er es nach seiner wirtschaftlichen Lage nötig hat.

Der Antrag ist nicht zulässig:

1. wenn er erst nach Ablauf von drei Monaten von der im vorhergehenden Artikel vorgeschriebenen Anheftung ab gestellt worden ist;
2. wenn der Antragsteller zwei andere Verurteilungen zu Einschließungsstrafen erlitten hat;
3. wenn er infolge Arglist oder grober Fahrlässigkeit den Rechtsirrtum verursacht hat;
4. wenn er in dem Wiederaufnahmeverfahren aus Mangel an Beweisen freigesprochen worden ist.

552. Stirbt der Beschuldigte nach der Freisprechung, so kann der Antrag auf Geldentschädigung innerhalb der in der Nummer 1 des vorhergehenden Artikels bezeichneten Frist von den Aszendenten, dem Ehegatten und den Deszendenten, die minderjährig oder wegen geistiger oder körperlicher Schwäche unfähig sind, für ihren eigenen Unterhalt zu sorgen, gestellt oder betrieben werden, falls diese Verwandten nach ihrer wirtschaftlichen Lage eine Unterstützung nötig haben.

553. Über die Zulässigkeit des Antrages und über die anzuweisende Geldsumme entscheidet nach Anhörung der Staatsanwaltschaft und des Antragstellers die Strafkammer des Berufungsgerichts des Bezirks, in dem das freisprechende Urteil gefällt wurde, als Ratskammer oder diejenige, welche auf Antrag der Partei vom Kassationshof bezeichnet wird, im Falle der Aufhebung des Urteils ohne Zurückverweisung.

Gegen das Urteil steht sowohl dem Staatsanwalt als auch der Partei die Revision zu.

Viertes Buch.

Von der Vollstreckung und einigen besonderen Verfahrensarten.

Titel I.

Allgemeine Regeln über die Vollstreckung.

Kapitel I.

Einleitende Bestimmungen.

554. Die Urteile, Beschlüsse und Verfügungen der Gerichtsbehörde in Strafsachen sind im ganzen Königreiche, in den Kolonien und in den andern, der Oberhoheit (sovranità) des Staates unterworfenen Gebieten vollstreckbar.

555. Die verurteilenden Erkenntnisse werden fünf Tage, nachdem sie rechtskräftig (irrevocabili) geworden sind, ausgeführt. Ist Revision eingelegt worden, so läuft die Frist von dem Tage ab, an dem der Beschluß, der sie in dem im Artikel 514 vorgesehenen Falle für unzulässig erklärt, rechtskräftig geworden ist, und in den andern Fällen von dem Tage ab, an dem der Beschluß oder das Urteil des Kassationshofs, das sie für unzulässig erklärt oder zurückweist, zur Kenntnis der mit der Vollstreckung betrauten Behörde kommt.

Zu diesem Zwecke teilt der Gerichtsschreiber des Kassationshofes an dem Tage, der auf den Tag folgt, an dem die Revision für unzulässig erklärt oder zurückgewiesen worden ist, den Tenor der Entscheidung mittels eingeschriebenen Briefes an die im folgenden Artikel bezeichnete Behörde mit. Die im letzten Absatze des Artikels 536 enthaltene Strafbestimmung findet Anwendung.

Hat der Kassationshof die Berechnung der Strafe in Gemäßheit des Absatzes II des Artikels 531 berichtigt, so findet die Bestimmung des Absatzes II des Artikels 536 Anwendung.

556. Der Staatsanwalt veranlaßt die Vollstreckung der gefällten Strafurteile der Corte beziehungsweise des Tribunals und läßt auch ihre Beschlüsse und Verfügungen ausführen.

Jeder Einzelrichter läßt die von ihm erlassenen Verfügungen, Beschlüsse und Urteile ausführen.

557. Mit Ausnahme der in den Artikeln 589 und 590 vorgesehenen Fälle erklärt, falls die Verurteilung verjährt oder sonst erloschen ist, das Tribunal oder die Corte, die das Urteil gefällt hat, in der Ratskammer auf Antrag des Staatsanwalts oder der Partei die Verurteilung selbst für erloschen, hebt den Haftbefehl auf und ordnet die Freilassung des Verurteilten an, falls seine Festnahme erfolgt ist.

Für die vom Assisengericht gefällten Urteile wird die Entscheidung durch die Strafkammer des Berufungsgerichts gegeben.

Der Einzelrichter kann auch von Amts wegen vorgehen.

Kapitel II.

Von den Zwischenfällen bei der Vollstreckung.
(Degli incidenti di esecuzione.)

558. Der Richter, der das Urteil, den Beschluß oder die Verfügung erlassen hat, ist zuständig dafür, durch Beschluß in der Ratskammer über alle Zwischenfälle, die die Vollstreckung betreffen, zu entscheiden, es sei denn, daß das Gesetz ein anderes bestimmt. Die Entscheidung wird durch den Staatsanwalt oder die Partei, die es angeht, veranlaßt.

Auf die Vollstreckungszwischenfälle bei Assisengerichtsurteilen findet Absatz II des Artikels 557 Anwendung.

Der Einzelrichter kann auch von Amts wegen entscheiden.

559. Im Verfolg des im vorhergehenden Artikel berührten Antrages setzt der Vorsitzende der Corte oder des Tribunals durch Verfügung den Tag der Verhandlung fest und benachrichtigt davon den Staatsanwalt und die Partei, die es angeht, nicht später als fünf Tage vor dem festgesetzten Termin.

Am Tage der Verhandlung überreicht der Staatsanwalt schriftlich seine Ausführungen; die Partei, die es angeht und die einen dahingehenden Antrag gestellt hat, wird persönlich oder mittels eines Verteidigers gehört; erscheint sie nicht, so kann sie schriftliche Bemerkungen überreichen.

Der Beschluß wird binnen einer Frist von drei Tagen der Partei, die es angeht, zugestellt und dem Staatsanwalt bekannt gegeben.

Der Einzelrichter muß dem Staatsanwalt eine Abschrift mitteilen.

560. Gegen den Beschluß, durch den über einen Vollstreckungszwischenfall entschieden wird, steht dem Staatsanwalt und der Partei, die es angeht, die Revision zu.

Die Revision schiebt die Vollstreckung nicht auf, aber die Aufschiebung kann während des Schwebens der Revision von dem Richter, der den Beschluß erlassen hat, gewährt werden.

Titel II.

Von den strafrechtlichen Wirkungen der Vollstreckung.

Kapitel I.

Von der Vollstreckung strafrechtlicher Verurteilungen.

561. Die für die Vollstreckung eines zu einer Freiheitsstrafe verurteilenden Erkenntnisses zuständige Behörde übersendet den Agenten der öffentlichen Gewalt den Haftbefehl des Verurteilten, der dessen Vor- und Zunamen, das Alter und andere zu seiner Identifizierung geeignete persönliche Eigenschaften, sowie die Bezeichnung des verurteilenden Erkenntnisses und der Strafe enthält.

Besteht kein Fluchtverdacht und beträgt die Dauer der Strafe nicht mehr als sechs Monate, so kann die besagte Behörde vor Erlaß eines Haftbefehls dem Verurteilten den Befehl (ingiunzione) zustellen lassen, sich binnen fünf Tagen im Gefängnis zu gestellen.

562. Hat ein Richter gegen dieselbe Person zwei oder mehrere rechtskräftige Urteile gefällt, so bestimmt er, welche Strafe unter Beobachtung der Vorschriften über das Zusammentreffen von Strafen zu verbüßen ist; handelt es sich um Verurteilungen, die von verschiedenen Richtern gefällt worden sind, so entscheidet das Berufungsgericht des Bezirks, in dem die letzte Verurteilung ausgesprochen worden ist.

563. Entsteht nach der Festnahme einer verurteilten oder entflohenen Person ein Zweifel über deren Identität, so befragt sie der Einzel- oder Untersuchungsrichter des Ortes der Festnahme und nimmt jede andere zur Identifizierung nützliche Ermittlung vor, und zwar auch unter Zuhilfenahme der Gerichtspolizei. Stellt sich heraus, daß der Festgenommene gar nicht der Verurteilte oder Entflohene ist, so ordnet er dessen Entlassung an; sonst übersendet er die Verhandlungen über die Sicherstellung der persönlichen Identität an den für die Vollstreckungszwischenfälle zuständigen Richter.

564. Die Zulassung zu einer Besserungsanstalt (stabilimento penitenziario), einer landwirtschaftlichen oder industriellen Anstalt oder zu der Arbeit in öffentlichen oder privaten Werken außerhalb der Strafanstalt in Gemäßheit des Artikels 14 des Strafgesetzbuchs[49]) wird vom Minister des Innern auf begründeten Antrag des Überwachungsrates (consiglio di sorveglianza) bei der Anstalt, in der der Verurteilte seine Strafe verbüßt, verfügt.

Dieselben Bestimmungen werden bei dem Widerrufe der vorbenannten Zulassung beobachtet.

565. Bei den für die Einschließungs- oder Gefängnisstrafe bestimmten Strafanstalten und bei den Verwahrungshäusern (case di custodia) wird ein Überwachungsrat eingerichtet.

Es besteht deren einer in jedem Tribunalsbezirk; er setzt sich wie folgt zusammen: aus dem Staatsanwalt des Bezirks, in dem die Anstalt sich befindet, aus dem Vorsitzenden des Fürsorgevereins für entlassene Strafgefangene oder, beim Fehlen eines solchen, aus einem von der Anwaltskammer gewählten Bürger und aus dem Leiter jeder einzelnen Anstalt; dieser hat die Aufgaben eines Berichterstatters für die Angelegenheiten, die die Anstalt selbst betreffen; an der Behandlung der auf andere Anstalten bezüglichen Angelegenheiten nimmt er nicht teil. Wo Frauengefängnisse bestehen, ist auch eine Dame, die vom Vorsitzenden des Tribunals bezeichnet wird, Mitglied des Rats.

566. Im Falle der Verurteilung zur Strafe der Aufenthaltsbeschränkung stellt die für die Vollstreckung zuständige Behörde dem Verurteilten den Befehl zu, sich binnen einer Frist von nicht mehr als fünfzehn Tagen in die im Urteil bezeichnete Gemeinde zu begeben und sich dort bei der Behörde der öffentlichen Sicherheit vorzustellen. Zugleich droht sie ihm Festnahme und Transport mittels der öffentlichen Gewalt an.

567. Im Falle der Zuwiderhandlung gegen die Beobachtung der Aufenthaltsbeschränkung berichtet die öffentliche Sicherheitsbehörde darüber an den Richter, der das Urteil gesprochen hat, und schreitet zur Festnahme des Verurteilten.

Im Falle der Festnahme des Verurteilten kann der Richter, nachdem er dessen etwa vorliegende Entlastungsgründe gehört hat, die Umwandlung der Strafe anordnen.

568. Die Verurteilungen zu Geldstrafen werden auf die in den Gesetzen und Dienstvorschriften bestimmten Arten vollstreckt.

Die Zahlungsunfähigkeit des Verurteilten wird durch ein Zeugnis des Bürgermeisters und des Steueragenten bewiesen.

569. Ist die Nichtzahlung und die Zahlungsunfähigkeit des Verurteilten festgestellt, so ordnet die für die Vollstreckung zuständige Behörde die Umwandlung der Geldstrafe an.

Zu diesem Zwecke übersendet sie an den Befehlshaber der Gendarmerie das Ersuchen um Festnahme des Verurteilten und kann die im Absatz II des Artikels 561 bezeichnete Zustellung ausführen lassen.

Das Ersuchen zählt auf: den Vor- und Zunamen, das Alter und andere zur Identifizierung des Verurteilten geeignete persönliche Eigenschaften; das verurteilende Erkenntnis; den Betrag der Geldstrafe (multa) oder des Strafgeldes (ammenda) mit der Bezeichnung der mit der Beitreibung betrauten Kassenbehörde (ufficio finanziario); die Zahlungsunfähigkeit des Verurteilten; die Dauer der umgewandelten Strafe und den zur Verbüßung bestimmten Ort. Ist der im vorhergehenden Absatze erwähnte Befehl zugestellt worden, so wird in dem Ersuchen die Bezeichnung der Frist hinzugefügt, innerhalb derer die Festnahme ausgeführt werden soll.

Bei der Ausführung der Festnahme des Verurteilten geben die Gendarmen ihm von dem Ersuchen Kenntnis und zeigen es ihm vor, führen ihn wegen der nötigenfalls erforderlichen Feststellung seiner Identität bei der ersuchenden Staatsanwaltschaftsbehörde oder dem ersuchenden Richter vor und transportieren ihn sodann an den für die Abbüßung der Strafe bestimmten Ort.

570. Die Verurteilungen zur Zahlung von Geldsummen zu gunsten der Staatskasse, die vom Richter in Anwendung der zu Lasten von öffentlichen Beamten, Parteien, Verteidigern, Sachverständigen, Zeugen, Dolmetschern oder anderen Personen festgesetzten Strafbestimmungen erlassen werden, sind einer Anfechtung nicht unterworfen. Sie werden entweder sofort, oder unmittelbar nach Ablauf der Zeit, innerhalb derer das Gesetz die Aufhebung der Verurteilung zuläßt, vollstreckbar.

Die Vollstreckung geschieht in Gemäßheit der für die Geldstrafen festgesetzten Bestimmungen mit Ausnahme der auf die Strafumwandlung bezüglichen.

571. Die in Abwesenheit geschehene Verurteilung zur lebenslänglichen Unfähigkeit zur Bekleidung öffentlicher Ämter, die vom Assisengericht mittels anfechtbaren Erkenntnisses ausgesprochen worden ist, hat nach drei Monaten von der Zustellung des Urteils ab Rechtswirkung.

Der Verurteilte, der später erscheint oder festgenommen wird, tritt in Erwartung des neuen Prozesses in die Ausübung seiner Rechte wieder ein; es bleiben aber die Wirkungen der Unfähigkeit-erklärung für die bis zum Erscheinen oder der Festnahme abgelaufene Zeit bestehen.

572. Bestimmt ein in Abwesenheit verkündetes, nicht rechtskräftiges Urteil des Assisengerichts die gesetzliche Vermögens-Entziehung (interdizione legale) des Verurteilten, so tritt diese Rechtswirkung nach Verlauf von fünf Jahren vom Datum des Urteils ab ein.

Während der fünf Jahre werden die Güter des Verurteilten verwaltet und seine Gerechtsame wahrgenommen wie für die als abwesend Geltenden.

Erscheint der Verurteilte, oder wird er nach der vorbenannten Frist festgenommen, so findet die Bestimmung des Absatzes II des vorhergehenden Artikels Anwendung.

573. Das Erkenntnis, welches zu einer besonderen Überwachung (vigilanza speciale) von Seiten der öffentlichen Sicherheit verurteilt, wird zwecks Vollstreckung im Auszuge vom Generalstaatsanwalt oder Staatsanwalt an die öffentliche Sicherheitsbehörde des Ortes geschickt, an dem es gefällt wurde.

Der der besonderen Überwachung unterstellte Verurteilte muß der öffentlichen Sicherheitsbehörde des Ortes, an dem er das Ende seiner Strafe verbüßt hat, diejenige Gemeinde bezeichnen, in der er seinen Wohnsitz aufschlägt oder diejenige, in die sich zu begeben ihm gestattet worden ist.

574. Der Richter, der das Urteil gefällt hat, entscheidet in den für die Vollstreckungszwischenfälle gegebenen Formen, wenn es sich darum handelt, die besondere Überwachung der öffentlichen Sicherheitsbehörde aufhören zu lassen oder zu begrenzen, sei es in bezug auf die Dauer, oder in bezug auf ihre Rechtswirkungen.

575. In den im Artikel 33 des Strafgesetzbuchs [50]) vorgesehenen Fällen veranlaßt der für die Vollstreckung des verurteilenden Erkenntnisses zuständige Staatsanwalt sofort nach der Rechtskraft die für die Begründung der Vormundschaft nötigen Entscheidungen.

576. In den Prozessen wegen Fälschung von Rechtsakten muß die Fälschung, wenn sie festgestellt wird, im Urteile ausgesprochen werden, auch wenn aus irgend einem Grunde nicht eingeschritten werden soll, und eine Verurteilung nicht ergehen kann.

Das einen Rechtsakt ganz oder zum Teil für gefälscht erklärende Urteil ordnet, je nach den Umständen, dessen ganze oder teilweise Vernichtung und gegebenenfalls dessen Wiederherstellung (ripristinazione), Erneuerung (rinnovazione) oder Verbesserung (riforma) in dem von ihm festgesetzten Sinne an.

Sobald das Urteil rechtskräftig geworden ist, wird es in diesem Teile oder Abschnitt von einem vom Vorsitzenden des Tribunals oder Berufungsgerichts beauftragten Richter im Beisein der Staatsanwaltschaft und unter Zuhilfenahme des Gerichtsschreibers, der ein Protokoll darüber aufnimmt, vollstreckt.

Die gänzliche Vernichtung eines Rechtsakts vollzieht sich durch Verzeichnung jeder seiner Seiten am Rande des Urteils und mittels Verfassung eines Protokolls, in dem diese Formerfüllung bezeugt wird mit der Erklärung, daß der Rechtsakt keine gesetzliche Rechtswirkung haben kann. Der Rechtsakt wird an das Protokoll angeheftet. Von diesem wird als Ersatz des Rechtsakts eine Abschrift an denjenigen übersandt, der jenen besaß oder ihn hinterlegt hatte.

In den anderen Fällen wird der Text des Rechtsakts, wie er sich im Verfolg der teilweisen Vernichtung, der Wiederherstellung, Erneuerung oder Verbesserung ergibt, dem Protokolle ganz einverleibt. Befand sich der Rechtsakt an einer öffentlichen Hinterlegungsstelle, so wird er dem Verwahrer zusammen mit einer beglaubigten Abschrift des Protokolls, an das er angeheftet bleiben muß, zurückgesandt. War der Rechtsakt im Privatbesitz, so heftet ihn der Gerichtsschreiber an das Protokoll und verwahrt ihn so; an den, den es angeht, übersendet er eine beglaubigte Abschrift des Protokolls. Eine solche Abschrift ersetzt den Rechtsakt in bezug auf jede gesetzliche Rechtswirkung.

Im Protokoll gibt der Richter die nötigen Bestimmungen zwecks Beobachtung der Vorschriften der beiden vorhergehenden Absätze.

Kapitel II.

Von der Leistung von Arbeit, sowie von anderen Formen des Ersatzes der Strafe.

577. Entspricht die für die Vollstreckung des Urteils zuständige Behörde dem Antrage auf Ersatz der Gefängnis- oder Haftstrafe durch Leistung von Arbeit[51]), so läßt sie ihre Entscheidung dem Verurteilten zustellen.

578. In den Fällen des vorhergehenden Artikels, oder falls das Urteil angeordnet hat, daß der Arrest in einem Arbeitshause (casa di lavoro) oder mittels Leistung von Arbeit in Häusern, die der öffentlichen Nützlichkeit dienen, abzubüßen sei, so setzt die für die Vollstreckung zuständige Behörde die Dauer der Arbeit fest, bestimmt die dem Verurteilten von seinem täglichen Lohne für seinen Unterhalt zu gewährende Quote, bezeichnet den Tag, die Stunde und den Ort, an dem sich der Verurteilte zur Leistung der Arbeit einzufinden hat, und bestimmt die Behörde, die über deren Leistung zu wachen hat.

579. Die zur Überwachung der Arbeitsleistung bestimmte Behörde ist gehalten, sofort Mitteilung zu machen, wenn der Verurteilte nicht erscheint, oder sich weigert die Arbeit zu leisten, oder sie unterbricht. Die Vollstreckungsbehörde ladet den Verurteilten zu seiner Entlastung und beschließt, falls dieser nicht erscheint oder keinen gesetzlichen Hinderungsgrund nachweist, daß die Strafe oder der Strafrest auf die gewöhnliche Art und Weise verbüßt wird.

580. Die Behausung, in der auf Anordnung des Richters eine Frau oder ein Minderjähriger den Arrest abbüßen sollen, wird im verurteilenden Erkenntnis bezeichnet; aus gerechten Gründen kann diese indes von der Vollstreckungsbehörde verändert werden.

Das Urteil und die Nach-Entscheidung — falls eine solche ergangen ist — wird der öffentlichen Sicherheitsbehörde mitgeteilt; diese wacht darüber, daß der Verurteilte die bezeichnete Behausung nicht verläßt. Im Falle der Zuwiderhandlung nimmt sie ein Protokoll darüber auf und übersendet es an den Einzelrichter des Ortes.

Der Einzelrichter ladet den Verurteilten, um seine Entschuldigungsgründe anzuhören und schreibt vor, daß der Zuwiderhandelnde die Strafe auf die gewöhnliche Art und Weise abbüßt. Sodann übersendet er eine Abschrift der begründeten Entscheidung an den Richter, der den häuslichen Arrest angeordnet hat.

581. Ist der Strafe der richterliche Verweis unterstellt, so setzt der Vorsitzende der Corte oder des Tribunals oder der Einzelrichter, der das Urteil gefällt hat, binnen drei Tagen nach dem Tage, an dem das Urteil rechtskräftig geworden ist, die öffentliche Sitzung fest, in der der Verurteilte erscheinen muß, um die im Urteil bestimmten Pflichten auf sich zu nehmen, gegebenenfalls den Bürgen zu bezeichnen und den Verweis zu empfangen. Die Verfügung wird dem Verurteilten unter Beobachtung der Ladungsfrist zugestellt.

Die Verpflichtungen des Verurteilten, sowie die des Bürgen werden durch den Gerichtsschreiber mittels Protokolls in der für den Verweis festgesetzten Sitzung aufgenommen. Der Richter entscheidet über die Tauglichkeit der Bürgschaft.

Erscheint der Verurteilte in der für den Verweis festgesetzten Sitzung nicht oder nimmt er diesen nicht mit Ehrerbietung (rispetto) entgegen, so wird die im Urteil festgesetzte Strafe auch dann in Anwendung gebracht, wenn der richterliche Verweis bindend (obbligatoria) unterstellt worden war.

582. Der richterliche Verweis kann unmittelbar nach Verkündung des Urteils dem Verurteilten erteilt werden, wenn er sich bereit erklärt, sich sofort den vorgeschriebenen Bedingungen zu unterwerfen.

Kapitel III.

Von der Aussetzung der Vollstreckung und dem Erlafs der Strafe.

583. Die Vollstreckung eines verurteilenden Erkenntnisses kann nur in den folgenden Fällen ausgesetzt werden:

1. wenn ein Gnadengesuch eingereicht worden ist;
2. wenn eine Freiheitsstrafe an einer Person zu vollstrecken ist, welche nach dem Urteile eines oder mehrerer von Amts wegen benannter Sachverständigen sich in einem die Aussetzung notwendig machenden Zustande geistiger oder körperlicher Schwäche befindet;
3. wenn eine Strafe von einer Frau, die schwanger ist oder vor längstens drei Monaten geboren hat, zu verbüßen ist;
4. wenn sich der Verurteilte oder seine Familie aus besonderen Umständen infolge der Vollstreckung einem schweren Nachteile (grave pregiudizio) ausgesetzt sehen kann. In diesem Falle kann die Vollstreckung nicht länger als sechs Monate und auch nicht mehr als einmal ausgesetzt werden.

In Rücksicht auf den wirtschaftlichen Zustand des Verurteilten oder seiner Familie kann gestattet werden, daß die Geldstrafe in Gemäßheit des Straftarifs in mehreren Teilzahlungen getilgt wird.

Die Aussetzung kann im Falle der Nummer 1 vom Justizminister für einen Zeitraum von im ganzen nicht mehr als sechs Monaten angeordnet werden; in den anderen Fällen von der Vollstreckungsbehörde.

Hören die in den Nummern 2 und 3 vorgesehenen Bedingungen auf, so ist das Urteil sofort vollstreckbar.

584. Die Eltern und die in gerader Linie Verwandten, die Brüder und Schwestern des Verurteilten können die Hälfte einer sich auf nicht mehr als fünf Jahre belaufenden Freiheitsstrafe und jede Geldstrafe, die gegen denselben für von ihm zu deren Schaden begangene strafbare Handlungen festgesetzt worden sind, auch dann erlassen (rimettere), wenn von Amts wegen eingeschritten worden war.

Dasselbe Recht steht dem an Kindes Statt Annehmenden und dem an Kindes Statt Angenommenen, dem Vater und dem natürlichen Sohne dann zu, wenn die Kindschaft gesetzlich anerkannt oder erklärt worden ist. Es steht ferner dem Ehegatten bezüglich der zu seinem Schaden von dem andern Ehegatten begangenen strafbaren Handlungen auch dann zu, wenn die Verurteilung vor der Eheschließung geschehen ist. Die Bestimmung des Artikels 358 des Strafgesetzbuchs[52]) bleibt unberührt.

Der Erlaß der Strafe nach der Verurteilung wird mittels Protokolls vom Gerichtsschreiber des Richters, der das Urteil gesprochen hat, entgegengenommen. Es wird darüber in den für die Vollstreckungszwischenfälle geltenden Formen entschieden.

Kapitel IV.

Von der bedingten Verurteilung und von der bedingten Freilassung.

585. Hat der Verurteilte in den in den Artikeln 298, 423 und 424 vorgesehenen Fällen innerhalb der festgesetzten Fristen kein Verbrechen begangen, und beweist er, daß er alle ihm im Urteile auferlegten Bedingungen erfüllt hat, so gilt die Verurteilung als nicht geschehen.

Andernfalls wird die Aussetzung der Vollstreckung des Urteils von Rechts wegen widerrufen, und die Strafe muß in Gemäßheit der Vorschriften des Artikels 76 des Strafgesetzbuches[53]) verbüßt werden.

Die Aussetzung wird ferner von Rechts wegen widerrufen, wenn der Beschuldigte während der vorgenannten Fristen wegen eines vor der Verurteilung, für die ihm die Rechtswohltat der Aussetzung gewährt worden ist, begangenen Verbrechens zu der Strafe der Einschließung verurteilt worden ist.

Der Widerruf wird in den für die Vollstreckungszwischenfälle festgesetzten Formen von dem Richter erklärt, der die bedingte Verurteilung ausgesprochen hat, falls keine weitere Verurteilung geschehen ist; sonst von dem Richter, der die letzte Verurteilung ausgesprochen hat.

586. Die Aussetzung der Vollstreckung des Urteils hat nur die Verbüßung der festgesetzten Strafe zum Gegenstande und verhindert den Lauf von deren Verjährung; sie erstreckt sich nicht auf und beeinflußt nicht irgend eine andere straf- oder zivilrechtliche Wirkung der Verurteilung.

Die strafrechtlichen Wirkungen hören auf, wenn die Verurteilung in Gemäßheit des ersten Absatzes des vorhergehenden Artikels als nicht geschehen gilt.

587. Die bedingte Freilassung wird durch Verfügung des Justizministers gewährt.

Der Verurteilte überreicht seinen Antrag dem Leiter der Anstalt, in der er seine Strafe verbüßt; dieser übersendet ihn an den Generalstaatsanwalt beim Berufungsgericht des Bezirks, in dem das Urteil gefällt wurde; er fügt seine eigenen Beobachtungen über die Führung und die Reue (ravvedimento) des Verurteilten, sowie ein begründetes Gutachten des Überwachungsrats bei.

Der Generalstaatsanwalt stellt über die wirtschaftliche Lage des Verurteilten Ermittlungen an; er untersucht, ob er nach Kräften ganz oder teilweise den Verpflichtungen gegen den Verletzten nachgekommen ist und bewiesen hat, daß er die Tat bereut, sowie welchen Eindruck die Gewährung der Wohltat an dem Orte der begangenen Tat und auf die dadurch verletzten oder davon betroffenen Personen hervorrufen würde. Er veranlaßt sodann zugleich mit seinen Schlußfolgerungen ein Gutachten der Anklagekammer und übersendet es zusammen mit dem Antrage und den Schriftstücken an den Justizminister.

Der zur bedingten Freilassung zugelassene Verurteilte ist den für die der besonderen Überwachung der öffentlichen Sicherheitsbehörde Unterstellten festgesetzten Bestimmungen unterworfen, welche in der Freilassungsverfügung angegeben sind.

588. Die bedingte Freilassung wird in den im Artikel 17 des Strafgesetzbuchs bezeichneten Fällen[54]) durch Verfügung des Justizministers widerrufen.

Der Widerrufsantrag wird von der öffentlichen Sicherheitsbehörde beim Generalstaatsanwalt beim Berufungsgericht des Bezirks, in dem das Urteil gefällt wurde, gestellt. Der Generalstaatsanwalt macht seine Schlußfolgerungen, veranlaßt das Gutachten der Anklagekammer und übersendet den Antrag und die Akten an den Justizminister.

Hat der Antrag seinen Grund in der Nichterfüllung der in der Freilassungsverfügung festgesetzten Bedingungen, so fordert der Generalstaatsanwalt vor Überreichung seiner Schlußfolgerungen den Verurteilten auf, ihm alles auseinanderzusetzen, was seiner Ansicht nach zu seiner Rechtfertigung dienen kann. Die bedingte Freilassung kann in diesem Falle nicht widerrufen werden, wenn die Anklagekammer nicht ein übereinstimmendes Gutachten abgegeben hat.

Die öffentliche Sicherheitsbehörde kann zugleich mit der Stellung des Antrages auf Widerruf wegen Nichterfüllung der Bedingungen zur Festnahme schreiten. Gibt die Anklagekammer ein dem Antrage entgegengesetztes Gutachten ab, so ordnet der Generalstaatsanwalt die sofortige Freilassung an.

Kapitel V.

Von der Amnestie, dem Straferlafs (indulto) und der Gnade (grazia).

589. Die Amnestie wird auf Antrag des Justizministers nach Anhörung des Ministerrats mittels Königlicher Verfügung gewährt.

Falls die Amnestieverfügung dem Beschuldigten oder Verurteilten keine Bedingungen oder Verpflichtungen vorschreibt, so hat sie volle Rechtswirkung und wird sofort von dem Richter, vor dem die Untersuchung oder der Prozeß schwebt, und, falls die Untersuchung geschlossen ist, von dem zuständigen Prozeßrichter in Anwendung gebracht. In diesem letzteren Falle kann sie vor Eröffnung der Hauptverhandlung durch Entscheidung in der Ratskammer in Anwendung gebracht werden.

Für die Verurteilten wird die Anwendung der Verfügung vom Staatsanwalt mittels Ersuchens um die entsprechende Erklärung angeregt. Der Staatsanwalt sorgt ohne Verzug für die vorläufige Entlassung derjenigen Verurteilten, die sich in Haft befinden. Die Erklärung wird vom Richter, der das Urteil gefällt hat, in der Ratskammer beraten, sei es, daß das Urteil rechtskräftig oder noch nicht angefochten worden ist. Ist ein Rechtsmittel eingelegt worden, so wird die Erklärung von dem Richter ausgesprochen, der für die Entscheidung des Rechtsmittels zuständig wäre.

Ist für die Erklärung der Einzelrichter zuständig, so spricht er sie von Amts wegen aus und sorgt für die Entlassung der Verhafteten.

Geht aus den Untersuchungs- oder Prozeßakten nicht mit genügender Sicherheit hervor, daß die zur Untersuchung stehende Tat in die Amnestie mit einbegriffen ist, so findet diese nach neuen Feststellungen, die geeignet sind, sie zu rechtfertigen, Anwendung.

Ist auf keine der vorbezeichneten Arten vorgesorgt worden, so kann derjenige, welcher auf die Anwendung der Amnestie ein Recht zu haben glaubt, einen dahingehenden Antrag bei dem für die Erklärung zuständigen Richter stellen.

590. Der Straferlaß wird in der für die Amnestie festgesetzten Form gewährt. In der Königlichen Verfügung werden die strafbaren Handlungen und die Strafen, auf die der Erlaß sich bezieht, bestimmt und die Bedingungen für dessen Zulassung festgesetzt.

Die Zuständigkeit für die Anwendung des Straferlasses steht dem Richter zu, vor dem der Prozeß in erster oder in der Berufungs-Instanz schwebt oder demjenigen, welcher ein rechtskräftig gewordenes Urteil gefällt hat.

Die Erklärung bezüglich der schon verhängten Strafen wird vom Staatsanwalt vor dem Tribunal oder dem Berufungsgerichtshof veranlaßt. Der Einzelrichter spricht sie von Amts wegen aus.

Wenn im Verfolg eines Straferlasses die sofortige Freilassung von in Haft befindlichen Verurteilten nötig wird, so ordnet sie der Staatsanwalt oder der Einzelrichter ohne Verzug an.

Ist auf keine der vorbezeichneten Arten vorgesorgt worden, so kann derjenige, welcher auf die Anwendung des Straferlasses ein Recht zu haben glaubt, einen dahingehenden Antrag bei dem für die Erklärung zuständigen Richter stellen.

Gegen die in diesem und dem vorhergehenden Artikel bezeichneten Entscheidungen ist die Revision zulässig.

591. Die Wirkung der Amnestie- oder Straferlaßverfügung erstreckt sich auf alle darin bezeichneten und an einem dem Datum der Verfügung vorhergehenden Tage vollendeten strafbaren Handlungen, es sei denn, daß diese ein anderes Datum festsetzt.

Im Falle des Zusammentreffens von strafbaren Handlungen und Strafen findet die Amnestie nur auf diejenige strafbare Handlung Anwendung, für die sie gewährt ist, und der Straferlaß wird nur einmal nach Häufung der Strafen in Gemäßheit des Artikels 67 ff. des Strafgesetzbuchs angewendet.

592. Der Antrag auf Begnadigung wird beim Justizminister gestellt und muß vom Verurteilten, einem seiner nächsten Verwandten oder der Person, die über den Verurteilten die Vormundschaft oder Pflegschaft ausübt, oder aber von einem Verteidiger oder ausübenden Sachwalter unterschrieben sein.

Der im Disziplinarrat einer Gefängnisanstalt beschlossene Gnadenantrag wird dem Justizminister übersandt.

Der Staatsanwalt bei der Corte oder dem Tribunal, das das Urteil gefällt hat, beziehungsweise der Einzelrichter bei den von ihm gefällten Verurteilungen sorgt für die Ausführung des Gnadenerweises, indem er gegebenenfalls die Entlassung des in Haft befindlichen Verurteilten anordnet, und veranlaßt, daß ohne Verzug von der betreffenden Verfügung ein Vermerk am Rande des Urteils gemacht wird.

593. Werden die Amnestie, der Straferlaß oder der Gnadenerweis unter aufschiebenden Bedingungen oder Verpflichtungen verfügt, so muß derjenige, der deren Wohltat genießen will, dem zuständigen Richter nachweisen, daß er innerhalb der in der Königlichen Verfügung festgesetzten Frist oder, falls keine Frist gesetzt wurde, binnen sechs Monaten seit der Veröffentlichung der Amnestie- oder Straferlaßverfügung oder Mitteilung der Gnadenerweisverfügung die Bedingungen oder Pflichten erfüllt hat.

Kapitel VI.

Von der Vollstreckung besonderer Entscheidungen.

594. In dem im Artikel 46 Absatz II des Strafgesetzbuchs[55]) vorgesehenen Falle ordnet der Vorsitzende des Assisengerichts zugleich mit dem freisprechenden Urteile und die übrigen Gerichtsbehörden zugleich mit dem in der Untersuchung oder dem Prozesse ergehenden Urteile die Unterbringung des Beschuldigten in einer Irrenanstalt an.

Auf dieselbe Art und Weise wird in den im Absatz I des Artikels 54 und im Absatz I des Artikels 58 des Strafgesetzbuchs[56]) bezeichneten Fällen vorgegangen, indem die in diesen Bestimmungen bezeichneten Entscheidungen von den vorbenannten Behörden gefällt werden.

Betreffs der Sorge um die Person und das Vermögen des Geistesschwachen werden, insoweit sie anwendbar sind, die Bestimmungen des Gesetzes[57]) vom 14. Februar 1904, Nummer 36, über die Irrenhäuser und die Irren beobachtet.

595. Wird ein Antrag auf Freilassung aus der Irrenanstalt einer in Gemäßheit des vorhergehenden Artikels ebenda untergebrachten Person gestellt, so teilt ihn der Vorsitzende des Tribunals sofort dem Staaatsanwalt bei der Gerichtsbehörde mit, die die Unterbringung angeordnet hat.

Der Staatsanwalt übersendet jeden Bericht über das Verfahren, über die Umstände der strafbaren Handlung und über die Persönlichkeit des Untergebrachten, welche zur Entscheidung über die Freilassung von Nutzen sein könnte. Nach Erhalt dieser Berichte ernennt der Vorsitzende nach Anhörung der Staatsanwaltschaft, falls er nicht ohne weiteres die Freilassung ablehnen zu müssen glaubt, einen oder zwei Sachverständige, die verschieden sind von denen, die im Verfahren ihr Gutachten abgegeben haben und die nicht zum Sanitätspersonal der Unterbringungsanstalt gehören, damit diese nötigenfalls nach Kenntnisnahme des Inhalts der Prozeßakten und nach Erledigung der persönlichen Untersuchung und jeder andern geeigneten Ermittlung über den Geisteszustand des Untergebrachten und über die Gefahr, die seine Freilassung befürchten lassen kann, Bericht abstatten.

596. Die Aufhebung der im Absatz II des Artikels 47 des Strafgesetzbuchs[58]) bezeichneten Entscheidung wird vom Tribunal des Bezirks, in dem das Urteil gesprochen wurde, auf Antrag des Überwachungsrats bei der Anstalt, in der der Verurteilte sich befindet, nach Anhörung der Staatsanwaltschaft beschlossen.

597. Die Aufhebung der Entscheidung, durch welche die Unterbringung eines Minderjährigen oder Taubstummen in einer Erziehungs- und Besserungsanstalt in Gemäßheit des Absatzes I des Artikels 54 oder des Absatzes I des Artikels 58 des Strafgesetzbuchs[59]) angeordnet wurde, kann nach Anhörung der Staatsanwaltschaft vom Vorsitzenden des Tribunals des Bezirks, in dem das Urteil gefällt wurde, beschlossen werden.

Bezüglich des Taubstummen, der das vierundzwanzigste Lebensjahr vollendet hat und dessen Unterbringung rechtskräftig angeordnet worden ist, kann der vorbenannte Vorsitzende zu jeder Zeit darin willigen, daß er einer Person übergeben wird, die darum ersucht, ihn in Obhut zu nehmen, falls diese genügende Sicherheit für dessen Besorgung gewährt.

598. Die in diesem Kapitel erwähnten Entscheidungen werden auch von Amts wegen gefällt und sind einem Rechtsmittel nicht unterworfen.

Titel III.

Von den zivilrechtlichen Wirkungen der Vollstreckung.

Kapitel I.

Von den Kosten.

599. Bei den von Amts wegen zu verfolgenden strafbaren Handlungen werden die Kosten des Verfahrens von der Staatskasse verauslagt.

Die Zivilpartei muß diejenigen der Rechtsakte, die auf ihren Antrag geschehen, verauslagen.

600. Bei den auf Parteiklage zu verfolgenden strafbaren Handlungen verauslagt der Kläger, der sich als Zivilpartei angeschlossen hat, die Kosten.

Hat sich der Kläger nicht als Zivilpartei angeschlossen, so werden die Kosten aus der Staatskasse verauslagt.

601. Die Kosten der Verurteilung zu Freiheitsstrafen gehen ohne Rückforderungsrecht zu Lasten der Staatskasse.

Die Rückforderung der in den beiden vorhergehenden Artikeln erwähnten Kosten in Gemäßheit der in den Artikeln 274, 429 und 431 vorgesehenen Entscheidungen geschieht in den zu diesem Behufe festgesetzten Formen.

602. Der verantwortliche Redakteur (il gerente) einer Zeitung muß ohne Kostenrückforderungsrecht nicht später als zwei Tage, nachdem er von der für die Vollstreckung zuständigen Behörde die Aufforderung dazu erhalten hat, das gegen ihn ergangene rechtskräftige, verurteilende Erkenntnis veröffentlichen, falls der Richter die Veröffentlichung beschlossen hat.

Mit Ausnahme dieses Falles geschieht die in Gemäßheit des Absatzes II des Artikels 399 des Strafgesetzbuchs[60]) auszuführende Veröffentlichung auf Antrag des Klägers, der die Kosten, unbeschadet seines Rechts auf Rückforderung gegen den Verurteilten, verauslagt.

Die Veröffentlichung kann auch in einem Supplementblatte, das dasselbe Format wie die Zeitung hat und jedem von dessen Exemplaren beigefügt wird, geschehen und sie muß zusammenhängend ausgeführt werden.

Der Rechtsstreit über die Zahlung der Kosten der Veröffentlichung zwischen dem Antragsteller und dem verantwortlichen Redakteur oder zwischen dem Antragsteller und dem Verurteilten in bezug auf die Rückzahlung der Kosten wird vom Vorsitzenden des Tribunals des Ortes, an dem die Zeitung gedruckt wird, nach Anhörung der Parteien, falls diese erscheinen, durch Beschluß entschieden. Ein solcher Beschluß hat die Kraft eines Vollstreckungstitels und ist einem Rechtsmittel nicht unterworfen.

Wenn der Richter die Veröffentlichung des Urteils in Gemäßheit des zweiten oder dritten Absatzes des Artikels 428 angeordnet hat, so muß die Veröffentlichung auf Antrag der Partei, die es angeht und die die Kosten vorstreckt, geschehen, unbeschadet des Rechts auf Rückerstattung gegen denjenigen, der zur Veröffentlichung verurteilt wurde.

Der verantwortliche Redakteur einer Zeitung, der den vorhergehenden Bestimmungen zuwiderhandelt, wird mit einer Geldstrafe von 100 — hundert — bis 500 — fünfhundert — Lire bestraft.

Kapitel II.

Von den zivilrechtlichen Wirkungen der Vollstreckungssicherheiten.

603. Die im Artikel 1969 Nummer 5 des Bürgerlichen Gesetzbuchs[61]) festgesetzte Legalhypothek auf die Güter des Verurteilten haftet auch für die Geldstrafen und jede andere der Staatskasse geschuldete Summe, für den in dem Urteil festgestellten Wieder herstellungswert und die als Buße oder Schadensersatz geschuldete Summe, bezüglich derer vom Strafrichter eine Verurteilung ausgesprochen worden ist, und zwar auch dann, wenn ein Anschluß als Zivilpartei nicht erfolgt ist.

604. Die Legalhypothek kann stets auf Ersuchen des Einzelrichters in den Sachen seiner Zuständigkeit eingetragen werden; in den übrigen Fällen wird sie auf Ersuchen des Staatsanwalts nach irgendeiner vor das Gericht bringenden Entscheidung und auch nach Erlaß eines Mandats oder nach Festnahme des Beschuldigten auf frischer Tat, es sei denn, daß seine Entlassung beschlossen worden ist, eingetragen.

Wird im Wege der unmittelbaren oder unmittelbarsten Ladung vorgegangen und ist kein Mandat erlassen worden, so kann der Staatsanwalt ermächtigt werden, mittels Verfügung des Vorsitzenden der Corte oder des Tribunals, das sich dem Verfahren unterziehen muß, um die Eintragung zu ersuchen.

605. Die Legalhypothek kann auch auf Ersuchen des Verletzten, der sich als Zivilpartei angeschlossen hat, eingetragen werden, und zwar nach vorangehender Ermächtigung des Untersuchungsrichters bei dem Tribunal, wo die Untersuchung geführt wird, oder des Vorsitzenden der Anklagekammer, nachdem die Akten an den Generalstaatsanwalt gesandt worden sind, oder des Einzelrichters, oder des Vorsitzenden des Tribunals oder der Corte, die sich dem Verfahren unterziehen muß.

606. Der Staatsanwalt, die Zivilpartei oder der Verteidiger des Beschuldigten können, falls die begründete Besorgnis besteht, daß die Sicherheiten für die Verpflichtungen, für die die Legalhypothek zugelassen ist, fehlen oder verloren gehen, bei dem Untersuchungsrichter an dem Tribunal, wo die Untersuchung geführt wird, oder beim Vorsitzenden der Corte oder des Tribunals, wo der Prozeß schwebt oder das noch nicht rechtskräftige Urteil gefällt worden ist, die Beschlagnahme (sequestro) der beweglichen Güter des Beschuldigten oder Verurteilten verlangen.

Die Beschlagnahme kann auch von Amts wegen oder auf Antrag der Zivilpartei vom Einzelrichter bei den strafbaren Handlungen seiner Zuständigkeit beschlossen werden.

Sie wird von dem Gerichtsuffizial in den von dem Bürgerlichen Gesetzbuch für die Pfändung beweglicher Sachen vorgeschriebenen Formen[62]) ausgeführt.

607. Die Eintragung der Hypothek und die Beschlagnahme können durch eine in der Gerichtsschreiberei aufzunehmende Verhandlung von jedem, den sie angehen, angefochten werden.

Über das Rechtsmittel entscheidet in den für die Vollstreckungszwischenfälle festgesetzten Formen das Berufungsgericht, falls durch den Generalstaatsanwalt um die Eintragung der Hypothek ersucht wurde, oder falls die Ermächtigung dazu oder der Beschluß auf Beschlagnahme von dem Vorsitzenden des Assisengerichts oder des Berufungsgerichts ausging; in jedem andern Falle entscheidet das Tribunal

Die Löschung der Hypothek oder die Aufhebung der Beschlagnahme können beschlossen werden, indem zugleich nötigenfalls der Beschuldigte oder Verurteilte einer Bürgschaft oder Kaution unterworfen wird.

Im Falle eines Streites über das Eigentum überweist die Corte oder das Tribunal die Entscheidung der Rechtsfrage an die in erster Instanz zuständige Zivilbehörde.

608. Die Rechtswirkungen der Hypothek oder der Beschlagnahme hören mit einem rechtskräftigen Freispruch auf. Die Hypothek wird gelöscht, und die Aufhebung der Beschlagnahme bewirkt durch Vermittlung oder Zustimmung des Staatsanwalts oder Einzelrichters oder der Partei, welche die Entscheidung beantragt, beziehungsweise beschlossen, beziehungsweise erhalten hatte.

Für die Eintragungen, Verminderungen und Löschungen der vom Staatsanwalt oder Einzelrichter beantragten Hypotheken erhält das Grundbuchamt keine Sporteln und kein Recht, unbeschadet jeglicher Klage gegen den Verurteilten oder aber, im Falle des Freispruches, gegen die Zivilpartei, auf deren Antrag die Hypothek eingetragen worden war.

609. Aus dem Erlös der Grundstücke und des beweglichen Eigentums des Verurteilten, aus den als Kaution gezahlten Geldsummen, die der Staatskasse in Gemäßheit des Artikels 340 nicht verfallen sind, werden in der folgenden Reihenfolge bezahlt:

1. Die Kosten für die Pflege des Verletzten mit Einbeziehung des während der Krankheit von einer öffentlichen Heilanstalt gelieferten Lebensunterhalts (alimenti);
2. die Wiederherstellungen, die nicht in der geschuldeten Art bewirkt werden können, die Schäden und die Buße, bezüglich deren Verurteilung erfolgt ist, vorausgesetzt, daß solche Zahlungen — auch mittels Kostenberechnungsantrages — binnen einem Jahre vom Tage der Rechtskraft des Urteils ab gefordert worden sind;
3. die Auslagen und Honorare für die Verteidigung;
4. die von der Staatskasse vorgeschossenen Auslagen, die Forderungen der Beamten und Gerichtsbeamten und die Auslagen der Zivilpartei;
5. die Geldstrafen, Strafgelder und andere zu gunsten der Staatskasse ausgesprochenen Geldverurteilungen.

Die vorbesagte Verteilung geschieht ohne Präjudiz für das Recht aller Parteien, die es angeht, und der Staatskasse, in den ordentlichen Formen der Zivilklage die Zahlung der noch geschuldeten Summen durchzusetzen.

Nach Ablauf der in der Nummer 2 festgesetzten Frist werden die ebenda bezeichneten Gläubiger aus dem Erlöse dessen, was übrig bleibt, nachdem — der Reihenfolge nach — die danach Erwähnten befriedigt worden sind, unbeschadet in jedem Falle des im vorhergehenden Absatze beregten Klagerechtes, befriedigt. Schwebt bezüglich der benannten Gläubiger ein Kostenprozeß, so kann die Hinterlegung einer ungefähr gleichen Geldsumme bei der Depositen- und Darlehnskasse (cassa dei depositi e prestiti) beschlossen und eine Kaution für die Bezahlung der in der Nummer 3 bezeichneten Gläubiger vorgeschrieben werden.

610. Die vorhergehenden Bestimmungen finden auch gegen die zivilrechtlich verantwortliche Person Anwendung; die Legalhypothek kann auf deren Grundstücken eingetragen werden, falls zu Lasten des Beschuldigten die Bedingungen für die Eintragung bestehen.

Kapitel III.

Von den beschlagnahmten Gegenständen.

611. Die Bestimmungen des Artikels 242 finden auch auf die Bewahrung der in Gemäßheit der in Artikel 166 und 233 vorgesehenen Vorschriften mit Beschlag belegten Gegenstände Anwendung.

Die Gerichtsbehörde kann je nach den Umständen beschließen, daß die Verwahrung an einem Orte und auf eine Art, die besonders bestimmt werden, geschieht und sie kann die Grundsätze betreffend das diesbezügliche Entgelt festsetzen.

612. Die Gegenstände, welche durch die strafbare Handlung hervorgebracht worden sind oder in irgend einer Weise mit ihr in Zusammenhang stehen, werden solange mit Beschlag belegt, als es der Prozeß erfordert; nach Beendigung des Prozesses werden sie, falls sie nicht der Einziehung unterworfen sind, an denjenigen zurückgegeben, der ein Recht auf sie hat.

Ist Verurteilung erfolgt, so geschieht die Rückgabe erst, wenn der Inhaber des Rechts beweist, daß das verurteilende Erkenntnis rechtskräftig geworden ist.

Erlaubt es die Lage des Prozesses, so können die vorbenannten Gegenstände auch vor dem Urteile an denjenigen verausgabt werden, der ein Recht auf sie hat und die Herausgabe beantragt. Die Gerichtsbehörde kann ihm eine Kaution auferlegen und ihm auch vorschreiben, die zurückgegebenen Gegenstände auf jedes Ersuchen zurückzureichen.

613. Die von den im vorhergehenden Artikel verschiedenen Gegenstände werden ohne Kosten an denjenigen zurückgegeben, der dartut, daß er ein Recht an ihnen hat.

Dessenungeachtet ist die Zurückgabe der dem Beschuldigten gehörenden Gegenstände nicht gestattet und die Beschlagnahme dauert mit den in den Artikeln 606 und 609 geregelten Wirkungen fort, es sei denn, daß der Beschuldigte eine Kaution oder Bürgschaft leistet, oder die Zurückgabe vom Staatsanwalt, der Zivilpartei und dem Verteidiger bewilligt wird.

614. Die Zurückgabe wird auch von Amts wegen von dem für die Untersuchung oder den Prozeß zuständigen Richter oder von dem Richter, der das verurteilende Erkenntnis gefällt hat, beschlossen.

Findet der Richter, daß die Begründung der Bestreitung des Rechtes auf Zurückgabe einige Wahrscheinlichkeit hat, so verweist er die Entscheidung der Rechtsfrage an die in erster Instanz zuständige Zivilbehörde.

615. Nach Ablauf von zwei Jahren vom Tage der Rechtskraft des Urteils ab beschließt der Richter, falls niemand erschienen ist, um die Zurücknahme der beschlagnahmten Gegenstände zu erlangen, oder falls das Recht auf deren Ausantwortung nicht dargetan worden ist, den Verkauf im Wege der öffentlichen Versteigerung (asta pubblica) in Gemäßheit der Vorschriften der Zivilprozeßordnung über die Zwangsvollstreckung in das bewegliche Vermögen[63]). Er kann statt dessen bestimmen, daß diejenigen Gegenstände, welche wissenschaftlich, künstlerisch oder geschichtlich von Bedeutung sind, einer Lehranstalt übersandt werden.

Die obenbesagte Frist kann abgekürzt, und der Verkauf kann auch unmittelbar nach der Beschlagnahme bewirkt werden, wenn die Gegenstände von geringem Werte oder solcher Beschaffenheit sind, daß sie nicht ohne Verschlechterungsgefahr oder bedeutende Kosten aufbewahrt werden können.

Der Erlös fließt nach Abzug der im folgenden Artikel bezeichneten Kosten in die Depositen- und Darlehnskasse und fällt nach fünf Jahren, falls niemand ein Recht daran dargetan hat, von Rechts wegen der Staatskasse anheim.

616 Die für die Bewachung und Erhaltung der beschlagnahmten Gegenstände notwendigen Kosten werden von der Staatskasse verauslagt, unbeschadet des Rückerstattungsrechts aus dem Erlöse der betreffenden Gegenstände unter Bevorrechtung vor jedem andern Gläubiger. Müssen die Gegenstände an denjenigen zurückgegeben werden, der ein Recht an ihnen dartut, so geschieht die Rückgabe stets nur gegen Zahlung solcher Kosten.

617. Die Regeln der vorhergehenden Artikel über die Zuständigkeit des Richters bezüglich der Entscheidungen über die Zurückgabe oder den Verkauf der beschlagnahmten Gegenstände finden auch nach Beendigung des Strafprozesses Anwendung.

Titel IV.

Vom Strafregister (casellario giudiziale) und von der Rehabilitation der Verurteilten.

Kapitel I.

Vom Strafregister.

618. Bei jedem Tribunal sammelt und verwahrt unter der unmittelbaren Leitung und Aufsicht des Staatsanwalts ein Strafregisteramt den Auszug der im folgenden Artikel aufgezählten Entscheidungen, insoweit sie die im Bezirk des Tribunals geborenen italienischen Bürger betreffen.

Die Auszüge von Entscheidungen, die sich auf Ausländer beziehen, auch wenn diese das italienische Bürgerrecht erhalten haben, oder solche Auszüge, welche sich auf im Auslande geborene Bürger beziehen, oder auf solche, deren Geburtsort im Inlande nicht festgestellt werden konnte, werden bei dem Strafregisteramt beim Tribunal in Rom aufbewahrt.

619. In das Strafregister werden im Auszuge aufgenommen:

1. in Strafsachen: die verurteilenden Erkenntnisse und die Strafbefehle, sowie die in der Untersuchung oder dem Prozesse gefällten Urteile, die auf Freisprechung oder darauf lauten, daß nicht eingeschritten werden solle, sobald sie rechtskräftig geworden sind; die in Abwesenheit gefällten, einem Widerspruche nicht unterliegenden verurteilenden Erkenntnisse des Assisengerichts; die Entscheidungen über Geistesschwache, Minderjährige oder Taubstumme in Gemäßheit der Artikel 46, 53 und 57 des Strafgesetzbuchs[64];
2. in Zivilsachen: die vollstreckungsreifen Urteile, welche die Interdiktion oder die Unfähigkeit (inabilitazione) aussprechen;
3. in Handelssachen: die Urteile und Entscheidungen, durch welche ein Kaufmann als im Konkurs befindlich erklärt oder betrachtet wird.

. . . .

Die vorberegten Entscheidungen werden in das Strafregister aufgenommen, wenn eine gewöhnliche oder besondere italienische Gerichtsbehörde sie gefällt hat; es werden aber auch die von ausländischen Gerichtsbehörden gegen italienische Bürger gefällten Urteile, falls diese offiziell mitgeteilt werden, verzeichnet.

In das Strafregister wird ferner, falls es sich um eine strafgerichtliche Verurteilung handelt, Ort und Zeit der Verbüßung der Strafe oder die Bemerkung, daß sie infolge der in Gemäßheit der Artikel 298, 423 und 424 gewährten Aussetzung, oder infolge einer Amnestie, eines Straferlasses, eines Gnadenerweises, der bedingten Freilassung oder aus andern Gründen, weder ganz noch teilweise abgebüßt worden ist, aufgenommen; es muß ferner die Entscheidung über die Rehabilitation eingetrageu werden.

Eingetragen wird in das Strafregister auch die Aufhebung der in den Nummern 2 und 3 bezeichneten Entscheidungen in Zivil- und Handelssachen.

620. Die Eintragungen im Strafregister werden gelöscht, sobald die Behörde amtliche Kenntnis von dem Tode der Person, auf die sie sich beziehen, erhält.

Es werden ferner folgende Eintragungen gelöscht:

1. die Verurteilungen wegen Verbrechens nach Ablauf einer Frist, die der gleichkommt, innerhalb derer die ein-

geschriebene Person das achtzigste Lebensjahr vollendet haben würde;

2. andere Urteile im Verfahren wegen Verbrechens nach Ablauf von zehn Jahren vom Datum ihrer Rechtskraft ab, es sei denn, daß die Strafklage noch nicht verjährt ist; in diesem Falle wird erst nach Ablauf der Verjährung zur Löschung geschritten;
3. die Verurteilungen wegen Übertretungen nach Ablauf von fünf Jahren von dem Tage an, an welchem die Strafe verbüßt wurde oder die Verurteilung erloschen ist;
4. andere Urteile im Verfahren wegen Übertretungen nach Ablauf von fünf Jahren vom Datum ihrer Rechtskraft ab;
5. die Strafverfügungen, welche in Gemäßheit des letzten Absatzes des Artikels 302 aufgehoben worden sind;
6. die in Gemäßheit der Artikel 46, 58 und 57 des Strafgesetzbuches getroffenen Entscheidungen[68]), sowie die in Zivil- und Handelssachen, nach Ablauf von fünf Jahren vom Datum ihrer Aufhebung ab.

621. Die gewöhnliche oder besondere Gerichtsbehörde hat aus Gründen der Strafgerichtsbarkeit das Recht, ein Zeugnis über alle auf den Namen einer bestimmten Person vorhandenen Eintragungen zu verlangen und zu erhalten.

Jede Zivil- oder Militärbehörde, welcher die Entscheidung über die Verleihung, Suspension oder Aufhebung eines Rechtes, Amtes, Dienstverhältnisses oder einer öffentlichen Stellung, eines Grades, Titels, einer Würde, eines Standes, einer ehrenvollen Auszeichnung, einer Pension oder Wohltätigkeit zusteht, hat das Recht, ein Zeugnis über alle auf eine bestimmte Person bezüglichen Eintragungen zu verlangen und zu erhalten, wenn infolge gesetzlicher oder dienstlicher Vorschriften die Übertragung, die Suspension oder die Aufhebung das Nichtbestehen oder das Bestehen von Entscheidungen zur Bedingung hat, welche einbegriffen sind unter diejenigen, welche im Strafregister aufgenommen werden müssen.

622. Das Zeugnis wird ferner auf den nicht mit Gründen versehenen Antrag der Person, auf die es sich bezieht, übersandt.

Das auf eine andere Person bezügliche Zeugnis kann von einer Privatperson nur zum Zwecke der Vorlegung in einem Straf- oder Zivilprozeß oder aber aus Gründen des politischen oder administrativen Wahlrechts oder der Übertragung oder Ausübung öffentlicher Ämter verlangt werden; auf Erfordern muß der Zweck genau bezeichnet werden.

623. In den auf Ersuchen von Privatpersonen übersandten Zeugnissen werden — unbeschadet der Bestimmung des folgenden Artikels — nicht erwähnt:

1. die freisprechenden Entscheidungen und die Verurteilungen, auf die infolge Wiederaufnahme des Verfahrens Freisprechung folgte;

2. die Verurteilungen, deren Wirkungen in Gemäßheit der Artikel 352 und 358 des Strafgesetzbuchs als erloschen zu betrachten sind;
3. die Verurteilungen, über die beschlossen worden ist, daß sie im Zeugnis nicht erwähnt werden sollen in den im Artikel 427 erwähnten Fällen;
4. eine erste Verurteilung zu einer Geldstrafe oder einer Freiheitsstrafe — allein oder in Verbindung mit einer andern Strafe —, die nicht mehr als drei Monate Einschließung, oder sechs Monate Gefängnis oder ein Jahr Haft beträgt und gegen eine Person unter achtzehn Jahren festgesetzt worden ist, falls sich nicht zu deren Lasten irgendeine spätere Verurteilung zu einer Freiheitsstrafe ergibt;
5. die Verurteilung, die infolge Erfüllung der darin auferlegten Bedingungen in Gemäßheit des Artikels 585 als nicht erfolgt gilt, und das Urteil, das die Strafe in den richterlichen Verweis umgewandelt hat;
6. die Verurteilungen, die infolge Amnestie erloschen sind, sowie diejenigen, bei denen die Rehabilitation verwirklicht worden ist;
7. die Verurteilungen wegen Taten, die das Gesetz nicht mehr als strafbare Handlungen ansieht oder die, falls die Verurteilung im Auslande erfolgte, im Königreich Italien nicht als solche vom Gesetze angesehen werden;
8. die besonderen, in der Nummer 1 des Artikels 619 erwähnten Entscheidungen über die Geistesschwachen, Minderjährigen und Taubstummen;
9. die in den Nummern 2 und 3 desselben Artikels erwähnten Entscheidungen in Zivil- und Handelssachen, falls diese aufgehoben worden sind.

624. In den aus Gründen des politischen oder administrativen Wahlrechts auf Antrag irgend jemandes oder in Gemäßheit des Artikels 21 des politischen Wahlgesetzes vom 30. Juni 1912[67]), Nummer 666, übersandten Zeugnissen werden weder die in den Nummern 1, 6, 7, 8 und 9 des vorhergehenden Artikels bezeichneten Entscheidungen, noch die Verurteilungen wegen Übertretung oder diejenigen, bei denen die Strafe in den richterlichen Verweis umgewandelt worden ist, erwähnt, es sei denn, daß es sich um Verurteilungen wegen Bettelns, Arbeitsscheu oder Landstreichens handelt.

625. Entstehen Bedenken bezüglich der Ausführung der Bestimmungen der vorhergehenden Artikel oder werden Berichtigungen der Eintragungen oder der Zeugnisse des Strafregisters verlangt, so entscheidet auf Antrag des Staatsanwalts oder der Partei der Vorsitzende des Tribunals, in dessen Strafregister die in Gemäßheit des Artikels 618 zu bewirkenden Eintragungen ausgeführt werden oder werden müssen, unter Beobachtung der für die Vollstreckungszwischenfälle geltenden Förmlichkeiten.

626. Wer durch Angabe eines falschen Namens oder fälschliche Erklärung des Namens eines andern an Stelle des eigenen oder durch falsche Angaben über das bürgerliche Verhältnis (stato civile) eines Beschuldigten die Veranlassung dazu gibt, daß der richtige Name eines Verurteilten nicht eingetragen wird, oder auch die unrechtmäßige Eintragung irgend jemandes in das Strafregister geschieht, wird, unbeschadet höherer Strafen, denen er verfällt, mit Einschließung von einem bis zu dreißig Monaten bestraft.

627. Wer in Kenntnis der im Strafregister enthaltenen Eintragungen diese veröffentlicht oder unrechtmäßig andern mitteilt, wird mit Gefängnis bis zu einem Jahre oder einer Geldstrafe bis zu dreitausend Lire bestraft.

628. Wer es arglistig auf die Erlangung eines auf eine andere Person bezüglichen Strafzeugnisses absieht oder aber, wer es zu einem andern Zwecke, als zu dem, für den es beantragt worden war, gebraucht, wird mit Einschließung bis zu sechs Monaten oder Geldstrafe bis zu zweitausend Lire bestraft.

Kapitel II.

Von der Rehabilitation der Verurteilten.

629. Die Rehabilitation wird bei dem Berufungsgericht des Bezirks, in dem das Urteil gefällt wurde, beantragt; handelt es sich um Verurteilungen, die von verschiedenen Gerichtsbehörden ausgesprochen worden sind, so wird der Antrag bei dem Berufungsgericht des Bezirks gestellt, in dem die letzte Verurteilung geschehen ist. Im Falle der im Absatz II des Artikels 7 des Strafgesetzbuchs[68]) vorgesehenen Erklärung wird die Rehabilitation bei dem Berufungsgericht, das sie abgegeben hat, beantragt.

Dem Antrage wird eine Abschrift des verurteilenden Erkenntnisses oder der verurteilenden Erkenntnisse beigefügt; ferner die Schriftstücke, welche dartun, daß die im Artikel 100 des Strafgesetzbuchs[69]) zur Stellung des Antrags festgesetzten Fristen abgelaufen sind und daß der Verurteilte:

1. gegebenenfalls die Hauptstrafe oder alle Strafen verbüßt oder deren Erlaß (condono) ganz oder zum Teil erhalten hat;
2. alle durch die Verurteilung oder Verurteilungen auferlegten Pflichten, auch gegenüber dem Verletzten, erfüllt hat oder der für die Unmöglichkeit der Erfüllung angegebene Grund vorhanden ist;
3. keine neuen Verurteilungen wegen Verbrechens — mit Ausnahme von Fahrlässigkeitsverbrechen (delitti colposi) — nach der Verurteilung, auf die sich der Antrag bezieht, erlitten hat;

4. wirkliche und dauernde Proben seiner Reue in der auf die letzte Entlassung oder das Erlöschen der letzten Verurteilung folgenden Zeit gegeben hat.

630. Das Berufungsgericht kann die ihm geeignet erscheinenden Nachforschungen anstellen und entscheidet in der Ratskammer nach schriftlichem und begründetem Antrage des Generalstaatsanwalts.

Gegen die Entscheidung des Berufungsgerichts ist die Revision zulässig.

631. Wird die Rehabilitation gewährt, so wird dies in dem Urteile oder den Urteilen im Verfolg der Mitteilung von Amts wegen vermerkt. Der Vermerk kann auch von dem, den er angeht, beantragt werden.

Wird die Rehabilitation abgelehnt, so kann der Antrag erst nach Ablauf einer neuen, an dem Datum der rechtskräftigen Entscheidung beginnenden Frist, die der für die Überreichung des ersten Antrages festgesetzten gleich ist, gestellt werden.

Wird übrigens die Rehabilitation wegen Fehlens oder Unregelmäßigkeit irgendeines Schriftstücks abgelehnt, so kann der neue Antrag irgendwann gestellt werden.

632. Wer, nachdem er vorher keine Verurteilung wegen Verbrechens erlitten hat, zu einer Geldstrafe oder — allein oder in Verbindung mit einer andern Strafe — zu einer Freiheitsstrafe von nicht mehr als fünf Jahren Einschließung oder zehn Jahren Gefängnis verurteilt wird, wird von Rechts wegen nach Ablauf von fünfzehn Jahren von dem Tage ab, an dem die Strafe verbüßt worden ist, ohne daß inzwischen irgendein Verbrechen von ihm begangen worden ist, rehabilitiert.

Übersteigt die Strafe nicht fünftausend Lire Geldstrafe oder aber ein Jahr Einschließung oder zwei Jahre Gefängnis, so geschieht die Rehabilitation von Rechts wegen mit dem Ablauf von acht Jahren.

633. Die Rechtswirkungen von freisprechenden Entscheidungen hören, insoweit das Gesetz davon die Nichtübertragung, die Suspension oder den Verlust von Rechten, Ämtern oder öffentlichen Stellen, Graden, Titeln, Würden, Standesrechten oder ehrenvollen Abzeichen oder aber die Anwendung von bestimmten Entscheidungen der Gerichtsbehörden abhängig macht, mit dem Ablauf einer der Verjährungsfrist der Strafklage bezüglich der betreffenden strafbaren Handlung gleichkommenden Frist auf.

634. Das Tribunal des Ortes, an dem das Strafregister die im Artikel 619 aufgeführten Urteilsauszüge enthalten muß, stellt auf Antrag des Staatsanwalts oder der Partei nach Beratung in der Ratskammer die Rehabilitation von Rechts wegen fest und spricht sie aus; ferner ebenso das Aufhören der Entscheidungsrechtswirkungen, wie sie im vorhergehenden Artikel bezeichnet sind.

Titel V.

Von den rechtlichen Beziehungen zwischen den italienischen und den ausländischen Gerichtsbehörden.

Kapitel I.

Einleitende Bestimmung.

635. In bezug auf die Requisitionen, Auslieferungen, die Wirkungen der im Auslande gefällten Urteile und andere die Verwaltung der Gerichtsbarkeit in Strafsachen betreffende Umstände werden im Verkehr mit den Behörden anderer Staaten die Verträge und internationalen Gebräuche beobachtet; insoweit dort nichts vorgesehen ist, finden die folgenden Bestimmungen Anwendung.

Kapitel II.

Von den Requisitionen. (Delle rogatorie.)

636. Die Requisitionen der italienischen Gerichtsbehörden an die ausländischen Behörden betreffend Ladung und Vernehmung von Zeugen oder allgemeine Untersuchungshandlungen oder Vollstreckung von Untersuchungsentscheidungen werden auf diplomatischem Wege übermittelt.

637. In bezug auf die im vorhergehenden Artikel bezeichneten, im Gebiet des Staates auszuführenden Rechtsakte werden die Entscheidungen der ausländischen Gerichtsbehörden vom Berufungsgericht des Ortes ausgeführt, an dem diese vorgenommen werden müssen. Die Vorschriften des folgenden Artikels werden hierdurch nicht berührt.

In dem Ausführungsbeschluß beauftragt das Gericht eines seiner Mitglieder oder aber den Untersuchungs- oder Einzelrichter.

Die Zeugen werden eidlich gehört, falls die ausländische Gerichtsbehörde es beantragt hat.

638. Die von einer ausländischen Gerichtsbehörde beantragte Ladung von Zeugen, die im Staatsgebiete wohnen oder sich aufhalten, wird dem Staatsanwalt des Ortes, an dem sie ausgeführt werden muß, übermittelt. Dieser besorgt die Zustellung.

639. Die Ausführung der Requisition wird in jedem Falle von dem Staatsanwalt veranlaßt.

Kapitel III.

Von der Auslieferung. (Della estradizione.)

640. Die auf das Anerbieten der Auslieferung oder die Einwilligung damit bezügliche Entscheidung — wie im Absatz III des Artikels 9 des Strafgesetzbuchs vorgesehen[70]) — wird nach Antragstellung durch den Generalstaatsanwalt von der Anklagekammer des Bezirks, in dem sich der Ausländer befindet, gefällt.

641. Die Anklagekammer prüft:

1. ob der Beschuldigte oder Verurteilte italienischer Bürger ist;
2. ob die Tat, die den Gegenstand des Auslieferungsersuchens bildet, im italienischen und ausländischen Gesetz als strafbare Handlung angesehen wird;
3. ob ein politisches Verbrechen oder eine damit zusammenhängende strafbare Handlung vorliegt.
4. ob die Auslieferung durch Verträge oder Gesetze verboten ist;
5. ob nach dem italienischen und ausländischen Gesetz die Strafklage ausgeübt werden kann, oder ob die Klage oder das Urteil erloschen ist oder aber, ob der Verurteilte die Strafe verbüßt hat;
6. ob, falls es sich um einen Beschuldigten handelt, die Prozeßakten hinreichende Verdachtsgründe für ein Verschulden bieten.

642. Dem Ersuchen der ausländischen Regierung müssen die zur Feststellung von Schuldverdachtsgründen notwendigen Prozeßakten in Urschrift oder beglaubigter Abschrift oder das ergangene Urteil beigefügt sein.

643. Die vorläufige Festnahme des Ausländers in Gemäßheit des letzten Absatzes des Artikels 9 des Strafgesetzbuches[71]), die auf das Auslieferungsersuchen zu beschließen ist, wird mittels Haftbefehls, der von dem beauftragten Mitgliede der Anklagekammer erlassen wird, ausgeführt.

Die vorläufige Festnahme kann ohne Haftbefehl ausgeführt werden, wenn der Ausländer im Begriff ist, die Flucht zu ergreifen oder wenn, im Falle Ersuchens der ausländischen Regierung, diese bezeugt, daß gegen den Betreffenden ein verurteilendes oder eröffnendes Erkenntnis oder ein Haftbefehl oder ein anderer gleichwertiger Rechtsakt der Gerichtsbehörde besteht.

Der Justizminister muß sofort von der erfolgten Festnahme benachrichtigt werden.

644. Der Festgenommene wird ohne Verzug dem Untersuchungsrichter oder dem Einzelrichter des Ortes, an dem die Festnahme geschah, vorgeführt.

Der Untersuchungs- oder Einzelrichter stellt seine Identität fest, macht ihn mit dem Auslieferungsersuchen oder -anerbieten bekannt und sorgt in Gemäßheit des Artikels 74 für die Ernennung eines Verteidigers. Geht das Auslieferungsersuchen von dem Staate aus, dem der Festgenommene angehört, und liegt ein Auslieferungsersuchen von seiten eines andern Staates nicht vor, so hat der Festgenommene im Beistande seines Verteidigers das Recht, zu verlangen, daß er der ersuchenden Regierung übergeben wird; in diesem Falle befaßt sich die Anklagekammer nicht mit der Sache.

645. Der Festgenommene wird entlassen, wenn nicht binnen dreißig Tagen von der Festnahme ab, sofern sich die ersuchende Regierung in Europa befindet, oder binnen neunzig Tagen, sofern sie sich außerhalb Europas befindet, die Schriftstücke, auf die sich das Ersuchen gründet, eintreffen.

646. Bei dem Verfahren finden die Bestimmungen der Artikel 75 und 267 Beobachtung, insoweit sie anwendbar sind.

Vor endgültiger Entscheidung hört die Anklagekammer den Staatsanwalt und den Verteidiger und kann die ihr notwendig erscheinenden Berichte einfordern. Sie entscheidet ferner, ob die beschlagnahmten Gegenstände der fremden Regierung ganz oder zum Teil übersandt werden sollen und beschließt die Zurückgabe derjenigen Gegenstände, die zu der Tat, wegen derer die Auslieferung beantragt oder angeboten ist, in keiner Beziehung stehen.

647. Gegen das Urteil der Anklagekammer können der Beschuldigte oder der Verurteilte und der Generalstaatsanwalt beim Kassationshof auch in bezug auf die Hauptsache Revision einlegen.

Die Frist für die Revisionseinlegungserklärung beträgt einen Tag und läuft für den Generalstaatsanwalt von der Mitteilung des Urteils ab, die der Gerichtsschreiber ihm am Tage der Unterschrift desselben machen muß; für den Beschuldigten oder Verurteilten läuft sie von der Zustellung des Urteils ab.

Der Kassationshof hält binnen zehn Tagen von dem Tage ab, an dem die Revision bei ihm eingegangen ist, in der Ratskammer seine Beratung und spricht die Bestätigung oder Abänderung der angefochtenen Entscheidung aus.

648. Die Auslieferung wird durch Erlaß des Justizministers im Verfolg einer Beratung im Ministerrate angeboten oder bewilligt. Dem Erlaß wird die Bedingung beigefügt, daß der Ausländer keiner Strafe wegen einer andern Verurteilung unterworfen ist, als wegen derer die Auslieferung angeboten oder bewilligt worden ist und daß er keinem Prozeß wegen einer andern, vor der Auslieferung begangenen Tat untersteht, es sei denn, daß die Regierung auf ein neues Ersuchen hin ihre Zustimmung dazu gibt.

649. Der Generalstaatsanwalt ordnet an, daß der Festgenommene entlassen wird, wenn die Gerichtsbehörde rechtskräftig entschieden hat, daß die Auslieferung nicht angeboten oder bewilligt werden solle; auch benachrichtigt er davon sofort den Justizminister.

650. Wegen der Auslieferung eines Beschuldigten oder Verurteilten, der sich im Auslande befindet, überreicht der Generalstaatsanwalt beim Berufungsgericht dem Justizminister das Ersuchen nebst den bezüglichen Schriftstücken.

Um die Auslieferung kann auch unmittelbar die Regierung ersucht werden.

Kapitel IV.

Von den Rechtswirkungen der im Auslande gefällten Urteile.

651. Die im Absatz II des Artikels 7 des Strafgesetzbuchs[72]) vorgesehene Erklärung wird von der Strafkammer des Berufungsgerichts abgegeben. Dabei werden die für die Berufungsinstanz bei

Tribunalsurteilen geltenden Regeln beobachtet, insoweit sie anwendbar sind.

Die Zuständigkeit des Berufungsgerichts wird durch den Wohnort und, falls dieser unbekannt ist, durch den Aufenthaltsort des Verurteilten bestimmt.

Ist weder der Wohnsitz, noch der Aufenthaltsort bekannt, so gebührt die Zuständigkeit dem Berufungsgericht, vor das der Generalstaatsanwalt das Verfahren zuerst bringt.

652. Das Ersuchen des Generalstaatsanwalts um Vollstreckung des Urteils wird dem Verurteilten zugestellt.

Hat der Verurteilte nicht durch eine in der Gerichtsschreiberei der Corte binnen zehn Tagen von der Zustelluug ab, wenn er sich im Inlande befindet, oder binnen dreißig Tagen, wenn er sich 'dort nicht befindet, aufgenommene Verhandlung beantragt, daß das im Ausland betriebene Verfahren erneuert wird, so entscheidet die Corte über den Antrag des Generalstaatsanwalts und entspricht ihm, wenn es erkennt:

1. daß es sich nicht um ein Verbrechen handelt, bezüglich dessen die Auslieferung nach der Bestimmung des Absatzes II des Artikels 9 des Strafgesetzbuchs[73]) verboten ist;
2. daß der Verurteilte gesetzlich zu seinem Erscheinen geladen und daß er, falls er erschienen ist, von einem Verteidiger unterstützt oder vertreten worden ist;
3. daß das verurteilende Erkenntnis von einer zuständigen Gerichtsbehörde gefällt worden ist;
4. daß das Urteil nach den Gesetzen des Staates, in dem es gesprochen wurde, rechtskräftig geworden ist;
5. daß das Urteil keine der öffentlichen Ordnung oder dem öffentlichen Rechte des Inlandes zuwiderlaufenden Bestimmungen enthält.

Zur Feststellung der in den Nummern 3 und 4 vorgeschriebenen Bedingungen genügt eine entsprechende Erklärung der zuständigen Behörde des Staates, in dem das Urteil gefällt wurde.

653. Die auf die Zivilrechtswirkungen des im Auslande gefällten Strafurteils bezügliche Anerkennung und Vollstreckbarkeit kann in demselben im vorhergehenden Artikel erwähnten Urteile gewährt werden. Sonst entscheidet hierüber die Zivilkammer des Berufungsgerichts, unter deren Gerichtsbarkeit das ausländische Urteil auf Antrag dessen, den es angeht, ausgeführt werden muß, nachdem zuvor die im vorhergehenden Artikel bezeichneten Voraussetzungen festgestellt worden sind.

Gegeben in Rom, am 27. Februar 1913.

(gez.) Viktor Emanuel.

(gez.) C. Finocchiaro-Aprile.

Anmerkungen.

1. Der Artikel 36 der Verfassung des Königreichs Italien vom 4. März 1848 lautet:

„Der Senat wird als Höchster Gerichtshof durch Königlichen Erlaß zur Aburteilung der Verbrechen des Hochverrats und des Angriffs auf die Sicherheit des Staates, sowie zur Aburteilung der von der Deputiertenkammer angeklagten Minister konstituiert.

In diesen Fällen ist der Senat keine politische Körperschaft. Er kann sich bei Strafe der Nichtigkeit nur mit den Gerichtsangelegenheiten beschäftigen, bezüglich derer er berufen wird."

2. Der Artikel lautet:

„Die öffentlichen Beamten, Angestellten, Agenten oder mit einem öffentlichen Amt Betrauten, welche unter Mißbrauch ihrer Gewalten unmittelbar oder mittels Anweisungen, die sie an ihnen dienstlich unterstellte Personen geben, es unternehmen, die Wähler zu zwingen, eine Kandidaturserklärung abzugeben oder die Stimmen der Wähler zu gunsten oder ungunsten bestimmter Kandidaten festzulegen oder sie zur Stimmenthaltung zu führen, werden mit Gefängnis von drei Monaten bis zu einem Jahr und mit einer Geldstrafe von hundert bis zweitausend Lire bestraft.

Die vorbesagte Geldstrafe und Freiheitsstrafe findet auch auf Religionsdiener Anwendung, die durch Ansprachen oder Reden an den für die Religionsausübung bestimmten Orten oder in Versammlungen religiösen Charakters oder durch geistliche Versprechungen oder Drohungen es unternehmen, die Wähler zur Abgabe einer Kandidaturserklärung zu zwingen oder die Stimmen der Wähler zu gunsten oder ungunsten bestimmter Kandidaten festzulegen oder sie zur Stimmenthaltung zu führen."

3. Das Gesetz ist vom 4. Mai 1898 und bestimmt im Artikel 104:

„Die öffentlichen Beamten, Angestellten, Agenten oder Beauftragte einer öffentlichen Verwaltung, welche in Mißbrauch ihrer Amtsgewalt, unmittelbar oder mittels Anordnungen an ihnen dienstlich unterstellte Personen sich bemühen, die Stimmen der Wähler zu gunsten oder ungunsten bestimmter Kandidaten festzulegen (vincolare), werden mit einer Geldstrafe von 500 — fünfhundert — bis 1000 — tausend — Lire oder — je nach der Schwere der Umstände mit Gefängnis von drei Monaten bis zu einem Jahr bestraft.

Die vorbenannten Strafen finden auf Priester (ministri di un culto) Anwendung, die sich bemühen, die Stimmen der Wähler zu gunsten oder ungunsten bestimmter Kandidaten festzulegen oder sie zur Stimmenthaltung zu bringen vermittels Ansprachen und Reden an Orten, die dem Gottesdienst geweiht sind oder in Versammlungen religiösen Charakters, und zwar mittels geistlicher Versprechungen oder Drohungen, oder mittels der oben bezeichneten Anordnungen."

4. Artikel 139 des Strafgesetzbuches für das Königreich Italien vom 30. Juni 1889 bestimmt (ich entnehme hier und in allen folgenden, auf das Strafgesetzbuch bezüglichen Anmerkungen den deutschen Text der Übersetzung von Professor Dr. A. Teichmann, erschienen bei J. Guttentag (D. Collin), Berlin, 1890):

„Wer durch Gewalt, Drohung oder Lärm die Ausübung irgend eines politischen Rechtes ganz oder teilweise verhindert, wird, falls die Handlung nicht in besonderen Gesetzesbestimmungen vorgesehen ist, mit Gefängnis von einem bis zu dreißig Monaten und mit Geldstrafe von einhundert bis zu eintausend Lire bestraft.

Wer als öffentlicher Beamter dieses Verbrechen unter Mißbrauch seiner Funktionen begeht, wird mit Gefängnis von einem bis zu fünf Jahren bestraft."

5. Artikel 14 StGB.: „Die Aufforderung an einen andern, eins der in den Artikeln 183 und 184 des Strafgesetzbuches erwähnten Verbrechen (Attentat gegen die geheiligte Person des Königs [Strafe des Vatermordes] und gegen die Königlichen Herrschaften, die die Herrscherfamilie bilden [Todesstrafe]) zu begehen, wird mit Kerker (carcere) auf zwei Jahre und mit viertausend Lire Geldstrafe bestraft."

Artikel 15: „Dieselben Strafen treffen denjenigen, der die im Artikel 1 bezeichneten Mittel [Druck, mechanische oder figürliche Mittel, Lithographien, Plastiken und ähnliche] zur förmlichen Bekämpfung der Unverletzlichkeit der Person des Königs, der Thronfolgeordnung und der konstitutionellen Gewalt des Königs und der Kammern gebraucht."

Artikel 16: „Wer durch eins der im Artikel 1 dieses Edikts bezeichneten Mittel ein in den Artikeln 164 und 165 des Strafgesetzbuches betrachtetes Verbrechen [vorsätzliche und öffentliche Schmähung der Religion, sowie jede sonstige auf Beleidigung, Mißachtungsäußerung und Skandalszenen in bezug auf die Religion gerichtete Handlung; Strafe: bis fünfhundert Lire und Arrest] begeht, wird je nach Lage des Falles mit Arrest oder Kerker bis zu einem Jahr und mit einer Geldstrafe bis zu zweitausend Lire bestraft."

Artikel 18: „Wer durch eins der im Artikel 1 bezeichneten Mittel eine der im Staate zugelassenen Religionen oder Kulte lächerlich macht oder beleidigt, wird mit Kerker bis zu sechs Monaten und mit einer Geldstrafe bis zu fünfhundert Lire bestraft."

Artikel 19: „Wer durch eins der im Artikel 1 bezeichneten Mittel sich der Beleidigung gegen die geheiligte Person des Königs oder die Königliche Familie oder die Prinzen von Geblüt schuldig macht, wird mit Kerker bis zu zwei Jahren und mit einer Geldstrafe von nicht weniger als tausend und nicht mehr als dreitausend Lire unter Berücksichtigung der Person, gegen die die Beleidigung gerichtet war, der Zeit- und Ortsumstände und anderer Eigenschaften, sowie der Schwere der strafbaren Handlung bestraft."

Artikel 20: „Wer an die geheiligte Person des Königs den Tadel gegen oder die Verantwortlichkeit für die Akte seiner Regierung ausspricht, wird mit Kerker von einem Monat bis zu einem Jahre und mit einer Geldstrafe von hundert bis tausend Lire bestraft." . . . .

Artikel 21: „Wer den Senat oder die Deputiertenkammer durch eins der im Artikel 1 dieses Edikts bezeichneten Mittel beleidigt, wird mit den im Artikel 19 hervorgehobenen Strafen belegt."

Artikel 22: „Mit denselben Strafen wird belegt, wer öffentlich durch eins der im Artikel 1 bezeichneten Mittel einer andern Regierungsform zugestimmt oder bezüglich der Zerstörung der monarchisch-konstitutionellen Ordnung seine Stimme öffentlich erhoben oder öffentlich eine Drohung ausgestoßen hat."

Artikel 23: „Mit denselben Strafen wird belegt, wer Geheimnisse öffentlich bekannt macht, die die äußere Sicherheit des Staats gefährden oder dessen Feinden unmittelbar nützen können."

Artikel 24: „Jede Beleidigung gegen die Unverletzlichkeit des Eigentumsrechts, die Heiligkeit des Eides, die Achtung vor den Gesetzen, jedes Lob auf Taten, die vom Strafgesetz als Verbrechen oder Vergehen qualifiziert werden, jede Haßerregung zwischen verschiedenen Gesellschaftsklassen und gegen die Ordnung der Familie, wird mit den im Artikel 17 bezeichneten Strafen (Kerker bis zu 1 Jahre, Polizeistrafen, Geldstrafe bis zu 1000 Lire) belegt werden."

6. Das Gesetz lautet:

Artikel 1: Werden die im Artikel 246 und 247 des Strafgesetzbuchs [öffentliche Anstiftung zur Begehung einer strafbaren Handlung, öffentliche Anpreisung einer gesetzlich als Verbrechen vorgesehenen Handlung, Aufreizung zum Ungehorsam gegen die Gesetze oder zum Hafs zwischen den verschiedenen Gesellschaftsklassen in einer die öffentliche Ruhe gefährdenden Weise] und im Artikel 6 des Sprengstoffgesetzes [vom 19. Juli 1894: öffentliche Aufforderung zu Verbrechen gegen das Sprengstoffgesetz] bezeichneten Verbrechen durch die Presse oder irgend ein anderes figürliches Zeichen, wie es im Artikel 1 des Gesetzes vom 26. März 1848 [vgl. Anmerkung 5] aufgeführt ist, begangen, so finden die im Strafgesetzbuch festgesetzten Strafen unter Erhöhung um die Hälfte Anwendung.

Artikel 2.

Wer durch den Druck oder eins der im Artikel 1 des Gesetzes vom 26. März 1848 bezeichneten Mittel die Soldaten aufhetzt, den Gesetzen nicht zu gehorchen, den geleisteten Eid oder die Pflichten der Disziplin zu verletzen, oder wer dadurch das Heer oder die Flotte dem Hafs oder der Mifsachtung der Bürgerschaft aussetzt, wird mit Gefängnis von drei bis zu dreifsig Monaten und mit einer Geldstrafe von dreihundert bis dreitausend Lire bestraft.

Artikel 3.

. . . .

. . . .

7. Artikel 147 StGB.: Freiheitsberaubung durch Beamte; 149: Anordnung einer persönlichen Durchsuchung unter Amtsmifsbrauch; 158: Hausfriedensbruch durch Beamte; 182: Tadel oder Herabsetzung der Staatsgesetze oder Handlungen der Obrigkeit durch Kultusdiener; 183: Aufreizung zur Mifsachtung der Einrichtungen, Gesetze oder Anordnungen der Obrigkeit oder zur Nichtbefolgung der Gesetze pp. durch einen Kultusdiener; Zwang oder Verleitung zu solchen Handlungen durch Kultusdiener; 187: Gewalt oder Drohung gegen ein Parlamentsmitglied oder einen öffentlichen Beamten, um ihn zur Begehung oder Unterlassung einer Amtshandlung zu zwingen; 188: Hinderung, Störung oder Beeinflussung — durch Gewalt oder Drohung — von Versammlungen oder Körperschaften pp., die geistlicher, politischer oder verwaltender Natur sind, an der Ausübung ihrer Funktionen; 189: Beteiligung an einem Haufen von zehn oder mehr Personen, der mittels Gewalt oder Drohung die in Art. 188 vorgesehenen Handlungen zu begehen bezweckt; Erschwerung: mit Waffen. Straflosigkeit bei Auflösung auf Aufforderung der Obrigkeit; 252: Begehung einer auf Erregung von Bürgerkrieg, Verwüstung, Plünderung oder Blutbad in irgend einem Teile des Königreichs gerichteten Handlung; 253: Bildung eines bewaffneten Haufens oder Übernahme eines höheren Befehls oder einer besonderen Verrichtung darin, aufser in den Fällen des Artikels 131 [Bildung eines bewaffneten Haufens pp., um Landesverrat, Hochverrat, Majestätsbeleidigung zu begehen], um eine bestimmte strafbare Handlung zu begehen. Geringere Strafe für Teilnehmer; 254: Bildung eines Haufens, der nicht auf Begehung strafbarer Handlungen gerichtet ist, ohne gesetzliche Ermächtigung; 255: Entladung von Bomben, Mörsern oder anderen Maschinen oder explodierenden Stoffen oder Androhung eines gemeingefährlichen Unglücks in der Absicht, öffentlichen Schrecken einzujagen oder Auflauf oder öffentliche Unordnung zu erregen. Strafschärfung, falls an einem Ort und zu einer Zeit öffentlicher Zusammenkunft oder aber zur Zeit gemeiner Gefahr, öffentlicher Aufregung oder Notstands oder Unglücks begangen.

8. Artikel 369 StGB.s: Mord an einem in die Personenstandsregister noch nicht eingetragenen Kinde innerhalb der ersten fünf Tage seit der Geburt zur Rettung der eigenen Ehre oder der Ehre der Ehefrau, Mutter, Deszendentin, Adoptivtochter oder Schwester.

9. Artikel 247 StGB.s: Öffentliche Anpreisung einer gesetzlich als Verbrechen vorgesehenen Handlung oder Aufreizung zum Ungehorsam gegen die Gesetze oder zum Haß zwischen den verschiedenen Gesellschaftsklassen in einer die öffentliche Ruhe gefährdenden Weise.

10. Artikel 246 StGB.s: Öffentliche Anstiftung zur Begehung einer strafbaren Handlung; Abstufung der Strafe je nach Schwere der Tat, zu der angestiftet wird.

11. Artikel 256—299 StGB.s (Münz-, Siegel-, Urkunden- und Zeugnisfälschungen).

12. Artikel 59 StGB.s: „Außer den im Gesetz ausdrücklich bestimmten Strafherabsetzungen tritt bei Vorliegen von mildernden Umständen zu Gunsten des Schuldigen an Stelle von Zuchthaus Einschließung auf dreißig Jahre und Herabsetzung der anderen Strafen um $^1/_6$."

13. Artikel 5 StGB.s: „Der Inländer, der außer den im vorangehenden Artikel bezeichneten Fällen [Verbrechen gegen die Sicherheit des Staats oder Münzverbrechen, begangen im Auslande] im Auslande ein Verbrechen begeht, für welches das italienische Gesetz eine Freiheitsstrafe von mindestens drei Jahren festsetzt, wird nach dem Gesetze bestraft, sofern er sich im Gebiet des Königreichs aufhält; aber die Strafe wird um $^1/_6$ herabgesetzt und an Stelle von Zuchthaus Einschließung von fünfundzwanzig bis dreißig Jahren gesetzt.

Handelt es sich um ein mit kürzerer Freiheitsstrafe bedrohtes Verbrechen, so tritt Verfolgung nur auf Verlangen der Partei oder Antrag der auswärtigen Regierung ein."

Artikel 6: „Der Ausländer, der außer den in Artikel 4 [Verbrechen gegen die Sicherheit des Staats oder Münzverbrechen, begangen im Auslande] bezeichneten Fällen im Ausland zum Nachteil des Staates oder eines Inländers ein Verbrechen begeht, für welches das italienische Gesetz eine Freiheitsstrafe von mindestens einem Jahre festsetzt, wird nach dem Gesetz bestraft, wenn er sich im Gebiet des Königreichs aufhält; aber die Strafe wird um ein Drittel herabgesetzt und an Stelle von Zuchthaus Einschließung von mindestens zwanzig Jahren gesetzt.

Die Verfolgung tritt nur auf Verlangen des Justizministers oder Antrag der Partei ein.

Wurde das Verbrechen zum Nachteile eines andern Ausländers begangen, so wird der Schuldige auf Verlangen des Justizministers nach den Bestimmungen des ersten Teils dieses Artikels bestraft, sofern

1. es sich um ein mit einer Freiheitsstrafe von mindestens drei Jahren bedrohtes Verbrechen handelt;
2. ein Auslieferungsvertrag nicht besteht oder die Auslieferung von der Regierung des Ortes, an welchem der Schuldige das Verbrechen beging, oder von der heimatlichen Regierung nicht angenommen wurde."

14. Vgl. Anmerkung 1.

15. Artikel 191 StGB.s lautet: „Für die Wirkungen des Strafgesetzes gelten als nächste Verwandte der Ehegatte, die Aszendenten, die Deszendenten, die Onkel, die Neffen, die Brüder, die Schwestern und die in demselben Grade Verschwägerten."

16. Das Gesetz datiert vom 8. Juni 1874. (Legge che regola l'esercizio delle professioni di Avvocato e di Procuratore).

17. Das Gerichtsverfassungsgesetz datiert vom 6. Dezember 1865. Abänderungen sind getroffen worden am 8. Oktober 1873, 8. Juni 1874, 23. Dezember 1875, 6. Mai 1877, 4. Juli 1878, 12. Dezember 1878, 2. Januar 1881, 19. Dezember 1886, 6. Dezember 1888, 10. Februar 1889, 4. Juni 1893, 22. Dezember 1895, 21. Dezember 1902, 18. Juli 1904, 2. Juli 1905, 14. Juli 1907, 28. Juni 1908 und 21. Juli 1911.

18. Artikel 75 Abs. I StGB.s: „Die für eine jede der strafbaren Handlungen (sc. bei Zusammentreffen mehrerer) bestimmten Geldstrafen kommen stets insgesamt zur Anwendung, soweit sie nicht die Summen von 15000 Lire bei Verbrechen und 3000 Lire bei Übertretungen übersteigen."

19. Artikel 79 StGB.s: „Mehrere Verletzungen desselben Gesetzes werden, auch wenn sie zu verschiedenen Zeiten begangen sind, als eine strafbare Handlung angesehen, falls sie sich als Ausführungen eines einheitlichen Entschlusses darstellen."

20. Die Stelle lautet: —

„Ausgenommen ist von dem Verbot der Beschlagnahme die Ausgabe von Drucksachen und Gegenständen, die — im Sinne der Artikel 338 und 339 des Strafgesetzbuchs [Verletzung des Schamgefühls und der guten Sitten durch Handlungen in der Öffentlichkeit; Verletzung des Schamgefühls mittels unzüchtiger Schriften usw., welche in irgend einer Form verteilt oder dem Publikum zum Ankauf ausgelegt oder angeboten werden; Schärfung bei gewinnsüchtiger Absicht] — als gegen die guten Sitten und das Schamgefühl verstoßend erkannt werden. In diesem Falle muß binnen vierundzwanzig Stunden vom

Untersuchungsrichter oder Staatsanwalt das geeignete Verfahren mittels unmittelbarster Ladung veranlaßt werden."

21. „Der Arzt, der Wundarzt, die Hebamme oder sonstige Sanitätsbeamte, welche in Fällen, die ein Verbrechen gegen die Person darstellen können, Berufshilfe geleistet haben und darüber der Gerichts- oder Polizeibehörde zu berichten unterlassen oder zögern, werden, falls nicht die Berichterstattung die unterstützte Person einem Strafverfahren aussetzt, ... bestraft.

22. Artikel 197 StGB.s: „Wer mündlich oder tätlich in irgend welcher Weise die Ehre, den Ruf oder die Würde einer richterlichen, politischen oder verwaltenden Körperschaft angesichts derselben oder eines amtierenden Richters kränkt, ..."

(Schärfung, falls gegen die Körperschaft oder den Richter Gewalt angewendet oder Drohung begangen wird.)

„Verfolgung tritt nur nach Genehmigung der verletzten Körperschaft ein. Ist das Verbrechen gegen nicht kollegialische Körperschaften begangen, so tritt Verfolgung nur nach Genehmigung ihres Amtsvorgesetzten ein."

Artikel 400: „Wegen der in diesem Kapitel vorgesehenen Verbrechen [Verleumdung und Beleidigung] tritt Verfolgung nur auf Antrag ein."

. . . .

. . . .

„Bei Beleidigung einer richterlichen, politischen oder verwaltenden Körperschaft oder eines Vertreters derselben tritt Verfolgung nur auf Genehmigung der Körperschaft oder ihres Amtsvorgesetzten bei einer nicht kollegialen Körperschaft ein."

23. Artikel 434 StGB.s: „Wer einen von der zuständigen Behörde gesetzmäßig erlassenen Befehl übertritt oder aber eine von dieser aus Gründen der Rechtspflege oder der öffentlichen Sicherheit gesetzmäßig erlassene Verfügung nicht beachtet, ..."

24. Vgl. Artikel 275 ff. des StGB.s.

25. Artikel 178 Absatz I StGB.s lautet: „Der öffentliche Beamte, welcher unter irgend einem Vorwand, sei es auch des Schweigens, der Undeutlichkeit, des Widerspruchs oder der Unzulänglichkeit des Gesetzes, eine Amtsverrichtung unterläßt oder verweigert, wird mit Geldstrafe von fünfzig bis zu eintausendfünfhundert Lire bestraft."

26. Artikel 434 StGB.s ist in Anmerkung 23 abgedruckt.

27. Artikel 210 StGB.s: „Wer von der richterlichen Behörde als Zeuge, Sachverständiger oder Dolmetscher vorgeladen durch Vorbringen eines falschen Vorwandes Befreiung von der Gestellung erzielt oder erschienen Zeugnis abzulegen oder den Dienst eines Sachverständigen oder Dolmetschers zu leisten verweigert . . . . Gefängnis . . . . oder Geldstrafe . . . . (Anwendung auf Geschworene).

Handelt es sich um einen Sachverständigen, so bewirkt die Verurteilung die Enthebung von Ausübung des Berufs oder Gewerbes für eine dem Gefängnis gleiche Dauer."

28. Artikel 216 StGB.s: Meineid straflos, falls Widerruf, „bevor die Untersuchung durch Urteil oder Einstellungsbeschluß geschlossen oder aber die Verhandlung geschlossen oder die Sache auf eine andere Sitzung wegen des falschen Zeugnisses verschoben ist.

Erfolgt der Widerruf später oder betrifft er eine falsche Aussage in Zivilsachen, so wird die Strafe um $1/3$ bis zu $1/2$ herabgesetzt, sofern der Widerruf erfolgt, bevor in der Sache, in welcher die falsche Aussage abgegeben wurde, das Verdikt der Geschworenen bei Schwurgerichtsurteilen oder das Urteil in andern Sachen gefällt ist.

. . . .

. . . ."

29. Artikel 54 I StGB.s: Der 9—14jährige wird gestraft nur, wenn er Unterscheidungsvermögen hat. Der Richter kann aber die Unterbringung in eine Erziehungs- oder Besserungsanstalt bis zur Großjährigkeit anordnen oder den

Eltern oder Erziehern aufgeben, auf des Betreffenden Betragen (bei Gefahr einer Buße) Acht zu haben, falls die Handlung mit Zuchthaus, Einschließung oder Gefängnis nicht unter einem Jahre bedroht ist.

Artikel 58 I enthält die gleichen Bestimmungen für den Taubstummen von 14 Jahren ab. Die Unterbringung kann bis zum 24. Lebensjahre geschehen. Ist er über 24 Jahre alt, „so kann der Richter die Überlieferung desselben an die zuständige Behörde zur Vornahme weiterer gesetzlicher Schritte anordnen."

30. Inhalt vgl. in der Anmerkung 7.

31. Artikel 40 StGB.:

„Die vor Eintritt der Rechtskraft des Urteils erlittene Haft wird von der Gesamtdauer der zeitigen Freiheitsstrafe in Abzug gebracht.

Bei Verurteilung zur Eingrenzung wird ein Tag Haft als drei Straftage gerechnet.

Bei Verurteilung lediglich zu Geldstrafe erfolgt der Abzug nach der in Art. 19 bestimmten Gleichung [ein Tag Gefängnis = 10 Lire; Gesamtstrafe kann nie ein Jahr Gefängnis übersteigen; zwei Tage Arbeit = einen Tag Gefängnis]."

32. 454 StGB.: Betteln in bedrohlicher, belästigender oder nach Zeit, Ort, Mittel oder Person widerwärtiger Weise; 456: „Wer erlaubt, daß eine seiner Gewalt unterworfene oder seiner Pflege oder Aufsicht anvertraute Person betteln geht oder daß ein anderer sich derselben zum Betteln bedient, ..." 492: „Wer wegen Bettelei oder aber wegen Diebstahls, Raub, Erpressung, Erpressung von Lösegeld, Betrug oder Hehlerei verurteilt ist und im Besitze von Geld oder seiner Stellung nicht entsprechender Gegenstände betroffen wird, deren rechtmäßige Herkunft er nicht nachweisen kann . . . .

Wird er im Besitz falscher oder nachgemachter Schlüssel oder zur Eröffnung oder Erbrechung von Schlössern geeigneter Werkzeuge betroffen, deren rechtmäßige Bestimmung er nicht nachweisen kann, ... (Schärfung, wenn bei Nachtzeit.)

Das Geld und die Werkzeuge werden eingezogen."

33. „La legge sulla pubblica sicurezza" vom 30. Juni 1889.

Artikel 110: „Übertretung der Vorschriften des Vermahnungsspruches (dieser ergeht gegen Müfsiggänger und gewohnheitsmäfsige Landstreicher, sowie gegen „„Berüchtigte"") wird mit . . . Haft bestraft."

Als „berüchtigt" gilt:

(Artikel 95): 1. „wer von der öffentlichen Meinung als gewohnheitsmäfsig der Verbrechen der Tötung, Körperverletzung, Bedrohung, Gewalt oder Widerstandes gegen die Obrigkeit schuldig bezeichnet wird und wegen solcher Verbrechen schon mehrfach verurteilt oder der Aburteilung unterstellt wurde" (mag auch letztere nicht zur Verurteilung geführt haben . . .).

(Artikel 96): 2. „wer von der öffentlichen Meinung als gewohnheitsmäßig der Verbrechen der Brandstiftung, der Verbindung zu Begehung von Verbrechen, des Diebstahls, Raubes, Erpressung oder Erpressung von Lösegeld, Betruges, widerrechtlicher Zueignung und Hehlerei oder der Begünstigung solcher Verbrechen schuldig bezeichnet wird und für solche Verbrechen Bestrafungen oder die im vorhergehenden Artikel bezeichneten Mafsregeln gegen sich erfahren hat."

34. cf. Anmerkung 33.

35. In Frage käme z. B. Artikel 147 des Strafgesetzbuchs; vgl. Anmerkung 7.

36. Wegen Artikel 187 StGB. cf. Anmerkung 7.

Artikel 190: „Wer Gewalt oder Drohung anwendet, um sich einem öffentlichen Beamten während seiner Amtsausübung oder den auf Aufforderung ihm Hilfe Leistenden zu widersetzen, ..."

(Verschärfung: mit Waffen; weitere Verschärfung: von mehr als 5 Personen mit Waffen, oder von mehr als 10 Personen, auch ohne Waffen, nach vorheriger Vereinbarung.)

(Besonderer Fall: „Ist die Handlung darauf gerichtet, sich selbst oder einen nächsten Verwandten der Verhaftung zu entziehen . . . .")

37. Artikel 194 StGB.: „Wer mündlich oder tätlich in irgend welcher Weise die Ehre, den Ruf oder die Würde eines Parlamentsmitgliedes oder eines öffentlichen Beamten in Gegenwart desselben und aus Anlaß seiner Funktionen kränkt, ..."

(Leichtere Strafe, falls Polizeibediensteter, schwerere, falls anderer öffentlicher Beamter oder Parlamentsmitglied.)

Art. 195: Qualifizierter Fall des Art. 194: „mit Gewalt oder Drohung" . . .

„Gleichen Strafen unterliegt, wer sonst gegen ein Parlamentsmitglied oder einen öffentlichen Beamten aus Anlafs seiner Funktionen Gewalt anwendet oder Drohung begeht."

Wegen Artikel 197 vgl. Anmerkung 22.

38. Artikel 257 StGB.: „Wer (inländische oder ausländische) Münzen, (welche im Staate oder aufserhalb gesetzlichen Kurs haben,) durch irgend eine Verminderung ihres Wertes verfälscht oder aber im Einverständnis mit demjenigen, der sie so verfälscht hat, solche in den Staat einführt oder verbreitet oder sonst in Umlauf setzt oder aber andern zum Zwecke der Verbreitung oder sonstigen in Umlaufsetzens verschafft."

39. Artikel 372 StGB. lautet:

„Wer, ohne die Absicht der Tötung, einer Person einen Schaden an Körper oder Gesundheit oder eine Geistesstörung zufügt, wird . . .

Die Strafe ist: 1. . . . „ wenn die Handlung dauernde Schwächung eines Sinnes oder Organes oder dauernde Erschwerung der Sprache oder dauernde Entstellung des Gesichts oder aber Gefahr für das Leben oder eine Geistes- oder Körperkrankheit von zwanzig- oder mehrtägiger Dauer, oder die Unfähigkeit, den gewöhnlichen Beschäftigungen nachzugehen, für einen gleichen Zeitraum erzeugt oder aber bei einer Schwangeren die Entbindung beschleunigt;

2. . . . .
. . . ."

Die im Artikel 373 bezeichneten „Umstände" sind: Das Verbrechen wird an einem Mitgliede des Parlaments oder einem öffentlichen Beamten aus Anlaß ihrer Funktionen, vermittels giftiger Substanzen, hinterlistiger Waffen oder mit irgend einer eigentlichen Waffe oder mit ätzenden Substanzen begangen.

40. Vgl. Anmerkung 38.

41. Artikel 394 StGB.s lautet: „Wer sich . . . . der Verleumdung oder Beleidigung . . . . schuldig macht, wird nicht zum Beweise der Wahrheit . . . . zugelassen. Zugelassen wird jedoch dieser Beweis:

1. . . . .
2. . . . .
3. wenn der Beleidigte formell fordert, daß die Beurteilung sich auch auf Feststellung der Wahrheit oder Unwahrheit der ihm beigemessenen Handlung erstrecke."

42. Artikel 77 StGBs.: „Wer zur Ausführung oder Verbergung einer strafbaren Handlung oder bei Gelegenheit derselben andere ebenfalls strafbare Handlungen begeht, unterliegt, soweit dieselben nicht gesetzlich als konstituierende Elemente oder erschwerende Umstände der strafbaren Handlung angesehen sind den für alle begangenen strafbaren Handlungen zu verhängenden Strafen gemäß den in den vorangehenden Artikeln enthaltenen Bestimmungen."

Artikel 78: „Wer durch eine und dieselbe Tätigkeit verschiedene Gesetzbestimmungen verletzt, wird nach der die schwerste Strafe enthaltenden Bestimmung bestraft."

Wegen Artikel 79 vgl. Anmerkung 19.

43. Artikel 39 StGB.s heißt: „Der Verurteilte haftet für Erstattung der Prozeßkosten.

Die wegen eines und desselben Verbrechens Verurteilten haften solidarisch für Rückerstattung, Schadensersatz, Geldentschädigung und Prozeßkosten.

Die in einem und demselben Urteil wegen verschiedener strafbarer Handlungen Verurteilten haften solidarisch nur für die den Handlungen, wegen deren sie verurteilt werden, gemeinsamen Kosten."

44. Ähnlich den Nebenfragen des § 295 der deutschen StPrO.

45. Ähnlich den Hilfsfragen des § 294 der deutschen StPrO.

46. Vgl. die Anmerkung 12.

47. Der rechtlichen Natur, dem rechtlichen Inhalt nach entspricht der italienische „ricorso per cassazione" der deutschen „Revision", und die italienische „revisione" (Artikel 538 ff. des Gesetzes) der deutschen „Wiederaufnahme des Verfahrens".

48. Vgl. die Anmerkung 47.

49. Artikel 14 StGB.s lautet: „Der zur Einschließung von mindestens drei Jahren Verurteilte, der die Hälfte seiner Strafzeit und nicht weniger als dreißig Monate verbüßt und sich gut betragen hat, kann zur Verbüßung des Restes in einer Straf-, Ackerbau- oder industriellen Anstalt oder durch öffentliche oder private Arbeitsleistungen unter Aufsicht der Verwaltungsbehörden zugelassen werden.

Falls der Verurteilte nicht bei gutem Betragen verharrt, wird diese Zulassung widerrufen."

50. Artikel 33 StGB.s: „Der zu Zuchthaus oder Einschließung auf mehr als fünf Jahre Verurteilte ist während der Strafzeit im Zustande gesetzlicher Interdiktion und kommen für ihn rücksichtlich der Verwaltung seines Vermögens die Bestimmungen des bürgerlichen Gesetzes über Interdizierte zur Anwendung.

Die Verurteilung zu Zuchthaus beraubt ferner den Verurteilten der väterlichen und ehelichen Gewalt und der Testierfähigkeit und macht das vor der Verurteilung errichtete Testament nichtig.

Mit Verurteilung zur Einschließung auf mehr als fünf Jahre kann Entziehung der väterlichen und ehelichen Gewalt während der Strafzeit verbunden werden."

51. Vgl. Anmerkung 49.

52. Artikel 358 StGB.s besagt: „Verzeihung kann auch nach ergangener Verurteilung (sc. wegen Ehebruchs usw.) gewährt werden und hebt die Vollstreckung sowie die sonstigen Folgen der Strafe auf.

Der Tod des antragstellenden Ehegatten hat die gleiche Wirkung."

53. „. . ., wenn nach dem Erlaß eines Strafurteils dieselbe Person für eine andere vor der Verurteilung begangene strafbare Handlung abzuurteilen ist . . ." (sc. dann kommen die für das Zusammentreffen von strafbaren Handlungen und Strafen geltenden Regeln in Anwendung).

54. „. . ., wenn der Verurteilte eine strafbare Handlung begeht, welche Freiheitsstrafe nach sich zieht, oder die ihm auferlegten Bedingungen nicht erfüllt. Solchenfalls wird die in bedingter Freilassung verflossene Zeit nicht in die Strafzeit eingerechnet und kann der Verurteilte nicht nochmals zu bedingter Freilassung zugelassen werden.

Ist die ganze Strafzeit abgelaufen, ohne daß ein Widerruf der bedingten Freilassung erfolgte, so gilt die Strafe als verbüßt und die in bedingter Freilassung verflossene Zeit wird in die Dauer der Polizeiaufsicht, welche etwa mit der verbüßten Strafe verbunden wäre, eingerechnet."

55. Artikel 46 StGB. besagt:

(Absatz I: Der Geisteskranke wird nicht bestraft.) (Absatz II:)

„Doch verfügt der Richter, wenn er die Freilassung des freigesprochenen Beschädigten für gefährlich erachtet, die Überlieferung desselben an die zuständige Behörde zur Vornahme weiterer gesetzlicher Schritte."

56. Vgl. die Anmerkung 29.

57. Vgl. die Anlage.

58. Artikel 47 StGB. besagt:

(Abs. I: Der vermindert Zurechnungsfähige wird milder bestraft.) (Abs. II:)

„Ist die Strafe Freiheitsstrafe, so kann der Richter Verbüßung derselben in einem Verwahrungshause anordnen, bis die zuständige Behörde diese Maßregel zurücknimmt, in welchem Falle der Rest der Strafe in gewöhnlicher Weise verbüßt wird."

59. Vgl. die Anmerkung 29.

60. Artikel 399 II StGB. lautet:

„Auf Antrag des Beleidigten wird das verurteilende Erkenntnis auf Kosten des Verurteilten ein- oder zweimal in höchstens drei darin bezeichneten Blättern veröffentlicht."

61. Der Artikel 1969 Nummer 5 des Bürgerlichen Gesetzbuchs (codice civile) lautet:

„Eine Legalhypothek haben:

1. . . . . . 2. . . . . . 3. . . . . 4. . . . . .

5. Der Staat an den Gütern der Verurteilten für die Rückerstattung der Gerichtskosten in Straf-, korrektionellen und Polizeisachen. Einbegriffen sind (in die Haftung) die den Staatsdienern und Gerichtsbeamten geschuldeten Rechte.

Diese Hypothek kann vor Erlaß des Urteils im Verfolg des Haftbefehls eingetragen werden, und wirkt auch für die Zivilpartei in bezug auf den in dem verurteilenden Erkenntnis zugesprochenen Schadensersatz.

Die Kosten der Verteidigung gehen den Gerichts- und Schadensersatzkosten vor."

62. Vgl. Art. 1878 ff. des codice civile.

63. Vgl. Art. 577 ff. des codice di procedura civile.

64. Wegen Artikel 46 StGB. vgl. Anmerkung 55.

Art. 53: Wer noch nicht 9 Jahr alt ist, kann nicht verfolgt werden. Ist Zuchthaus, Einschließung oder Gefängnis von nicht weniger als 1 Jahr angedroht, so kann „der Zivilgerichtspräsident auf Antrag des Staatsanwaltes in widerruflicher Verfügung anordnen, daß der Minderjährige in einer Besserungs- oder Erziehungsanstalt bis höchstens zur Erreichung der Großjährigkeit eingeschlossen werde, oder aber den Eltern oder denen, welche für die Erziehung des Minderjährigen zu sorgen verpflichtet sind, auferlegen, auf sein Betragen acht zu haben, unter Androhung einer Buße bis zu 2000 Lire für den Fall der Unterlassung derselben und der Begehung eines Verbrechens seitens des Minderjährigen".

Artikel 57 „Ein Verfahren findet nicht statt gegen einen Taubstummen, der zur Zeit der Begehung der Handlung noch nicht 14 Jahre alt war; doch kann gegen ihn die in Art. 53 enthaltene Bestimmung zur Anwendung gebracht werden, mit der Ermächtigung, anzuordnen, daß er in dem Erziehungs- oder Besserungsinstitut bis zum Alter von 24 Jahren verbleibe."

65. Vgl. Anmerkung 64.

66. Artikel 352 StGB. lautet:

„Wegen der in den Artikeln 331, 332, 333, 335, 340 und 341 vorgesehenen Verbrechen (Notzucht qualifizierte Notzucht, gewaltsame unzüchtige Handlungen, unzüchtige Handlungen mit Personen unter 16 Jahren, Entführung) bleibt straflos, wer, bevor eine Verurteilung ausgesprochen ist, die verletzte Person heiratet und entfällt für alle an dem Verbrechen Beteiligten die Verfolgung, während betreffendenfalls die Strafe für die andern strafbaren Handlungen unberührt bleibt.

Erfolgt die Eheschließung nach der Verurteilung, so fällt die Vollziehung nebst sonstigen Folgen fort."

Wegen Artikel 358 StGB.s vgl. die Anmerkung 52.

67. Nach der angezogenen Bestimmung muß gelegentlich der Aufstellung der Wählerlisten der Beamte des Strafregisters in bezug auf jede in dem am 1. November jeden Jahres zu fertigenden Auszug aus den im Oktober jeden Jahres aufgestellten Wählerlisten enthaltene Person ein Zeugnis über die auf den Namen der betreffenden Person vorhandenen Eintragungen im Strafregister — wobei auch die Verurteilungen wegen Bettelei, Arbeitsscheu und Landstreichens zu erwähnen sind — anfertigen.

68. Artikel 7 StGB.s lautet: „Ein Strafverfahren wird in den Fällen der Artikel 5 und 6 [cf. die Anmerkung 13] nicht eingeleitet:

1. wenn es sich um ein Verbrechen handelt, für das gemäß der Bestimmung des ersten Absatzes des Artikels 9 [die Auslieferung des Inländers ist unzulässig] die Auslieferung unzulässig ist;
2. wenn der Beschuldigte, im Auslande abgeurteilt, von der Beschuldigung endgültig freigesprochen worden ist oder im Fall der Verurteilung die Strafe verbüßt hat oder die Verurteilung erloschen ist.

   Doch kann auf Antrag der Staatsanwaltschaft, falls gegen den Inländer für ein im Ausland begangenes, von den in Nummer 1 dieses Artikels bezeichneten verschiedenes Verbrechen im Auslande eine Verurteilung ausgesprochen wurde, welche nach dem italienischen Gesetz als Haupt- oder Nebenstrafe die Unfähigkeit zur Bekleidung öffentlicher Ämter oder eine andere Unfähigkeit nach sich zöge, das Gericht erklären, daß das im Auslande ergangene Urteil im Königreich die eben bezeichneten Wirkungen habe, vorbehaltlich des Rechts des Verurteilten, Erneuerung des im Auslande erfolgten Verfahrens zu fordern, bevor dem Antrage der Staatsanwaltschaft Folge geleistet wird."

69. Artikel 100 StGB.s heißt: „Die Unfähigkeit zur Bekleidung öffentlicher Ämter und jede andere dauernde aus einer Verurteilung sich ergebende Unfähigkeit erlöschen zufolge Rehabilitation, soweit nicht das Gesetz anders bestimmt.

Waren die erwähnten Maßregeln mit einer andern Strafe verbunden, so kann die Rehabilitation nur von dem Verurteilten erbeten werden, der sich so betragen hat, daß man seine Besserung vermuten kann und erst nach Ablauf von fünf Jahren vom Tage der Verbüßung der Strafe oder Erlöschens der Verurteilung durch Straferlaß oder Begnadigung an oder aber Ablauf von zehn Jahren vom Tage der Verjährung der Verurteilung an.

Waren die erwähnten Maßregeln nicht mit einer andern Strafe verbunden, so kann die Rehabilitation erst nach fünf Jahren vom Tage der Rechtskraft des verurteilenden Erkenntnisses an erbeten werden.

Die für Erbittung der Rehabilitation bestimmte Frist erhöht sich für Rückfällige auf das Doppelte.

Die Rehabilitation wird in den seitens des Gesetzes bestimmten Formen bewilligt und bringt die darin bezeichnete Wirkung hervor."

70. Artikel 9 StGB.s besagt: „Die Auslieferung des Inländers ist unzulässig.

Die Auslieferung des Ausländers ist unzulässig wegen politischer und mit diesen verbundener Verbrechen.

Die Auslieferung des Ausländers kann nur durch die Königliche Regierung und nach vorgängiger entsprechender Entscheidung des Gerichts des Aufenthaltsorts des Ausländers angeboten oder bewilligt werden.

Doch kann auf Verlangen oder Angebot der Auslieferung die vorläufige Verhaftung des Ausländers verfügt werden."

71. Vgl. die Anmerkung 70.

72. Vgl. die Anmerkung 68.

73. Vgl. die Anmerkung 70.

Anlage.

Gesetz des Königreichs Italien betr. die Irrenhäuser und die Irren
vom 14. Februar 1904.

(Vgl. Artikel 594 der Strafprozeßordnung des Königreichs Italien vom 27. Februar 1913.)

Viktor Emanuel III.,
von Gottes Gnaden und durch den Willen des Volkes
König von Italien pp.

Bestimmungen über Irrenhäuser und Irre. Bewachung und Pflege der Irren.

Artikel I.

In den Irrenhäusern müssen die aus irgendeinem Grunde mit einer Geisteskrankheit behafteten Personen bewacht und gepflegt werden, wenn sie sich oder andern gefährlich sind oder öffentlichen Skandal verursachen und außerhalb des Irrenhauses nicht angemessen bewacht und gepflegt werden und werden können. Unter dieser Bezeichnung werden mit den Wirkungen dieses Gesetzes alle diejenigen Anstalten — wie sie auch immer heißen mögen — begriffen, in denen Geisteskranke irgendwelcher Art aufgenommen werden.

Auf Antrag des Staatsanwalts kann vom Tribunal die Pflege in einem Privathause gestattet werden. In diesem Falle übernehmen die Person, die aufnimmt, und der Arzt, der pflegt, alle durch die Vorschriften auferlegten Verpflichtungen.

Der Leiter einer Irrenanstalt kann unter eigener Verantwortung die Pflege eines Irren einem Privathause anvertrauen, aber er muß sofort den Staatsanwalt und die öffentliche Sicherheitsbehörde davon benachrichtigen.

Artikel 2.

Die Aufnahme der Irren in die Irrenanstalten muß von den Eltern, Vormündern oder Gegenvormündern beantragt werden. Der Antrag kann auch von jedem andern im Interesse des Leidenden und der Gesellschaft gestellt werden.

Sie wird provisorisch vom Einzelrichter nach Überreichung eines ärztlichen Attestes und einer Notorietätsverhandlung, die in Gemäßheit der durch die Vorschrift festgesetzten Bestimmungen abgefaßt sind, und endgültig vom Tribunal in der Ratskammer auf Antrag des Staatsanwalts auf Grund eines Berichts des Leiters der Irrenanstalt und nach einer Beobachtungsperiode, die nicht länger als einen Monat dauern kann, angeordnet. Jede Irrenanstalt muß eine besondere und getrennte Örtlichkeit zur Aufnahme der provisorisch Untergebrachten haben.

Die Ortspolizeibehörde kann in dringenden Fällen die provisorische Unterbringung auf Grund ärztlichen Attestes anordnen; sie ist aber verpflichtet, binnen drei Tagen unter Übersendung des bezeichneten Schriftstücks darüber an den Staatsanwalt zu berichten.

Sowohl der Einzelrichter als auch die Ortspolizeibehörde müssen in den vorbezeichneten Fällen für die vorläufige Überwachung des Vermögens des Irren sorgen.

In der Entscheidung über die endgültige Unterbringung ernennt das Tribunal gegebenenfalls einen vorläufigen Verwalter, der die gesetzliche Vertretung des Irren in Gemäßheit des Artikels 330 des Bürgerlichen Gesetzbuchs[1])*) hat, bis die Gerichtsbehörde über die Entmündigung entschieden hat.

Die Bestimmung des Artikels 2120 des Bürgerlichen Gesetzbuchs[2]) findet Anwendung.

Der Staatsanwalt muß dem Tribunal bezüglich jedes Irren, dessen Aufnahme in eine Irrenanstalt oder Pflege in einem Privathause angeordnet ist, diejenigen Entscheidungen in Vorschlag bringen, die in Gemäßheit der Vorschriften des Titels X des Ersten Buches des Bürgerlichen Gesetzbuchs[3]) angemessen erscheinen.

Artikel 3.

Die Entlassung der geheilten Irren aus der Irrenanstalt wird durch Verfügung des Vorsitzenden des Tribunals auf Antrag des Leiters der Anstalt oder der im ersten Absatz des vorhergehenden Artikels erwähnten Personen oder der Provinzialdeputation angeordnet.

In den beiden letzteren Fällen muß der Leiter gehört werden.

Auf Antrag derer, die es angeht, kann der Vorsitzende ein Gutachten beschließen.

Jedenfalls ist gegen die Verfügung des Vorsitzenden die Beschwerde (reclamo) an das Tribunal zulässig.

Der Leiter der Irrenanstalt kann versuchsweise die Entlassung des Irren verfügen, der eine bemerkenswerte Besserung gezeigt hat. Er muß davon sofort dem Staatsanwalt und der Polizeibehörde Nachricht geben.

Artikel 4.

Der Leiter hat die volle Gewalt über den inneren Sanitätsdienst und die höchste Überwachung über den wirtschaftlichen Dienst in

---

*) Die Anmerkungen befinden sich am Schluß Seite 183—184.

bezug auf alles, was die Behandlung der Kranken betrifft. Er ist für den Betrieb der Irrenanstalt und die Ausführung dieses Gesetzes innerhalb der Grenzen seiner Verrichtungen verantwortlich.

Den Sitzungen der Provinzialdeputation oder der Kommissionen und Verwaltungsräte, in denen technisch-sanitäre Angelegenheiten behandelt werden müssen, wird der Leiter der Irrenanstalt mit beratender Stimme beiwohnen.

Artikel 5.

Die besonderen Reglements jeder Irrenanstalt müssen die Bestimmungen gemischter, d. h. sanitärer und verwaltender, Art, sowie die auf die Ernennung des technisch-sanitären Personals, auf die Anzahl der Wärter im Verhältnis zu der der Kranken, auf die Dienst- und Urlaubspläne, die — je nach Lage des Falles — der Zuständigkeit der Verwaltung oder des Leiters zu unterstellenden Disziplinarentscheidungen und die Entscheidungen der vorbezeichneten Art bezüglichen Vorschriften enthalten.

Die besagten Reglements müssen nach Anhörung des Leiters der Irrenanstalt von der Provinzialverwaltung und der Verwaltungskommission, falls es sich um fromme Stiftungen handelt, beraten und es muß ihnen vom höheren Sanitätsrat in den im Artikel 198 des Kommunal- und Provinzialgesetzes[4]) festgesetzten Formen zugestimmt werden.

Zuständigkeit bezüglich der Kosten.

Artikel 6.

An der in Kraft befindlichen Bestimmung, daß die Provinzen die Kosten zur Erhaltung der armen Irren aufbringen müssen, wird nichts geändert.

Die Kosten ihres Transports zur Irrenanstalt geht zu Lasten der Gemeinden, in denen sie sich im Augenblicke der Feststellung der Geisteskrankheit befinden; die Kosten der Rückführung in die Familie geht zu Lasten der Provinz, der die Unterhaltspflicht oblag; die des Transports von einer Irrenanstalt in die andere geht zu Lasten der Provinz, die diesen angeordnet hat.

Die Kosten irgendwelcher Art bezüglich ausländischer Irrer gehen zu Lasten des Staates, unbeschadet der Rechtswirkungen der bezüglichen internationalen Verträge.

Die Kosten für die verurteilten oder abzuurteilenden Irren, die entweder in gerichtlichen Irrenhäusern oder in einer besonderen Abteilung der allgemeinen Irrenhäuser untergebracht worden sind, gehen zu Lasten des Staats bezüglich der Verurteilten bis zur Verbüßung der Strafe und bezüglich der Abzuurteilenden bis zu dem Tage, an dem die Gerichtsbehörde erklärt, daß zu deren Lasten kein Verfahren statthaben soll.

In den übrigen Fällen, mit Einschluß des im Artikel 46 des Strafgesetzbuchs[5]) betrachteten Falles, bestimmt sich die Zuständigkeit bezüglich der Kosten nach den allgemeinen Regeln.

Artikel 7.

Die auf die Irren-Kosten bezüglichen Streitigkeiten, an denen der Staat, mehrere Provinzen oder Gemeinden oder Einrichtungen der öffentlichen Wohltätigkeit, die die Unterhaltspflicht von Irren, die zu verschiedenen Provinzen gehören, haben, interessiert sind, gehören zur Zuständigkeit der Abteilung IV des Staatsrats.

Alle anderen Streitigkeiten solcher Art gehören zur Zuständigkeit des Provinzialverwaltungsausschusses als Prozeßbehörde.

Gegen die Entscheidungen des Provinzialverwaltungsausschusses ist nur die Revision an die Abteilung IV in Gemäßheit des Artikels 24 Nummer 4 des Gesetzes vom 2. Juni 1889, Nummer 6166, gegeben.[6])

Überwachung der Irrenhäuser und der Irren.

Artikel 8.

Die Überwachung der öffentlichen und privaten Irrenhäuser und der in Privathäusern verpflegten Irren wird dem Minister des Innern und den Oberpräsidenten (prefetti) anvertraut.

Sie wird in jeder Provinz von einer Kommission ausgeübt, die sich aus dem Oberpräsidenten, der den Vorsitz hat, dem Provinzialarzt und einem vom Minister des Innern ernannten Irrenarzt zusammensetzt.

Der Minister muß periodisch wiederkehrende Besichtigungen anordnen.

Auf die öffentlichen und privaten Irrenhäuser findet die Bestimmung des Artikels 35 des Gesetzes vom 22. Dezember 1888 über die Fürsorge für die Hygiene und die öffentliche Gesundheit[7]) Anwendung.

Die Kosten für die gewöhnlichen und außergewöhnlichen Besichtigungen werden in das Budget des Ministers des Innern eingestellt, unbeschadet der Rückerstattung durch die interessierten Verwaltungen in Gemäßheit der vom Reglement festgesetzten Bestimmungen im Falle, daß Zuwiderhandlungen gegen die in diesem Gesetz und dem Reglement enthaltenen Bestimmungen festgestellt werden. Den besagten Verwaltungen steht die Regreßnahme gegen die wegen der Zuwiderhandlungen verantwortlichen Verwalter und Beamten zu.

Die auf die Zuständigkeit solcher Kosten bezüglichen Streitigkeiten werden, auch zur Hauptsache, von der Abteilung IV des Staatsrats in der Ratskammer entschieden.

Artikel 9.

Im Falle schwerer Zuwiderhandlungen gegen dieses Gesetz und das bezügliche Reglement kann der Oberpräsident, unbeschadet der etwa anwendbaren Strafbestimmungen, nach Anhörung des Provinzialsanitätsrates, dem zu diesem Zwecke der im vorhergehenden Artikel bezeichnete Irrenarzt beigesellt ist, die Genehmigung der Eröffnung und des Betriebes für die privaten Irrenhäuser suspendieren oder widerrufen.

Gegen solche Entscheidung ist der Rekurs an den Minister des Innern gegeben. Dieser entscheidet nach Anhörung — je nach der Natur des Streits — des Staatsrats oder des höheren Sanitätsrats.

Bezüglich der öffentlichen Irrenhäuser wird in Gemäßheit des Gesetzes, das die Personengesamtheit, der sie angehören, regelt, vorgesorgt.

Artikel 10.

Die Bestimmungen der Artikel 98 des Gesetzes vom 17. Juli 1890[8]), Nummer 6972, und 124 des Administrativ-Reglements vom 5. Februar 1891[9]), Nummer 99, finden auf alle öffentlichen und privaten Irrenanstalten Anwendung.

Artikel 11.

Vom Tage der Gültigkeit dieses Gesetzes ab wird jede allgemeine oder besondere auf diese Materie bezügliche in Kraft befindliche Bestimmung aufgehoben.

Der Königlichen Regierung wird das Recht beigelegt, für die Anordnung der periodischen Besichtigungen mittels Inspektoren der öffentlichen Wohltätigkeit zu sorgen und durch Reglement nach Anhörung des Staatsrats und des höheren Sanitätsrats die Vorschriften für die Ausführung dieses Gesetzes und die Strafbestimmungen für die Übertretungen des Gesetzes und des Reglements selbst festzusetzen. Solche Strafbestimmungen können nicht höher sein als 1000 Lire, unbeschadet der höheren, durch das Strafgesetzbuch für die von ihm vorgesehenen strafbaren Handlungen festgesetzten Strafen.

Wir bestimmen, daß pp.

Gegeben in Rom, am 14. Februar 1904.

(gez.) Viktor Emanuel.

(gez.) Giolitti.

Ort des Siegels.
Gesehen: der Obersiegelbewahrer.
(gez.) Ronchetti.

Anmerkungen.

1. Artikel 330 des Bürgerlichen Gesetzbuchs lautet:

„Der volljährige und nicht gesetzlich getrennte Ehegatte ist von Rechts wegen Vormund des andern, wegen Geistesschwäche entmündigten Ehegatten.

In gleicher Weise ist nach dem Ehegatten von Rechts wegen der Vater des Entmündigten und, bei dessen Fehlen, die Mutter Vormund.

Fehlt es an der Vormundschaft des Ehegatten, Vaters und der Mutter, so wird der Vormund von dem Familien- oder Vormundschaftsrat ernannt, es sei denn, daß der Vater in Voraussicht des Falles der Entmündigung des Sohnes ihm durch Testament oder notarielle Verhandlung einen bezeichnet hat."

2. Artikel 2120 des Bürgerlichen Gesetzbuchs besagt:

„Die Verjährungsfristen laufen nicht gegen die .... wegen Geistesschwäche Entmündigten ....“

3. Der Titel ist überschrieben:

„Von der Volljährigkeit, Entmündigung und Geschäftsunfähigkeit.“

4. Der fragliche Artikel lautet:

„Im Falle der Ablehnung oder Suspension der beantragten Zustimmung .... gibt der Provinzialverwaltungsausschuß den Gemeinderäten die Gründe zur Kenntnis und schreitet auf deren Replik hin zur Entscheidung.

Er kann auch auf Kosten der Gemeinde die ihm notwendig erscheinenden Ermittelungen beschließen.“

5. Vergleiche die Anmerkung 55 zur Strafprozeßordnung.

6. Die Frist beträgt 60 Tage von dem Datum, an dem die Entscheidung der Verwaltungsbehörde rechtmäßig zugestellt worden ist.

7. Der Artikel besagt:

„Niemand kann ohne Erlaubnis des Oberpräsidenten, der den Provinzialarzt und das Gutachten des Provinzialsanitätsrats gehört hat, ein medizinisch-chirurgisches, Geburtshilfe-, hydrotherapeutisches oder thermisches Bäderinstitut eröffnen und in Betrieb haben.

Gegen die Entscheidung des Oberpräsidenten ist der Rekurs an den Minister des Innern in den gesetzlichen Fristen und Formen zulässig. Der Minister entscheidet nach Anhörung des Gutachtens des höheren Sanitätsrats,

Wer dieser Bestimmung und den bezüglichen Vorschriften der Sanitätsbehörde zuwiderhandelt, wird mit einer Geldstrafe bis zu 500 Lire bestraft.“

8. Der Artikel hat folgenden Inhalt:

„In den Städten, welche Sitz einer medizinisch-chirurgischen Fakultät sind sind die Krankenhäuser gehalten, für die verschiedenen Unterrichtszwecke den Ort zu liefern und die notwendigen Kranken und Leichen zur Verfügung zu stellen.

Den Krankenhäusern wird eine Entschädigung geschuldet, die der Differenz zwischen den Kosten, die sie treffen würden, wenn sie nicht für die Unterrichtszwecke Vorsorge treffen müßten, und den höheren hierdurch verursachten Kosten gleichkommt.

Im Falle der Uneinigkeit über die Ausdehnung der Verpflichtung der Krankenhäuser und die Entschädigung entscheiden drei Schiedsrichter. Einer von diesen wird von dem Vertreter der Universität oder der höheren Studienanstalt ernannt; der zweite von der Verwaltung des Krankenhauses und der dritte von den beiden Schiedsrichtern übereinstimmend. Einigen sie sich nicht, so ernennt der Vorsitzende des Berufungsgerichtshofs auf Ersuchen der schnelleren Partei den dritten Schiedsrichter.

Die Schiedsrichter entscheiden auf gütliche Weise und ihr Spruch ist unanfechtbar. Die Formen und Wirkungen der Zivilprozeßordnung finden Anwendung.“

9. Der Artikel heißt:

„Unter den Krankenhäusern, die in Gemäßheit der Bestimmungen des Artikels 98 des Gesetzes gehalten sind, zu Unterrichtszwecken den Ort zu liefern und der medizinisch-chirurgischen Fakultät die nötigen Kranken und Leichen zur Verfügung zu stellen, sind auch die Irrenhäuser und jedes andere Institut, das den Charakter eines öffentlichen, auf die Pflege irgend einer Krankheit im allgemeinen oder besonderen gerichteten Wohlfahrtsinstituts hat, mit einbegriffen.“

Druck von Leonhard Simion Nf. in Berlin SW.

No. 15. **Strafgesetzbuch der Republik Chile.** 3 M.

No. 16. **Allgemeines Bürgerliches Strafgesetzbuch für das Königreich Dänemark** vom 10. Februar 1866 sowie Gesetz, betreffend die Behandlung einiger im allgemeinen Bürgerlichen Strafgesetzbuch behandelter Verbrechen und Gesetz über Gewalt gegen schuldlose Personen vom 11. Mai 1897. Übersetzt von Dr. jur Hans Bittl. 1 M. 60 Pf.

No. 17. **Die Bulgarische Strafprozeßordnung** vom 3. April 1897. Übersetzt von Dr. A. Teichmann, ord. Professor. 2 M. 25 Pf.

No. 18. **Die Norwegische Strafgesetzgebung** vom 22. Mai 1902. 1. Militärstrafgesetz. 2. Gerichtliches Verfahren in Militärstrafsachen. 3. Änderungen im Gesetz über das gerichtliche Verfahren in Strafsachen vom 1. Juli 1887. Übersetzt von Professor Dr. A. Teichmann. 2 M. 50 Pf.

No. 19. **Das Portugiesische Strafgesetzbuch.** Übersetzt von F. Zander. 3 M.

No. 20. **Allgemeines bürgerl. Strafgesetz für das Königreich Norwegen** vom 22. Mai 1902. Übersetzt von Dr. Ernst Heinrich Rosenfeld, o. ö. Professor und Andreas Urbye, Staatsanwalt in Tromsö (einzeln nicht mehr erhältlich). 2 M. 50 Pf.

No. 21. **Die Ottomanische Strafprozeßordnung,** veröffentlicht auf Irade vom 5 Redscheb 1296 (25. Juni 1879). Übersetzt von W. Padel, zweitem Dragoman der Kaiserlich Deutschen Botschaft in Konstantinopel. 2 M. 50 Pf.

No. 22. **Dänemark.** I. Interimistisches Gesetz vom 1. April 1905 betr. Änderungen der Strafgesetze (Prügelgesetz). II. Verordnung betr. Körperstrafe und Vollziehung. III. Bekanntmachung vom 6. September 1905 betr. die Durchführung der im interimistischen Gesetze vom 1. April enthaltenen Bestimmung, daß Gefängnisstrafe bei gewöhnlicher Kost mit Arbeitszwang verbunden ist. 60 Pf.

No. 23. **Strafgesetzbuch für das Kaiserlich japanische Reich** vom 23. April 1907. Übersetzt von Dr. jur. Shigema Oba, Kaiserlich japanischer Staatsanwalt. 1 M. 50 Pf.

No. 24. **Das neue russische Strafgesetzbuch** (Ugolovnoje Ulozenje). Allerhöchst bestätigt am 22. März 1903. Aus dem Russischen übersetzt von Dr. O. S. Bernstein. 4 M.

No. 25. **Oesterreichischer Gesetzentwurf,** betr. die strafrechtliche Behandlung und den strafrechtlichen Schutz Jugendlicher. 1907. 2 M. 50 Pf.

No. 26. **Spanisches Strafgesetzbuch.** Vom 17. Juni 1870. Übersetzt von Alfredo Hartwig. 3 M.

No. 27. **Neueste Englische Kriminalpolitik.**
1. Children Act, 1908.
2. Prevention of Crime Act, 1908.
3. Probation of Offenders Act, 1907 2 M.

Fortsetzung auf der 4. Umschlagseite.

No. 28. Vorentwurf zu einem **Schweizerischen Strafgesetzbuch.** (April 1908.) 1 M. 50 Pf.

No. 29. Vorentwurf zu einem **Oesterreichischen Strafgesetzbuch.** (September 1909.) 2 M.

No. 30. **Das Ungarische Strafgesetzbuch über Verbrechen und Vergehen** (V. Gesetzartikel vom Jahre 1878) mit allen Abänderungen und Ergänzungen einschließlich der Ungarischen Strafgesetznovelle (XXXVI. Gesetzartikel vom Jahre 1908) und den bis 1909 ergangenen strafrechtlichen Nebengesetzen. 2 M. 50 Pf.

No. 31. **Japanisches Militär-Strafgesetzbuch** vom 9. April 1908. Gesetzblatt No. 46. — **Japanische Militär-Strafgerichtsordnung** vom 19. Oktober 1898, Gesetzblatt No. 2. Übersetzt von Rennosuke Fujisawa, Berlin-Schöneberg. 1 M. 20 Pf.

No. 32. **Vorentwurf zu einem Strafgesetzbuch für das Königreich Serbien.** Nach der amtlichen Ausgabe des Justizministeriums übersetzt und herausgegeben von Zivko Topálovits aus Belgrad und Hans Landsberg aus Berlin. 2 M.

No. 33. **Das Alkoholgesetz in Chile** vom 18. Januar 1902. Übersetzt von Alfredo Hartwig. 1 M.

No. 34. **Das türkische Strafgesetzbuch** vom 9. August 1858 mit Novelle vom 4. April 1911 und den wichtigsten türkischen Strafnebengesetzen. Deutsche Übersetzung nebst Einleitung und Anmerkungen von Dr. jur. Erich Nord. 3 M. 50 Pf.

No. 35. **Englisches Spionage-Gesetz** vom Jahre 1911. 80 Pf.

No. 36. **Das Gerichtsverfassungsgesetz und die Strafprozeßordnung von Japan.** Übersetzt und mit Anmerkungen versehen von Staatsanwalt Dr. Mannosuke Yamaoka und k. k. Hauptmannauditor Dr. Otto Kerry. 3 M.

No. 37. a) **Das belgische Kinderschutzgesetz** vom 15. Mai 1912. Übersetzt von Staatsanwalt Dr. Rosenfeld. b) **Französisches Gesetz betr. Jugendgerichte und Schutzaufsicht** vom 22. Juli 1912. Übersetzt von Staatsanwalt Dr. Rosenfeld. c) **Entwurf eines Deutschen Gesetzes über das Verfahren gegen Jugendliche.** 80 Pf.

No. 38. **Das polizeiliche Strafverfahren in Ungarn.** Übersetzt von Dr. Gabriel von Szöllösy, Oberleutnantauditor im k. u. k. Kriegsministerium in Wien. 3 M.

No. 39. **Regierungs-Entwurf eines Österreichischen Strafgesetzbuches und einer Abänderung der Strafprozeßordnung** (1912). 4 M. 50 Pf.

No. 40. **Das Russische Militär-Strafrecht.** Übersetzt und bearbeitet von Rechtsanwalt Klibanski in Berlin. 3 M. 50 Pf.

No. 41. **Ungarisches Jugendgerichtsgesetz vom Jahre 1913.** Mit einem Vorwort von Privatdozent Dr. R. Vambéry, Kgl. ung. Staatsanwalt in Budapest. 1 M.

No. 42. **Die Strafprozeßordnung des Königreichs Italien** vom 27. Februar 1913 nebst dem Einführungsgesetz. Übersetzt nnd mit Anmerkungen versehen von Gerichtsassessor Dr. G. Erich. 4 M. 50 Pf.

Druck von Leonhard Simion Nf. in Berlin SW 48.

105313

FSC
www.fsc.org
MIX
Papier | Fördert gute Waldnutzung
FSC® C083411

Kolibri 360 GmbH
Ferdinand-Jühlke-Straße 7
99095 Erfurt, Deutschland
produktsicherheit@kolibri360.de